心理学新视野丛书

丛书主编 / 郭本禹

上海文化发展基金会图书出版专项基金资助项目
浙江省高校重大人文社科攻关计划青年重点项目"神经科学与现象学对话中的他心问题研究"（2013QN003）终期成果

陈 巍 著

读心：
从扶手椅到实验室的循环

Mindreading:
A Cycle from Armchair to Laboratory

上海教育出版社
SHANGHAI EDUCATIONAL
PUBLISHING HOUSE

庄子与惠子游于濠梁之上。庄子曰："儵鱼出游从容,是鱼之乐也?"惠子曰："子非鱼,安知鱼之乐?"庄子曰："子非我,安知我不知鱼之乐?"惠子曰："我非子,固不知子矣;子固非鱼也,子之不知鱼之乐,全矣。"庄子曰："请循其本。子曰'汝安知鱼乐'云者,既已知吾知之而问我。我知之濠上也。"

——《庄子·秋水》

哈利·波特惊奇又兴奋地问斯内普教授："您现在教我的这个魔法,可以让我阅读人的心灵吗?"斯内普教授回答："不,我的孩子,只有麻瓜(muggles)才会谈论'读心'这回事,人心又不是一本书!"

——《哈利·波特与凤凰社》

丛 书 总 序

80余年前,美国心理学家伍德沃斯(Robert Sessions Woodworth, 1869—1962)在其力作《现代心理学派别》的结尾处,大胆地预测了心理学的生命力:"你曾欣赏过法国沙漠尼山谷之雄壮的美丽吗? 它之所以具有这种迷人心魄的美丽,是由于它在地质的变化上是个年少的山谷。它的花纹是新近退出的冰川雕刻的,故绝壁悬崖,锋芒毕露,瀑布也异常猛烈……我们美丽的心理学之所以引人入胜,也是由于年少力壮。哲学的冰川最近始退出,将崭新的绝壑和澎湃的瀑布交给我们。"[①]不过,此后心理学的迅速发展还是让伍德沃斯始料未及。80多年后的今天,心理学已经从一门最初研究人类初级心理过程的实验科学,发展成为当代科学系统中与数学、物理学、化学、地球科学、医学、社会科学并驾齐驱的七大学科之一。作为一门开放的枢纽学科(hub science),心理学在吸收融合其他学科知识的同时,也将知识输送给别的学科。[②] 在一些综合性的交叉学科中,心理学的地位也日益提高。例如,认知科学(cognitive science)是一门由哲学、心理学、语言学、人类学、人工智能和神经科学这六个重要学科组成的综合性交叉学科。如果将心理学与神经科学结合而产生的认知神经科学(cognitive neuroscience)纳入心理学范畴,那么心理学在整个认知科学中所占的份额正在不断增大(见下页图1)。心理学之所以会产生如此强大的辐射效应,首先应该归功于它的"两面神"(Janus-faced)形象,即兼具自然科学和社会科学的双重属性。国际心理科学联合会(International

---

[①] Woodworth, R.S. (1935).现代心理学派别.谢循初,译.上海:商务印书馆,pp.219-220.
[②] 杨玉芳,孙健敏.(2011).心理学的学科体系和方法论及其发展趋势.中国科学院院刊, *26*(6): 611-619.

Union of Psychological Science，IUPsyS)是所有学科中唯一身兼国际科学理事会(International Council for Science，ICSU)和国际社会科学理事会(International Social Science Council，ISSC)的成员。目前,全世界有近 50 万人正在从事与心理学有关的职业。这些专业人员今天所致力的工作领域已经与当年冯特(Wilhelm Wundt，1832—1920)、艾宾浩斯(Hermann Ebbinghaus，1850—1909)的实验室工作大相径庭,而且在人类社会发展中扮演着愈来愈重要的地位。

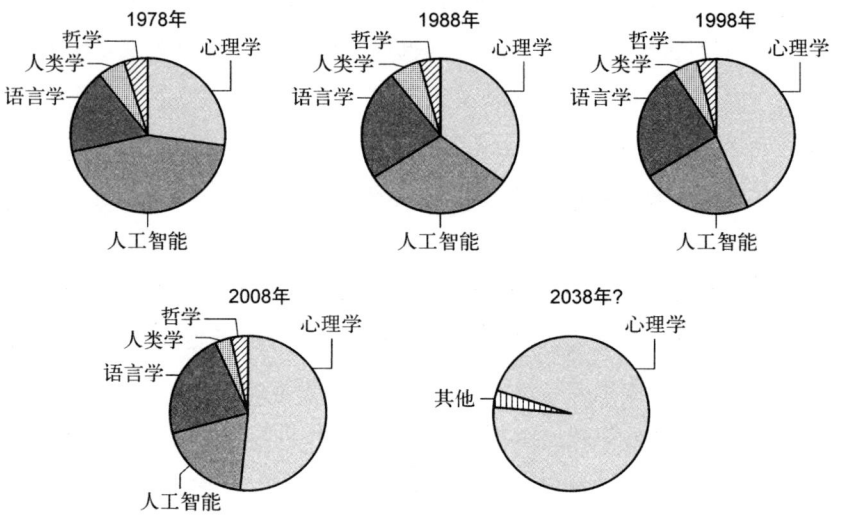

图 1　心理学在认知科学中所占的份额走势预测(1978—2038 年)①

注:该预测的统计依据是在《认知科学》(Cognitive Science)杂志上发表论文的作者所归属的学科。

然而,在心理学如火如荼的发展趋势背后,一个多世纪前美国心理学家詹姆斯(William James，1842—1910)的警告依旧回荡在心理学人的耳畔:"心理学只不过是一连串纯粹的事实;一点闲言碎语和各种观点之间的争论;仅仅在描述水平上的些许分类和概括;一种强烈的偏见认为,我们有各种心理状态,但还没有一条物理学意义上的规律,也没有一

---

① Gentner, D. (2010). Psychology in cognitive science: 1978 - 2038. *Topics in Cognitive Science*, 2, 328 - 344.

个可以作出因果推论的命题。如果我们掌握了一些基本术语,可能还会得到几条基本原理,但我们甚至都不了解这些术语……这绝不是科学,而只是科学的希望(hope of a science)。"① 可以说,心理学从"蹒跚学步"到"健步如飞"所留下的每一个足迹,都会飞溅起一连串的"泥淖":学派之争、伦理冲突②、伪科学入侵③、分裂与整合④、统计伎俩⑤、可重复性危机⑥,等等。

因此,对于心理学在今天是否已经成为一门成熟的科学,仍然充满争议。⑦ 这也提醒我们必须实时反思:在经历百年的风雨磨砺之后,什么才是未来心理学的时代精神?心理学家鲁文·阿迪拉(Rubén Ardila)将未来心理学的时代精神概括为六个方面:(1)更强调科学。未来的心理学将比今天更科学,将使用更为严格的方法,对其研究发现的断言和结论将更为小心。(2)更强调社会相关性。心理学将致力于解决与社会有关的微观和宏观问题,例如人类发展与家庭和社会的关系、正常人与变态者、攻击性与破坏性、公平、爱与恨、意识形态冲突,等等。(3)更重视理论化和数学模型的应用。未来的心理学将更为关注研究发现的整合、微观理论和宏观理论的形式化,对研究发现的理解,以及所有大体上与科学哲学有关的问题,积极使用数学为心理事件的多变量关系建模。(4)致力于复杂问题。未来心理学将涉足一些复杂领域,例如

---

① James, W. (1961). *Psychology: Briefer course*. New York: Henry Holt, New edition, p.335. (Original work published in 1892.)
② Bersoff, D.N. (Ed.) (2008). *Ethical conflicts in psychology*. Fourth edition. Washington, DC: APA.
③ Shermer, M. (2011). *The believing brain: From ghosts and gods to politics and conspiracies: How we construct beliefs and reinforce them as truths*. New York, NY: Times Books.
④ Goertzen, J.R. (2008). On the possibility of unification: The reality and nature of the crisis in psychology. *Theory and Psychology*, 18(5), 829–852.
⑤ Simmons, J., Nelson, L., & Simonsohn, U. (2011). False-positive psychology: Undisclosed flexibility in data collection and analysis allow presenting anything as significant. *Psychological Science*, 22, 1359–1366.
⑥ Pashler, H., & Wagenmakers, E. (2012). Editors' introduction to the special section on replicability in psychological science: A crisis of confidence? *Perspectives on Psychological Science*, 7(6), 528–530.
⑦ Brock, A.C. (2011). Psychology's path towards a mature science: An examination of the myths. *Journal of Theoretical and Philosophical Psychology*, 31(4), 250–257.

行为化学、意识、心智和行为的进化、贫困、价值,等等。(5)更加职业化和专业化。心理学将继续多样化,一个研究者不可能精通所有领域。(6)围绕统一的范式整合心理学。心理学家将在定义、方法论、理论参考系和术语等问题上达成共识或趋于一致(并不是简单的折中主义),心理学由此将会迈向成熟科学的行列。①

我们认为,上述六个方面可以进一步浓缩为未来心理学发展的一个主旨,即"在学科交叉中开辟行进道路"。这具体表现为如下三个重要的变化。

第一,第三种文化(third culture)引领学术生长点。第三种文化显然对应于斯诺(Charles Percy Snow,1905—1980)意义上的两种文化及其对立。② 所谓第三种文化,是指一种超越科学文化与人文文化的"综合科学文化"(culture of integrative science)。这种文化强调,任何一个科学研究都必然要对数据、理论和阐释进行有机综合。因此,自然科学、社会科学和人文科学各自代表的文化意识形态都有用武之地,任何倒向其中一方的做法都会导致科学研究发生畸变。③ 显然,心理学正是第三种文化的形象代言人。纵观当下的心理学研究,学科交叉已经成为大势所趋,并由此衍生出许多全新的研究领域。这在神经科学、脑科学与传统人文社会科学相结合的心理学领域内体现得尤为明显。例如,目前正兴起的发展与进化神经科学、神经语言学、神经社会学、神经经济学、神经伦理学、神经教育学、神经美学、神经现象学、神经精神分析学,等等,都是学科交叉形成的全新研究领域。

第二,问题中心的研究取向推进人类认识。在心理学史上,"主义取向"(ism-based)的心理学研究一度占据重要地位,诸如构造主义、机能主义、行为主义、完形主义、认知主义、人本主义、存在主义、后现代主义、女

---

① Ardila, R. (2008).心理学的未来——世界上最著名的心理学家对各自领域的未来的看法. 张航,禤宇明,译.荆其诚,校.北京:商务印书馆.
② Snow, Charles Percy (2001). *The Two Cultures*. London: Cambridge University Press. (Original work published in 1959.)
③ Shermer, M. (2011). *The believing brain: From ghosts and gods to politics and conspiracies: How we construct beliefs and reinforce them as truths*. New York, NY: Times Books.

权主义、社会建构主义、生态主义等。然而,近年来,许多研究者开始意识到这种"主义取向"的研究模式不仅满足不了公众对于心理学服务功能的需求,还进一步加剧了心理学内部的分裂与不稳定。心理学的学派之争在当代已经逐渐偃旗息鼓,未来心理学内部出现的新兴研究取向或趋势应该是"问题取向"(problem-based)的或至少是期望从"主义转向问题"(ism-to-problem)的。只有这样,心理学才能从根本上推动人类认识的进程。例如,社区心理学、工作心理学、思维与推理心理学、环境心理学、表演心理学、具身认知心理学、时间心理学,等等,都主要是以问题为导向的心理学领域。

第三,方法多元(methodological pluralism)突破研究瓶颈。科学研究的重大突破总是离不开技术与方法上的革命。例如,望远镜的发明将"哥白尼革命"的意义从神学转向天文学,天文学由此获得了一系列重大发现。显微镜的使用帮助生物学家发现了细胞结构,为生命科学打开了通向微观生命世界的大门。因此,未来的心理与行为研究若想取得突破性进展,也必须寻觅到更加有效的、适宜的技术与方法。针对心理现象的特殊性与复杂性,研究者开始革新第三人称方法,重构第一人称方法,并强调两者的有效结合。革新第三人称的方法主要体现在诸如颅内脑电记录(iEEG,这种技术可以改变传统 ERP 与 fMRI 技术在时间分辨率与空间分辨率上不可兼得的局限)、功能性近红外光谱成像技术(fNIRS)、弥散张量成像技术(DTI)等认知神经科学的新技术和方法不断应用于传统技术难以奏效的心理学研究对象和主题上,以大尺度神经动力学建模为目标的神经连接组学(neural connectomics)也日益开展。[1]与之相对,诸如现象学描述、质性分析、叙事实践、表演技术等以探究人类心理主观性、体验性为目的的第一人称方法,也正在心理学舞台上扮演更为重要的角色。未来,两者的结合或许将在真正意义上实现心理学方法的多元化。

为紧扣世界心理学发展脉搏,推动我国心理学事业的蓬勃发展,我

---

[1] Hughes, V. (2013). Mapping brain networks: Fish-bowl neuroscience. *Nature*, 493, 466-468.

们组织策划了这套"心理学新视野丛书",以反映世界心理学发展的时代精神。这套丛书具有四个特点:第一,反映学术前沿与学科交叉趋势。丛书中的每本书都力求反映国际心理学某一领域的前沿动态,尤其凸显以学科交叉为特征的心理学的时代精神。第二,立足问题中心导向与方法多元化。丛书甄选的选题积极倡导问题中心导向研究的最新成果,同时推崇心理学方法多元化,在选题的选择上有意识地兼容并包第一人称的质性方法与第三人称的量化方法。第三,体现心理学理论研究与实践应用相结合。这套丛书既有理论性较强的选题,也有实践性较强的选题,以适合广泛的读者。丛书既可以面向心理学专业的教师、科研人员、学生以及心理学实务工作者,也可以面向教育学、社会学、认知科学、哲学等相关学科以及对人文社会科学与自然科学交叉领域感兴趣的读者。第四,引进与原创并举。这套丛书从全球化的学术视野出发,既强调引进翻译反映心理学某一领域前沿进展的代表性著作,又重视推介国内学有专长的心理学研究者新近完成的原创性著作。

苏联心理学家维果茨基(Lev Semyonovich Vygotsky, 1896—1934)的《科学心理学》手稿最近由俄文翻译整理成英文出版,作者在文章的结尾处发出了与伍德沃斯同样的感慨:"为什么心理学对于我们是如此弥足珍贵——纵然这个名字上会落下历史的尘埃,但是它终究属于未来。"[1]我们希望通过出版这套丛书来洞悉未来心理学的时代精神——"在学科交叉中开辟行进道路",并在此基础上进一步推动我国心理学教学、科研与应用的发展和繁荣,以满足我国社会经济和文化发展对于心理学日益旺盛的需求。

郭本禹　陈巍
2017 年 12 月 1 日
于南京师范大学

---

[1] Vygotsky, L.S. (2012). The science of psychology. *Journal of Russian and East European Psychology*, 50(4), 85-106. (Original work published in 1928.)

序　　一

从发展情境理论(developmental contextualism)的立场出发,人类行为既具有生物性特征又具有社会性特征。毋庸置疑,在我们这个星球上已知的生命形式中,几乎没有完全独立于其他生命形式而存在的。同样,也没有哪种生物体在它的整个生命周期中能够完全独立于其他物种而存在。对于人类而言,情况似乎变得更糟:我们在进化早期阶段是缺乏防御力的,我们既没有尖锐的牙齿、犄角,也没有锋利的爪子或坚硬的甲壳。为了在险象环生的非洲大草原上生存,人类祖先在进化过程中对群体形式生活的依赖,对于个体生存种系繁衍而言就变得非常重要。我们大可设想,人类以群体形式活动会比单独行动更有可能存活下来。在此意义上,这种支持性社会关系在人类整个演化过程中有助于人类存活。

读心(mindreading)正是这样一种支持性社会关系的绝佳载体和显现方式。从两千多年前庄子与惠子的"濠梁之辩",到英国哲学家赖尔提出"机器中的幽灵",超心理学有关"心电感应"(telepathy)研究的热议,再到公众对美剧《别对我说谎》(Lie to me)中"微表情"识别能力的迷恋以及社会机器人的开发,读心成为横跨东西方哲学、心理学与公众兴趣的亘古话题。在当代心理科学的传统视域中,读心泛指日常生活中我们每天与周围各种各样的人进行社会交流或人际互动时要具备的一项普遍能力,即我们把一些心理状态归属给他人或自己的能力。在更复杂一些的交往场景中,例如战场与政治角力中,我们则需要将各种因素进行综合考量,才能对对方的意图和行动作出恰当的判断,以调整自己的行动。

对读心机制及相关现象的理论解释可以溯源至笛卡尔提出的他心问题(other minds problem),后者与身心问题一起构成了西方哲学史上的两大基本问题。在近现代西方哲学传统中,密尔、斯特劳森、罗素、维特根斯坦、马尔科姆等一大批哲学家基于自身本体论承诺与认识论立场提出了许多有关读心问题的观点,但这些观点之间存在很大的争论。20世纪70年代末,读心问题开始引起儿童发展心理学家的关注,研究者们别具匠心地开发出以错误信念任务为代表的一系列实验范式,旋即引发心智理论(theory of mind)的研究热浪,这标志着读心研究开始从扶手椅(借指哲学)走向实验室(借指科学)。二十余年间,伴随脑成像技术与认知神经科学方法论的不断成熟,读心研究再一次激起神经科学家的探索欲望,并成为社会认知神经科学(social cognitive neuroscience)的靶问题之一。遗憾的是,读心始终是一个"很"心理学又"很不"心理学的重要论题。说它"很"心理学,是因为它几乎成为心理学学习者心中"永远的痛"(心理学专业的学习者曾被无数次提问:"你知道我心里在想什么吗?");说它"很不"心理学,是因为当我们环顾林林总总的心理学分支及其关注的主题时,它却总是遁身于白纸黑字间,以至于我们居然无法为其找到相应的定位进而大快朵颐一番。

欣喜的是,陈巍总是能在这样的话题中向学术界展示自己敏锐的视角与学科交叉的知识结构优势。不同以往的是,这次他告诉我——读心问题是他的学术"初恋",而眼前这本《读心:从扶手椅到实验室的循环》是他对"初恋"的迟到表白。于是,如同我惊异于十年前他考博的传奇经历,惊诧他在我门下攻读博士期间特立独行的学术品格一样,我惊讶于"很"心理学又"很不"心理学的读心难题在他的笔下变得条理清晰、异彩纷呈。我为他的执着喝彩,也为我们每个人读懂自己远逝的青葱岁月与心灵谜题而喝彩!

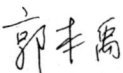

南京师范大学心理学院教授、博士生导师
中国心理学会理论心理学与心理学史专业委员会主任
2018年2月16日于南京海德卫城寓所

序　二

所谓"他心问题"(problem of other minds),就是指关于我们怎样知道我们之外的其他人具有与我们同样的思想、情感以及其他心理属性等,或者我们能否知道他人的感觉状态的性质,是否知道还存在任何具有不属于我们自己的感觉状态的他人心理的问题。进一步地说,如果我们相信在我们之外还存在"他心",我们会如何去证明这一点?

因此,他心问题首先是一个重要的认识论问题。它产生于接触我们自己的经验和我们接触其他所有人的经验之间的根本区别。我们经常直接知道自己处于某种心理状态。例如,我们正处于剧烈的牙痛,奇痒难忍,闻到咖啡的香味,看到璀璨的星空,坠入爱河的甜蜜,相信"今天是冬至",等等。虽然我们并不总是直接知道自己处于何种心理状态,但事实上我们从未直接知道他人处于何种心理状态。正是这种明显的不对称,产生了他心的认识论问题。在这里,对身心问题的传统的解决方案都遭到了不同程度的挑战,而这些方案使用的方法基本上都是所谓的类比论证方式。对这种论证方式的反叛则导致在他心问题上的怀疑论和唯我论。他心问题最终演变成当代英美哲学中一个极为棘手的认识论难题。

其次,他心问题也是一个概念问题。如果我们每个人对自己的经验都有一种直接的认识,而这种认识只存在于我们自己的经验中,那么我们通过什么方法才能获得属于人类,而不是我们自己的心理状态的概念呢?概念上的问题可以从不同的途径产生:我如何将我的疼痛概念扩展到我自己的疼痛之外?维特根斯坦认为,诸如"知道""感觉"等概念属于公共的语言领域,它们表达的内容是可以相互比较的。当我们在把这些概念运用到他人身上时,我们并不是根据我们对这些概念本身的理解,而是根据这些概念在公共语言中的普遍用法。因而,说"我感觉疼痛"和"他感觉疼痛"之间的不同,并不在于对"感觉"一词的不同理解,而在于我们对它的不同用法。这就表明,尽管我们无法进入"他心",无法去直接检验他人的感觉是否与我们的感觉相同,但这并不排除一种谈论心理现象的公共语言。

在此意义上,陈巍博士的著作《读心:从扶手椅到实验室的循环》出版可谓恰逢其时。即便我们无法从实在论与反实在论的角度出发驱散笼罩在他心问题上空的阴霾,以至于他心问题被看作是一个假问题而被取消,这也并不意味着我们从已知的东西到未知的东西的认识过程也被取消了,因为对未知事物的认识永远是人类的一种最为本能的和原始的追求。我认为,本书秉承了上述理念,由此淡化了语言哲学与怀疑论意义上的他心问题,而转向一种理解他心的自然主义观照。通过整合来自认知神经科学、发展心理学、精神病理学、现象学和心灵哲学等多个学科分支有关理解他心的学术资源,本书试图向读者呈现,在过去的半个世纪中,他心问题已经走出笛卡尔的阴影,它既不再单纯被视为一个认识论问题(即,我们如何证明除了我们自己的心理状态外还存在他人的心理状态这样一种信念),也不再被单纯看成是一个概念问题(即,除了我们自己的心理状态,我们能够形成有关心理状态的概念是何以可能的)。相反,它已经成为心灵哲学与认知科学哲学中一个关乎理解他人并与之进行有效互动的实效论(pragmatics)问题。近三十年来,脑科学、认知神经科学与神经生物学等学科的蓬勃发展,在认知科学哲学内部有关理解他心的解释模型、认知与神经机制以及争论,重新引发了哲学家、心理学家、人工智能专家与神经科学家的研究热情。无疑,他心问题作为认识论基础匿身于读心(mindreading)研究之中。读心能力在当代心灵哲学和认知科学上被当作表征、推理、回应他人心理状态的能力。通常它也被定义为"常识心理学"(folk psychology)、"心智理论"(theory of mind)和"心智化"(mentalizing)。读心在我们社会生活中是极其重要的,我们在社会互动中无时无刻不在使用到读心能力。通过表征他人的心理状态,我们可以在无数场合去预测、解释他人行为,并与他人的行为保持协调。

进一步,本书汇集并系统展现了作者近十年来反思他心问题之努力,亦可视为目前国内认知科学哲学界以学科交叉范式探索他心问题的典范。在还原当代认知科学哲学内部长期困扰读心领域的理论模型之争的基础上,本书给出了一种带有现象学基调与底色的认识论澄清:自我与他人、内部与外部、可观察的行为与不可观察的心理状态之间是否存在不可逾越的鸿沟?除了反思形式的命题态度,他心体验是否还可以存在其他形式(如,前反思的心理内容)?理解他心只能是一种理性的思维(理论推理或模拟)活动,还是可以存在其他直通他心的途径(如,知觉活动)?这些途径与理性思维活动之间又存在何种关系?来自神经科学的经验证据是否可以支持上述设想?这一连串的问题抛出了作者的立场,论证一种理解他心的直接知觉形态并为其辩护。事实上,这并不是现象学家的专利,维特根斯坦曾在《心理学哲学评论》中的断言与之遥相呼应:"我们看见了情绪——相对于什么呢?——我们并没有看见某人脸部的变化并以此推断出他正感觉到欢乐、悲伤或烦恼。我们把他的脸描述成悲伤的、容光焕发的、烦恼的,我们甚至无法对这些特征给予另一种描述——有人可能会说,悲伤就表现在他的脸上。"

通过阅读这本著作,我很欣喜地看到国内年轻学者在认知科学哲学领域内的成长。他们正凭借自身知识结构的优势,以开放包容的姿态积极投身于国际学术舞台的最前沿。当然,交叉学科的探索难度与学科壁垒依旧存在,这本著作也不免在不同话语方式的"切换""交锋""交融"上存在一些值得商榷的观点。历史的惰性再一次向年轻人自身及后来者提出更高的挑战,也恳待读者诸君给予批判并多提建设性的意见。

受陈巍博士邀请与嘱托,我乐意在此书付梓之前撰此短文。是为序。

教育部长江学者特聘教授
山西大学哲学社会学学院教授
中国现代外国哲学学会副理事长
2018 年 12 月 18 日于美国旧金山

目录 Contents

第一章　导论：他心之谜 1

第二章　心智的新科学：认知科学的范式转型 17
第一节　第二代认知科学浪潮 18
第二节　现象学自然化运动的兴起 29

第三章　读心的巴别塔：镜像神经元及其功能 37
第一节　镜像神经元与镜像神经元系统 39
第二节　动作理解与具身模拟论 52
第三节　共情与共享的多重交互主体性 65
第四节　语言理解与进化 74

第四章　变色龙效应与读心的双重机制 84
第一节　社会互动的变色龙效应 85
第二节　读心的双重机制 97

第五章　自闭症与读心障碍 114
第一节　碎镜理论及其与自闭症的关系 116
第二节　偏向原理的钟摆：自闭症的共情-系统化理论 126

第三节　互动理论的挑战：自闭症儿童是心灵盲吗 135

第六章　结语：超越读心——具身交互主体性 146

参考文献 158

后记 198

第一章 导论：他心之谜

> 灵魂的必然的命运就是绝对的与世隔绝。只有我们的躯体能够彼此接触。
>
> ——赖尔（2005/1949，p.38）

2012年，享誉世界的神经科学家托诺尼（Giulio Tononi）出版了极具魔幻色彩的名著《PHI：脑到灵魂游记》（*Phi: A Voyage from the Brain to the Soul*），书中讲到这样一则富含哲理的有趣传说（Tononi，2012）。通过转述这个传说，我们可以细细揣摩读心（mindreading）这个话题的旨趣。

很久之前，有位国王统治着一座庞大的城市。他非常富有并拥有无边的权力，但他非常害怕他的臣民之间可以相互交流。他知道臣民一直在忍受他制定的法律并尊重自己。然而，国王一直在想："有什么办法可以知道臣民在背地里如何彼此交流？"因此，他派遣了一些亲信去监视所有臣民，密切关注臣民的一举一动，并翔实记录下亲信的所见所闻。

这些亲信开始工作，并在笔记本上事无巨细地记录下臣民说的话，但是这样做似乎并不奏效。谁也没有时间来阅读这些记录下来的报告。为此，国王创设了一个庞大的部门来专门处理此事。即便如此，如何才能知道人们是否在说一套做一套？此外，当这些告密者入睡之时，又有谁知道人群之中会发生什么事情呢？因此，国王让他的亲信轮流值班,当一批告密者揉着惺忪睡眼上岗之际,另一批告密者则揉着因整天记录而酸痛的胳膊进入梦乡。然而,国王依然担心告密者会偷奸耍滑,因此他又秘密地筹建了第二批告密者,以此专门监视前者。这样应该能维持一段时间了吧,国王心想。

然而,不久之后国王就发现自己太粗心大意了。当人们聚拢在街头的时候,告密者可以监视他们,但是有谁能够得知夫妻之间的窃窃私语呢?当人们围坐在餐桌前时,他们的所做所说都容易被记录下来,但当他们隐匿在床头挤成一团交头接耳之时,又有谁知道他们在交流什么?或者,当一位母亲嘱咐女儿婚姻秘籍时,她是否会顺带吐露其他秘密?这些问题似乎是无解的。如何破解这些难题?国王为此专门召集了他的顾问共同商讨对策,但是大家对此都束手无策。这时一个名叫莫杜勒斯(Modulus)的弄臣为国王献上了一则简易可行的建议。

不日,国王派遣泥水匠与木匠着手开展了一项工程,因为国王承诺给予两倍的工钱,所以他们干得非常欢喜,很快就完成了国王的要求。当最老的泥水匠完成了他最后一项任务的时候,国王正站在最高的塔楼之上透过塔楼上最高的窗户俯视整个城市,并对所见到的一切感到由衷的开心。每个人的一举一动都历历在目,从最老的泥水匠到所有其他泥水匠,以及所有的木匠,从每个小商贩到女房东或者女仆,从每个孩子到每个外婆。每个人都被安全地幽禁在属于他自己的小屋里面。

每个小屋都被包裹上厚厚的墙壁,因为没有窗户,所以它足够牢固。在这个狭小的空间中,每个人日常的任何需要都能得到满足——床位、灯光和自来水,每天必需的食物都会通过一扇小门送进房间。这扇门非常小,哪怕是孩子也无法穿过。这个弄臣真的想到了所有一切——国王的狗带着所有东西在城堡内来回穿梭。小贩们可以通过房间后面的一扇小门来做买卖——这个城市的微型雕像闻名遐迩,铁匠们锻造着各种刀具,金匠们制作着各类华丽的珠宝首饰,裁缝们为服饰绣上精美的花纹,女仆们则忙着烹制各样可口的美食。

一切看起来都非常美好和安全,国王心中窃喜,他再也听不到任何抱怨,取而代之的是铁匠们在他们的小屋里卖力的捶打声,以及热情的厨师们在小屋里做饭时坛坛罐罐碰撞发出的叮当声,整座城市被一片愉悦的静阒笼罩着。正如弄臣曾预言的,国王现在不再担心臣民在说些什么,因为他们已经不可能再彼此交流了。他准备好开展长期的、平静的统治,他在高处俯视着无边无际的大地上星罗棋布地点缀着无数个小屋,在每个隔间中,他的臣民都在勤勉地劳作着。

然而,突然有一天弄臣再一次向国王进言,他说他做了一个奇怪的梦,在梦中,一支军队在没有遭遇任何抵抗的情况下攻陷了整个城市。如果臣民无法彼此交流,那么他们又如何抵抗敌军?国王听毕,恼怒地大呼:"这是怎么回事?每个臣民都可以从国王所在的城堡中接受他的指令,不会有任何的粗疏遗漏。臣民又需要交流些什么呢?"弄臣回答道:"陛下,如果臣民发现敌军来犯而无法提醒他人,需要增援抗击敌军又无法形成强有力的军队,那么我们注定会沦为阶下之囚。"

国王和弄臣一边交谈一边走下城堡,来到广阔的城市之中,他们在一间异常简陋的小屋前驻足。国王上前敲门,并命令里面的住户开门,但是没有人回应。国王拔出佩剑撬开了小门,当他们进入这个破旧邋遢的小屋后,看到一个老泥水匠坐在一块大石头上面。"发生了什么事情?老泥水匠?"他们问道。"我已经失去了自己的心灵,"他回答道,"我一直独处在这间小屋中,我一定是把我的心灵弄丢了。不仅如此,所有的心灵已经在这个古老的城市里销声匿迹了。"

看到这里,读者或许会好奇:"为什么把人们彼此隔离开来会让他们失去'心灵'(mind)①?"难道我们的心灵生来就是为社会互动(social interaction)服务的?换言之,与他人分享心理活动是心灵的一种最基本的属性,甚至是心灵"如其所是"的必要条件吗?带着这些困惑,我们可以开启探索读心的跨学科旅程了。

一、读心研究在哲学史上的嬗变轨迹

自近代哲学之父笛卡尔提出心灵私有的身心二元论主张以来,自我如何通向他人心灵就成为一个悬而未决的难题——他心问题(problem of other minds)。这一问题在当代心灵哲学的十二个难题中仅次于身心问题(body-mind problem),位列第二(Searle,2005),自提出以来一直困扰着哲学家。这一问题最初询问的是:如何证明我心以外存在他心?随后,它被转换成询问与读心(mindreading)有关的问题:在日常社会交往中,我们能否理解自己以外的他人的心理状态(包括情绪、意图、愿望、信念等)并预测他人的行为?其基础、根据、途径、性质和过程等又是什么?虽然这种转换淡化了怀疑论的意味②,增强了自然主义的色彩,但围绕这一问题的探索与争论一直是英美分析哲学内部的热门话题。20世纪30年代以来,继承分析哲学传统的当代心灵哲学在他心问题的研究上逐渐占据主导地位,并引领了认知科学的读心研究(Nichols & Stich,2003;Carruthers,2009)。

几百年来,在哲学界和心理学界围绕这个话题,以洛克、休谟、罗素、维特根斯坦为代表的各种学派和思想家纷纷提出各自的见解。现代心灵哲学在此基础上进行了更深入全面的讨论,并提出许多解决方案。③

---

① "mind"一词可译成"心灵""心智"或"精神",等等。在中文语境中,不同的学科有自己偏好的译法。例如,在心理学中更习惯于译成"心智",而在哲学中,尤其是现当代分析哲学和认知科学哲学中,更习惯于译成"心灵"。本书以包容的态度,依据上下文背景交替使用这两种译法。

② 传统的他心问题的怀疑论立场还引出诸多伦理学思考。例如,"一个人如何确定自己以外的某东西——异己的造物、复杂的机器人、有社会能力的计算机或他人,是不是社会的、有感情的、有意识的存在?"(高新民,沈学君,2010,p.171)。

③ 主要包括类比论证(argument from analogy)、假说-演绎证明(hypothetico-deductive method)、"云室"痕迹类比(could chamber track)、逻辑行为主义、心理学行为主义、斯特劳森(Peter Strawson)的人论、物理主义等(高新民,2002;塞尔,2008)

然而,"虽然哲学史上对我心如何通向他心的追问拥有漫长的过去,但以常识心理学(folk psychology)①的兴起为代表来系统回答有关理解和推测他人心理状态的问题却只有短短四十年的历史"(陈巍,2010,p.85)。需要明确的是,常识心理学并不是一种心理学的取向或分支,也并不是在理论上脱离约束(theoretically uncommitted)的关于心理的通俗表述,而是我们对人类心理学的一种常识理解,这种理解可以解释我们理解他人并与之互动的能力(Carruthers & Smith,1996;Goldman,2006)。拉特克利夫和赫托(Ratcliffe & Hutto,2007,p.2)进一步指出:"对常识心理学而言,已被认可的智慧可以浓缩成两个主要假设:清楚那些需要借助组成不同命题态度(propositional attitudes)②的原因来解释的行为;这种活动主要关注对行为的预测和解释。"雅各布森(Jacobson,2010)更是直接将常识心理学视为一种关于行为如何被合理解释的理论。比如,"小明去超市买橙汁"意味着小明去超市的行为是由他对橙汁的愿望诱发的,并且他相信到超市去能够买到橙汁,满足自己的愿望。当然,常识心理学广义上包含对自我与他人心理状态的归因和行为预测,狭义上则更多地涉及对他人心理状态的归因和行为预测,即"人际理解(interpersonal understanding)以及这种理解在社会交往中扮演的角色的能力"(Herschbach,2008,p.34)。这就使得常识心理学与他心问题之间建立起直接的联系。

为了更好地阐释常识心理学在日常生活中对他人心理状态进行归

---

① 也有学者将"folk psychology"译成"大众心理学"(黄家裕,2009)、"民众心理学"(吴彩强,2007)、"民间心理学"(高新民,2010;戴潘,2010)、"民族心理学"(陆丽青,2008)。但笔者认为,这些译法不甚准确。原因如下:(1)"folk psychology"一词在很多时候与"commonsense psychology"一词被等价使用(Ratcliffe & Hutto,2007),而"commonsense"明显地应该指称中文情境下的"常识"。(2)虽然常识心理学与冯特的民族心理学(Völkerpsychologie)也存在一定的联系,但在当代认知科学中常识心理学特指一种人际互动中的理解能力。(3)在心理学的视角下,上述剩余的几种译法还容易与通俗心理学(pop psychology)混淆。后者通常与科学心理学对立,是一种用通俗的话语与表达方式对科学心理学的演绎。
② 命题态度是指对一个命题所持的态度(相信、希望、害怕、担心、梦想等)。例如,我希望去度假,我相信美国总统是奥巴马等。从形式上看,这些态度总是具有特殊的命题结构;从内容上看,一种信念、愿望就是一种特定的命题态度,并且其总是呈现出一种对外部世界的关指性(aboutness)。由于这种关指性与布伦塔诺的意向性概念存在紧密联系,而意向性又是布伦塔诺认定的心理活动的核心特征,因此,在心理学上命题态度也被等同于心理状态(mental state)。

因并对他人行为作出解释和推测时的重要性,我们可以试想以下两种情境:(1)小明喜欢清晨去体育馆,但是他忘记了每周一体育馆是闭馆的,因此,当他来到那里后发现体育馆没开,就只能直接回去睡觉了。(2)小明经常在清晨去体育馆,但是当他今天早上来到那里时却发现体育馆没开,因此他直接回去睡觉了。这两个句子都描述了相同的物理事件序列,并都允许对小明的后续行为进行预测,然而句子(1)提供给了关于小明内在心理状态的额外信息,这将帮助我们去预测他将会对忘记体育馆周一闭馆的事情感到恼火,并对无法锻炼感到失望。尽管句子(2)也允许作出同样的假设,但是依然存在许多其他的解释,比如小明去体育馆可能仅仅是由于学校的要求,所以当看到体育馆关门时,他可能会感到一种解脱,并对可以回去睡觉感到高兴。因此,常识心理学可以帮助我们理解他人的心理状态,并对他人行为的解释和预测提供许多额外的启示。

在对他心问题的回答上,常识心理学逐渐形成两种不同的解释模型,即理论论(theory theory)和模拟论(simulation theory)。当前,这两种解释模型的争论已成为"认知科学哲学内他心问题复兴的催化剂"(Goldman,2013)。理论论将我们推测他人心理状态并解释和预测他人行为的能力视为一种基于一定的理论及因果逻辑的推理能力,因此也被称为"心智理论"①(theory of mind)(Premack & Woodruff, 1978; Wellman,1990)。20世纪80年代以来,随着发展心理学家开始涉足儿童理解并推测自己和他人心理状态领域的研究,常识心理学的这两种解释模型逐渐融入心理学领域。"心智理论"一词本身的含义也随之扩大。心智理论广义上已成为泛指儿童理解并推测他人心理状态的能力,而狭义上则专指理论论。理论论和模拟论也可以称为心智理论的解释模型

---

① 笔者认为,将"theory of mind"翻译成"心理理论"是近二十年来国内发展心理学界在术语翻译上值得反思的事件之一。因为它不仅造成读者的理解困惑(大约十年前,笔者曾在全国心理学学术年会的发展心理学分会场上听到有老师们窃窃私语:"心理理论是指哪方面的心理学理论?"),而且还与作为其元理论的理论论产生了混淆(详见熊哲宏,2001)。因此,虽然目前绝大多数学者仍然沿袭"心理理论"这一译法,但在本书中除了参考文献中"既成事实"之处,笔者将统一使用"心智理论"作为替代。一来以区分常识化的表述(如心理学理论),二来突出"theory of mind"中最为核心的"理智"成分。

与元理论预设（meta-theory of presupposition）或心智理论的理论（Apperly, 2011）。三十余年来，心智理论的研究积累了丰富的实证与理论证据，并显示出极强的领域渗透与整合力，成为认知科学哲学的热门主题。不过，近年来在认知科学哲学内部又出现以"读心"（mindreading）这一术语来涵盖心智理论的趋势（Goldman, 2009; Spaulding, 2010; 于爽, 盛晓明, 2011）。有学者认为，较之心智理论，读心是一种在理论上相对中立（theoretically neutral）的提法，既可以避免在该领域中对某些元理论（如理论论）的有利偏向，又可以囊括并允许各种理论对理解他人心理给出的不同假设，比如逻辑推理、模仿抑或其他认知过程（Nichols & Stich, 2003; Apperly, 2011）。

然而，虽然读心研究已经成为认知科学领域内探索他心问题的代言人，但这一领域的研究依然面临许多难题，如理论论的问题、模拟论的问题，以及二者争论的检验问题。

戈德曼（Goldman, 2006）认为，是否存在这样一套能够为我们所共享并接受的有关心理概念的逻辑规则，这仍有疑问。假如人们的确具有这样一套规则体系也会因陷入无穷倒退而无法实现对他人心理状态的归属，即通过与心理状态 A_1 相关的心理状态 A_2 或与外部事件的联系来完成对心理状态 A_1 的归因，那么我们不得不通过与心理状态 A_2 相关的心理状态 A_3 来归因心理状态 A_2。即使可以实现这种归因，也必定要耗费大量的时间和心理资源。这有违日常经验中我们自动、迅速完成读心的事实。因此，理论论需要回答是否在所有社会交往情境下理论化的推理都具有普适性。

按照模拟论的理解，我们是通过基于自身情况的某种缄默的观点采择或移情式投射来获知他人心理状态并推测和解释他人行为。这种论调显然基于笛卡尔二元论：我们具有通向自我心理状态的特权，从而明确在某种心理状态下后续的行为事件，故当我们从他人那里观察到类似的身体事件时，就很自然地推论他是处于相关的心理状态中，并能根据这种心理状态继而推测并解释他的后续行为。事实上，早在维特根斯坦著名的"盒子里的甲壳虫类比"等思想实验中就对这种笛卡尔主义的心理现象私密性与第一人称权威性进行了严肃的批判。这直接导致模拟论的危机：如果这一自上而下(top down)的沟通自我与他人的桥梁被拆毁，模仿本身的可能性和可靠性均不复存在，那么拿什么来推测他人心理状态呢？这个问题成为困扰模拟论者的"理论死角"。同时，我们又不得不承认在日常经验生活中模仿的确能够有效地帮助我们更好地理解他人心理状态和行为，并给予解释和预测。另外，我们也必须承认就心智理论的起源而言，模仿能力早于理论发展。大量新生儿模仿研究证明了这一点(Meltzoff & Moore, 1977; Meltzoff, 2007; Slater, Quinn, Kelly, Lee, Longmore, McDonald, & Pascalis, 2010)。因此，模拟论需要一种自下而上(bottom up)的机制来佐证其理论设想。

无论是理论论还是模拟论各自均有大量的行为实验证据作为支撑，但这些证据之间存在相互矛盾甚至抵触。它们看似各自揭示了读心的"真理一角"，实际上却暗示了对读心核心机制的探索尚处于起步阶段。

为了应对上述问题，一些学者打算从以下三个方面继续推进读心的研究。(1)对日常生活不同情境下正常或特殊群体(如自闭症)推测他人心理状态的过程进行仔细的现象学描述和分析，以考察理论论的普适性和模仿的实现方式。(2)探索读心的脑与神经机制，以弥补单纯的行为实验之间的矛盾与抵触。例如，在不同的社会互动情境下探索读心过程中自下而上的模仿发生机制。(3)结合这两个方面的研究，论证理论论与模拟论孰是孰非或提供一条整合甚至超越二者对立的新路径，进而明确社会互动的实现方式。

然而，经常容易被忽视的是，来自英美分析哲学的对立阵营——沿袭欧陆哲学传统的现象学家也早就认识到理解他人问题的重要性。当然，基于本体论承诺与认识论上的分歧，他心问题在沿袭欧陆哲学传统的现象学家那里被部分地转换为交互主体性(intersubjectivity)问题。[1]

---

[1] 虽然分析哲学与欧陆哲学在处理他心问题和交互主体性问题上存在巨大差异，但二者共享了大量家族相似性的术语，如人际/社会理解等。在本书中，我们将根据上下文情境交替使用上述概念，不再作出具体区分。

在胡塞尔看来,关于事物、自我与他人的意识构成整个意识现象学的三大组成部分。他甚至宣称在《逻辑研究》出版后,除了系统论证交互主体性学说再无其他兴趣(倪梁康,2014)。最终,这些工作集中体现在胡塞尔晚年三卷本的《关于交互主体性的现象学》中。除此之外,海德格尔、萨特、梅洛-庞蒂、斯坦因、古尔维奇、舍勒与许茨等对交互主体性的反思也为他心问题遗留下丰富的现象学遗产。

近二十年来,伴随脑成像技术的不断成熟,神经科学家也表现出对读心问题的浓烈兴趣。事件相关脑电位技术(event-related brain potential, ERP)、正电子发射断层扫描(positron emission tomography, PET)、功能性核磁共振成像技术(functional magnetic resonance imaging, fMRI)、经颅磁刺激(transcranial magnetic stimulation, TMS)、脑磁图(magnetoencephalography, MEG)、近红外光谱成像(fNIRS)、弥散张量成像(diffusion tensor imaging, DTI)等新兴的认知神经科学技术手段,帮助神经科学家可以"看到活体脑的内部活动",并借助心理学实验设计建立起与个体的外部行为与内在认知过程之间的科学关系。

上述英美分析哲学、欧陆现象学、神经科学、心理学、生物学、人工智能之间的对话、争论与交融,推动了社会神经科学(social cognitive neuroscience, SCN)、机器人学(robotics)、实验哲学(experimental philosophy)、现象学的自然化运动(naturalizing of phenomenology, NP)的兴起。最终,引发了以"4E"[①]为代表的第二次认知科学革命。在这场革命中,跨学科的研究范式成为新的焦点,而最受人瞩目的典型特征可以概括为"从扶手椅到实验室的循环"。

二、读心跨学科研究的现状及问题

扶手椅(armchair)借指哲学,象征着深刻的思辨和人文情怀;实验室(laboratory)借指科学,象征着严谨的方法与求真精神。对于几个世纪以来扶手椅与实验室之间的"爱恨情仇",可以在物理学家费曼

[①] "4E"是指"具身的"(Embodied)、"生成的"(Enactive)、"嵌入的"(Embedded)和"延展的"(Extended)这四种认知研究取向,因其英文首字母都为"E"。详见第二章。

(Richard Feynman)的一句调侃中窥斑见豹:"科学家是探索者,而哲学家是旅行者,科学哲学对科学家的用处就像鸟类学对于鸟类一样。"①然而,正如否认鸟类学对于鸟类的意义暗含否认鸟类学本身一般,否认哲学对于认知科学的意义也会导致对认知科学本身价值的消解。

肇始于"斯隆报告"(Sloan Report)的认知科学是一门由哲学、心理学、人工智能、语言学、人类学、神经科学这六门学科组成的交叉学科。虽然在这六门学科中以心理学为代表的实验科学一直占据主导地位,但事实上,在认知科学的发展历程中,哲学从未真正缺席,实验室(指科学)也从未真正离开过扶手椅(指哲学)。哲学思辨始终对认知科学研究纲领的建立和修正起着必不可少的奠基、审查和批判作用,推进了认知科学的范式转型。同时,认知科学的实验研究不断引起广泛而深刻的哲学争论。在有关认知本质及其规律的理论建构、反思、分析、批判和深化上,哲学家扮演了包括拓荒者、建筑监理员、禅师、绘图员、档案管理员、啦啦队长和牛虻在内的一系列关键角色。这些角色在近一个世纪几乎所有认知科学研究主题上都发挥了重要作用(Van Gelder, 1998)。例如,塞尔(John Searle)的"中文屋论证"(Chinese room argument)对强人工智能的质疑,查默斯(David Chalmers)对意识困难问题与容易问题的划分而重新恢复第一人称方法在意识研究上的科学地位,福多(Jerry Alan Fodor)的心智模块性(modularity)思想启发了进化心理学的认识论立场,等等。

不容否认,正是扶手椅与实验室之间的砥砺、互惠、约束和耦合,使得认知科学一跃成为科学万神庙中那个"诞生虽晚但永远最受欢迎,所有奥林匹斯神都为之逊色"(济慈《灵之颂》)的形象。最近,哈佛大学心理学系教授格林(Joshua Greene)指出:"在过去的美好时光里,科学和哲学是合为一体的,而且哲学家是他们那个时代著名的科学家。后来,哲学家喜欢从远处欣赏科学,而对于科学家来说,哲学成了大学二年级

---

① 一说是出自美籍奥地利科学家、物理学家泡利(Wolfgang Pauli)。

的一个遥远回忆。然而,美好的时光正在回来……哲学家再次发现关于人类心灵有趣的事情,而科学家再次发现了哲学。"(转引自 Knobe & Nichols,2008,p.ii)

首先,扶手椅为实验室贡献理论假设,既领先又不断创新。在某种意义上,理论假设的革新先于研究方法的革新。实验社会心理学家博登斯和阿博特(Bordens & Abbott,2008,p.158)指出:"理论在科学中扮演着重要的角色。它们帮助我们更好地理解一些现象,让我们能够预言关系,帮我们组织和解释资料,并且在许多情况下帮助生成新的研究。"这一点在当代道德心理学领域内有关"电车难题"的一系列研究中得到绝佳体现。脱离边沁的功利论与康德的义务论作为思想遗产,或许格林提出的双加工模型不会具有那样大的吸引力,认知神经科学家也将处于"拔剑四顾心茫然"的尴尬境地,更遑论兴起神经伦理学与实验哲学这样的思潮。

其次,对扶手椅的憧憬已成为认知科学内部诸多从实验室走出的科学家的自觉。他们从具体的实验室成果中酝酿认识论坐标,进而在相关研究谱系中确立属于自己的位置。科克(Christof Koch),叱咤意识神经科学界的明星学者,最近在其新著中明确表达了自己作为"浪漫还原论者"(romantic reductionist)的哲学立场:"之所以是还原论者,是因为我在数以亿计微小的神经细胞(每个都有数以万计突触)的无休止的变化活动中寻找对意识的定量解释;之所以浪漫,是因为我坚持认为,这个宇宙存在意义的云迹,它能够在我们头顶之上以及我们内心深处的苍穹中被解读。"(Koch,2012,p.2)这也将他与其他带有还原论倾向的神经科学家区分开来。例如,与他曾经的合作伙伴——诺贝尔奖获得者克里克(Francis Crick)的强还原论划清了界限。

再次,一些当代多栖的认知科学学者及其代表性工作凸显了扶手椅与实验室相互启发的意义。意大利帕尔玛大学神经科学系全职教授加莱塞(Vittorio Gallese)及其研究路径堪称典范。20世纪90年代中期,他与同事一起在豚尾猴的前运动区皮层(F5区)首次发现了一些具有特殊属性的视觉运动神经元。这些神经元不仅会在豚尾猴执行目标导向

（比如抓起一个物体，把它送到嘴里的过程）中被激活，也会在猴子处于完全静止的状态下观察其他个体做上述动作时同样被激活。他们形象地称之为"镜像神经元"（mirror neuron）。作为一位杰出的神经科学家，加莱塞本人还十分热衷于哲学尤其是现象学思考。他早年曾努力钻研过胡塞尔、梅洛-庞蒂等现象学家的论文，并发现了现象学与神经科学可类比之处。这使得他更愿意用比较哲学化、描述性的方式解释他团队积累的实验资料，尤其是镜像神经元的意义。这种带有鲜明扶手椅风格的实验室研究不仅为理解他心这一哲学难题提供了新的进路，还为社会认知神经科学提供了认识论上的启示。甚至，现象学预设对于镜像神经元的发现都是至关重要的。原因很简单："谁知道有多少次，镜像神经元的活动出现在世界上任何一个神经生理学实验室的电脑显示器上，却没有任何人注意到它的活动。"（Iacoboni, 2009, p.281）这强烈地印证了理论心理学家库克拉（Kukla, 2001, p.59）的观点："数据本身不会产生理论，理论也不会简单地因为更多数据的加入而出现，除了坐在扶手椅上发明理论，别无善法。"

显然，读心的跨学科研究也受益于这种"从扶手椅到实验室的循环"。① 日常生活中社会互动背后的奥秘第一次被聚焦在哲学、心理学与神经科学的镁光灯下。根据美国汤姆森科技信息集团研发的 ISI Web of Knowledge 数据库检索后发现，有关读心的跨学科研究的数量、引用数均呈现逐年递增的态势（如图 1-1 所示）。

当前，读心的跨学科研究产生的积极影响正在日趋显现，其工作重心及取得的成就主要集中在认识论、方法论和科学论据三个方面。

在认识论上，借助哲学、心理学与神经科学的整合来审视读心研究的哲学预设及其代表性理论。现象学家扎哈维（Zahavi, 2011）的直接社会知觉理论（direct social perception theory）与加拉格尔（Gallagher, 2008）的互动理论（interaction theory）批判了理论论和模拟论所承诺的

---

① 详细介绍可参考：Gallagher, S., & Zahavi, D. (2012). *The Phenomenological Mind* (2nd Edition). New York: Routledge. Ammaniti, M., & Gallese, V. (2014). *The birth of Intersubjectivity: Psychodynamics, Neurobiology, and the Self*. New York: W. W. Norton.

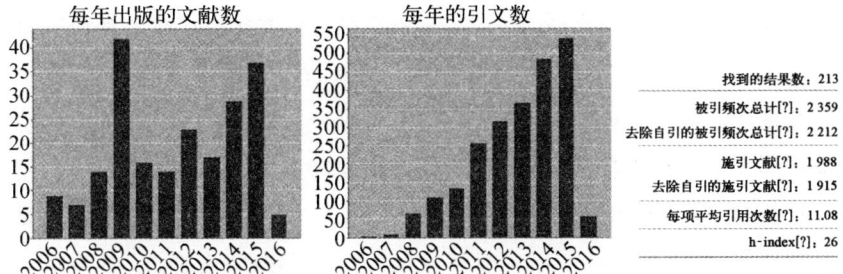

图1-1 2006—2016年间读心研究论文发表和引用情况

"心智主义假设"和"普遍性假设"。他们认为,解决他心问题的必要途径是借助交互主体性学说化解我他的主客两分矛盾,理解他心的主要途径不是反思性的推理或模拟,而是前反思的直接社会知觉。这挑战了分析哲学框架下横亘在我心与他心之间的鸿沟,认为人可以像直通"我心"一般直通"他心"。社会神经科学发现,在人类大脑中存在一套与社会互动紧密相关的神经网络。例如,镜像神经元(mirror neuron)系统参与了模仿、心智理论(theory of mind,ToM)和共情(empathy)等高级读心能力(Cook, Bird, Catmur, Press, & Heyes, 2014)。

在方法论上,强调读心研究的方法论多元主义取向,在哲学的第一人称方法与神经科学的第三人称方法之间形成互惠约束(reciprocal constraint)。认知科学家和哲学家瓦雷拉(Varela, 1996)、施米金和加拉格尔(Schmicking & Gallagher, 2008)认为,传统的哲学思辨属于第一人称方法,而神经科学方法属于第三人称方法,单纯依靠其中任何一者均难以同时解释意识体验及其神经基础。理解他心作为一种我-他之间的特殊意识活动,其核心就是他心体验本身及其神经基础。因此,对读心的研究探索必须整合这两种方法论,形成一种互惠约束。在这种方法论指导下,神经科学家加莱塞(Gallese, 2005, 2011)结合胡塞尔与梅洛-庞蒂的思想以及镜像神经元的发现,提出实现交互主体性的具身模拟(embodied simulation)机制。

在科学论据上,确认读心的脑与神经基础。大量神经科学实验发现,在人类大脑中存在一套与社会性互动紧密相关的神经网络。其中,镜像神经元系统(mirror neurons system)在灵长类社会互动上扮演了重要角色。该系统可能参与了动作识别与理解、模仿、语言进化、心智理论和共情(empathy)等高级读心能力。来自神经病理学的研究则发现,镜像神经元系统的受损或发育不良,就会出现特异性的读心障碍(如自闭症)(Cook,Bird,Catmur,Press,& Heyes,2014)。十余年来,镜像神经元已被神经科学家、心理学家和哲学家的注意力和想象力捕获,成为认知科学哲学领域的焦点话题。

然而,读心的跨学科研究仍处于繁杂、纷争与零散的起步阶段,既缺乏对来自扶手椅的哲学论证的系统梳理,也缺乏对来自实验室的经验证据的有效分析。尤其是对于二者之间相互启迪的循环较少有深入的探索,这正在阻碍读心研究的系统性与深度。

相比于国外该领域研究的繁盛与热烈,国内学界对于读心的关注较晚,研究进展相对缓慢。比较具有代表性的工作包括:高新民等对常识心理学与他心问题关系的探讨;唐热风、江怡、唐玉斌等分别介绍了他心问题在心灵哲学、语言哲学、逻辑学中的研究进展。然而,结合当代认知科学背景的考察仅见陈巍(2010,2013)、于爽(2010)、黄家裕(2012)、王华平(2012)、殷筱(2013)、费多益(2015)等的少量工作。其中,王华平以维特根斯坦和麦克道尔(John McDowell)的理论为基础,结合镜像神经元学说对他心的直接知觉理论进行了比较深入的拓展。费多益批判了理解他心的因果性分析路径,澄清了情境对于理解他心的意义。同时,相对聚焦于他心问题的现象学交互主体性研究在国内也不多见。仅见牟春(2008)、倪梁康(2013)对胡塞尔共情(或同感)(Einfühlung)学说的澄清。在现象学与神经科学视角下对他心问题的关注则更为匮乏,仅见陈巍(2013)对具身交互主体性的论证。

总体上,由于读心问题的前沿性与学科超越性,国内学术界对读心问题的思考尚缺乏跨学科的聚集。国内的读心研究在深度与广度上均有很大的提升空间。因此,通过神经科学、哲学与心理学的交叉来推进读心的研究,正在成为该领域发展的"靶点"。

三、本书的内容框架

本书主要从神经科学、哲学与心理学对读心问题进行跨学科考察。全书共分六章。

第一章"导论：他心之谜"。导论中简要勾勒了读心研究在哲学史上的嬗变轨迹，着力描绘当代心灵哲学与认知科学哲学图景中他心问题的实质及表现形式，描述引入自然化现象学探索交互主体性的现状及存在问题。在此基础上，概述本书的研究思路与架构。

第二章"心智的新科学：认知科学的范式转型"。这一章将系统考察近二十年来当代认知科学的发展趋势与范式转型。分别聚焦以具身-生成认知为代表的第二代认知科学以及现象学的自然化运动，通过剖析它们的立场与内涵，试图为读心的跨学科研究勾勒出背景与新的出发点。

第三章"读心的巴别塔：镜像神经元及其功能"。这一章详尽介绍和阐释了作为第二代认知科学重要发现的镜像神经元及其功能。我们将借助该领域的前沿成果，围绕镜像神经元系统与动作识别及理解、共情、语言理解及进化等读心研究的核心议题展开全面讨论，进而推进具身模拟论、共享的多重交互主体性等实体理论的建构。

第四章"变色龙效应与读心的双重机制"。这一章中通过回顾社会认知心理学领域内的变色龙效应系列研究，向读者展示生活世界中的读心是如何发生的，随后引入英美分析哲学框架下读心的理论论和模拟论的争论，并阐述具身模拟论对经典模拟论的超越意义及缺陷，最后简要分析读心的双重机制的合理性。

第五章"自闭症与读心障碍"。这一章将目光转向读心障碍（mindreading disorder）的典型疾病——自闭症。通过回顾自闭症的碎镜理论、共情-系统化理论和互动理论，系统探索该群体在日常社会互动过程中出现的异常读心现象和表现以及其假设、机制和解释，以期寻找到一个特殊的"窗口"来一窥读心的奥秘。

第六章"结语：超越读心——具身交互主体性"。这一章将在具身-

生成认知与自然化现象学立场上,结合镜像神经元系统的研究成果,对读心的双重机制给予批判性反思,最终为理解他心建构一条超越理论论和模拟论之争的具身交互主体性进路。

第二章　心智的新科学：认知科学的范式转型

经典认知科学或称第一代认知科学(the first generation of cognitive science)是20世纪50年代末期发生的第一次"认知革命"的直接产物。随着研究的逐步深入，表征计算研究范式自身暴露出越来越多的问题，尤其是存在无法实现承诺的高级人工智能和无法解释认知的起源与发展等问题。这使得表征计算主义者不得不逐步摒弃计算表征研究范式的核心观点——"'认知是遵循清晰的形式规则对抽象符号表征的操控（计算），而且符号是由物质的任何可操纵的序列来表示的观点。'换言之，认知过程的产生与操作符号的特定规则有关，而与实现这一操作过程的物质载体无关。"(Glenberg, Witt, & Metcalfe, 2013, p.573)

于是，以大脑为隐喻的联结主义范式和崇尚生态效度的生态主义范式开始出现在人们的视野中。不过，这二者也同样因为自身的局限性，不得不走与表征计算范式融合的多元主义路线。即便当前的认知科学表现出以表征计算主义为主导的多元融合趋向，它们仍然不能把认知科学研究从困境中解救出来，因为它们的融合没有从根本上解决认知科学遇到的问题。换言之，这种融合并没有触及问题最本质、最核心的地方，即对认知主体身体的思考。

自20世纪70年代后期，继承自胡塞尔、海德格尔、梅洛-庞蒂、杜威、巴特利特(F. Bartlett)、维果茨基(Lev Vygotsky)等的哲学与心理学遗产后，在吉布森(James J. Gibson)、瓦雷拉(Francisco J. Varela)、拉科夫(George Lakoff)、比尔(Randall D. Beer)、布鲁克斯(Rodney A.

Brooks)、克拉克(Andy Clark)、戈德曼(Alvin Goldman)、凯尔索(J. A. Scott Kelso)、西伦(Esther Thelen)、史密斯(Linda B. Smith)和范格尔德(Tim Van Gelder)等一大批心理学家、生物学家、人工智能学者、语言学家与哲学家的持续呼吁和努力下,一场全新的认知科学研究范式转型运动已在悄然进行中,它变革了认知科学研究旧有的视角、立场、方法乃至研究工具。第二代认知科学(the second generation of cognitive science)自此大步迈上了历史舞台。

与此同时,以罗伊(Jean-Michel Roy)、帕舒(Bernard Pachoud)、珀蒂托(Jean Petitot)、瓦雷拉(Francisco J. Varela)、加拉格尔(Shaun Gallagher)、扎哈维(Dan Zahavi)、加莱塞(Vittorio Gallese)等为代表的学者尝试在论证现象学与自然主义(naturalism)之间建立起联系的可能性,并积极倡导现象学自然化运动。现象学自然化运动大大拉近了现象学与自然主义之间的距离。最近,罗兰兹(Mark Rowlands)认为,在探索心智的奥秘上,由欧陆现象学与认知发展心理学、知觉心理学、情境化的人工智能、认知神经科学等学科结合形成的取向是一种完全不同于英美分析哲学(包括心灵哲学)与神经科学相结合的取向。这将是一种心智的新科学(the new science of the mind)(Rowlands,2010,p.ix)。

第二代认知科学的浪潮以及现象学自然化运动的兴起为读心研究注入了新的活力。它们的贡献不仅在于为理解他心提供了一系列新的经验证据,而且它们的交融变革甚至重构了英美分析哲学框架内有关读心的认识论立场,从而为读心的跨学科探索开辟了新的进路。

第一节　第二代认知科学浪潮

脱离身体的智能对智能的研究是最不智慧的解法。

——陈立(1997,p.388)

当代认知科学在经历符号计算主义与联结主义前后相继的两个阶

段后,终于在第二次"认知革命"(cognitive revolution)的浪潮中步入第三个阶段。这一阶段的核心口号将认知的本质提炼为四个"E":"具身的"(Embodied)(Varela,Thompson,& Rosch,1991)、"生成的"(Enactive)(Paolo,Rohde,& Jaegher,2010)、"嵌入的"(Embedded)(Beer,2011)和"延展的"(Extended)(Menary,2010)。当然,后两个取向都可以被视为具身-生成的衍生物。作为经典认知科学的"叛逆运动"(rebel movements)或"忠诚的反对派"(loyal opposition)(Gentner,2010,p.336),具身-生成的认知科学(embodied-enactive cognitive science)代表了一种显著不同于计算-符号的(computational-symbolic)的认知科学和联结-动态的(connectionist-dynamic)认知科学的发展阶段。因为在解释何为认知上,具身-生成的认知科学在哲学预设上完全不同于计算-符号的认知科学和联结-动态的认知科学:认知并不是孤独或专有地发生在"头脑中",除了某些亚个人层面的加工(sub-personal processes)外,具身-生成的认知被构想成一个对意义生成(sense-making)的、有意识的、交互主体性(intersubjectivity)的加工(Larkin,Eatough,& Osborn,2011)。

一、具身认知

伴随第二代认知科学的蓬勃发展,越来越多的研究者开始在如下主张上达成共识:"借助真实世界情境中具身经验(embodied experiences)如何形塑和引导认知执行(cognitive performance)来探索活生生的身体(lived body)与心智。"(Gibbs,2005,p.282)稍加留意即可发现,在当前认知科学的几乎所有领域中都可以找到具身认知拥护者的身影。比如,人工智能(Brooks,1991;Dreyfus,1992;Dawson,Dupuis,& Wilson,2010)、生物学(Varela,Thompson,& Rosch,1991;Thompson,2007)、心理学(Thelen & Smith,1994;Gibbs,2005;Barsalou,2008;Maiese,2010)、认知神经科学(Aziz-Zadeh & Damasio,2008;Gallese,2010)、语言学(Lakoff & Johnson,1999)、哲学(Clark,1997;Gallagher,2005;Rowlands,2010),等等。虽然对于不同的具身认知拥护者而言,"具身化"(embodiment)这一术语似乎意味着很多不同的意义,这些观点有的激进,有的温和

(Wilson，2002)，但是我们还是可以从海量的具身理解中抽离出一些最基本的核心主张，这些主张又可以分为哲学与认知科学两个层面。

从哲学的立场来看，"(具身认知)这一新的思维方式通过发现意识与潜意识、生物性与社会性过程的概念联系，规避了传统的心智和物质或者身体和灵魂的二元论"(Krois，Rosengren，Steidele，& Westerkamp，2007，p.xiv)。加莱塞借用了梅洛-庞蒂的话表达了自己对"具身"一词的理解："我们说因为身体具有'行为模式'(behaviour pattern)，所以身体是一种奇特的对象，它使用自身的某些部分作为世界的通用符号系统，借此我们可以寓居于(be at home)这个世界上，'理解'这个世界并发现其中的意义。"(转引自 Gallese，2005，p.23)因此，具身就是一种在环境中生成的身体感(sense of body)，它确保我们捕获最原初的自我感(most primitive sense of self)。身体从根本上为我们的行动提供资源或权力，例如各种各样的运动潜能(motor potentialities)。这些潜能通过填充(populating)那些在我们手边上能够被我们指向的事物以及那些我们可与之发生互动的其他身体，从而界定我们所生活世界的视域(Gallese & Sinigaglia，2010)。

从认知科学的立场来看，瓦雷拉等人(Varela，Thompson，& Rosch，1991，p.139)曾对具身认知有过最具统摄性的定义："使用'具身'这个词，我们意在突出两点：第一，认知依赖于经验的种类，这些经验来自具有各种感知运动的身体；第二，这些个体的感知运动能力自身内含(embedded，也译作'嵌入')在一个更广泛的生物、心理与文化的情境之中。"西伦(Thelen，2000，p.4)指出："认知依赖于经验的类型，这些经验来自一个携带知觉与运动能力的身体，而这些能力又密不可分地联系在一起，整合成一个由记忆、情绪、语言与生命的其他方面交织起来的基质(matrix)。当代具身认知持有的观念对立于占据支配地位的认知立场，后者将心智视为一个用以操纵符号的装置，因而它关注那些由符号恰当地表征世界的形式规则与加工。"因此，具身认知旨在颠覆第一代认知科学的计算机隐喻。在具身认知的视角下，心智不再被视为一系列基于符号或逻辑的抽象表征的功能，而是根植于身体和具体经验的具有内在联系的、与他人进行交互的生物系统。生物体的认知活动是具身化的（embodiment），心智本质上是具身的生物神经现象。生物体的认知能力是在身体-脑活动的基础上实现的（Laughlin, McManus, & d'Aquili, 1990; Laughlin, 1999; Varela, Thompson, & Rosch, 1991, 1996; Thompson, 2007; Gallese, 2011）。

夏皮罗（Shapiro, 2011）进一步提炼出具身认知的三大主题：（1）概念化（conceptualization）。生物体身体的属性对我们获取生物体的概念给予了限制或约束，即哪种生物体用以理解它周遭世界的概念取决于它具有的身体类型。因此，倘若两个生物体拥有不同的身体，那么它们在如何理解世界上必定也是不同的。（2）替代（replacement）。生物体的身体与环境之间的互动代替了作为传统认知核心的表征加工（representational processes）①。认知不再依赖于基于符号表征的算法加工（algorithmic processes）。认知可以在不涉及表征状态的系统中发生，并可以在不诉诸计算加工或表征状态的前提下被解释。（3）构成（constitution）。身体或世界在认知加工中扮演了要素（constitutive）角色，而不仅仅是因果性（causal）角色。以氧的要素角色与因果性角色为例。虽然氧气是引发爆炸的原因之一，但氧同时也是水的一种要素，水是由氧原子和氢原子构成的。与之类似，根据构成的主张，身体与世界并不仅仅是一种对认知的因果性影响，也是认知的构成要素。

基于上述认识，具身认知观提出一些关于认知本质及其运作规律的具体主张。威尔逊（Wilson, 2002）概括了具身认知领域内最具代表性的

---

① 在具身认知领域内，不同学者对心理表征的概念、意义及应用持有不同的见解。"表征"（representation）这一概念曾一度与信息加工、程序等一起成为具身认知科学期望抛弃的概念，但近来的相关研究和讨论开始趋向缓和。除少数激进具身认知科学（radical embodied cognitive science）的支持者坚持非表征主义（non-representationalism）或反表征主义（anti-representationalism）（Brooks, 1991; Beer, 1995; Kelso, 1995; Gelder, 1998; Thompson & Varela, 2001; Chemero, 2009），更多的学者以温和的态度对待表征。有学者认为，具身认知反对的应该是那类基于符号、程序、逻辑和算法的表征。因此，在排除这些表征后，可以用具身表征指代具身认知中涉及的表征概念（Svensson & Ziemke, 2005）。此外，也有学者认为，具身认知应该根据研究领域的差异区别对待表征概念的使用，传统的表征概念或许只是在解释某些心理活动上是不充分的（inadequate）（Clark, 1997）。我们认为，由于激进具身立场的研究者往往也支持以动力学的视角看待认知活动，而这恰恰是生成认知的立场之一，因此对待表征的立场或许也反映了具身认知和生成认知各自的侧重。

六个主张。(1) 认知是情境的(cognition is situated)。认知互动发生在真实世界的环境背景中,并内在地包含知觉和行为。(2) 认知是具有时间压力的(cognition is time pressured)。我们必须把握认知是如何在与环境的真实时间交互作用(real-time interaction)的压力下来运作的。在大量日常情境中,当情境要求认知主体快速、连续地作出反应时,认知主体就不能形成关于环境的完整心理模型以获得行动的计划,在这种情况下就出现了表征瓶颈(representation bottleneck)现象。(3) 我们把认知工作卸载于环境中(we off-load cognitive work onto the environment)。人类信息加工能力的有限性(如注意范围、工作记忆容量的有限性)决定了在实际的认知活动中我们必须利用环境以减少认知负荷,也就是将认知工作以符号性卸载(symbolic off-loading)表征的方式寄存于环境之中,只需知道(need-to-know)在什么时候可以提取这些信息就可以了。(4) 环境是认知系统的组成部分(the environment is part of the cognitive system)。对于科学家有关认知活动本质的研究而言,心智与世界之间的信息流(information flow)是如此稠密和连续,以致单独的心智并不是一个有意义的分析单元。(5) 认知是为了行为的(cognition is for action)。心智的功能是引导行为,诸如知觉、记忆等认知机制必须借助适宜于它们的情境的行为加以理解。(6) 离线认知是基于身体的(off-line cognition is body based)。即便从环境中去耦(decouple)(如计划、回忆、白日梦等),认知活动仍然基于个体与环境交互作用过程中经由进化保留下来的感觉加工和运动机制。

接下来,我们将结合戈德曼和德维涅蒙特(Goldman & de Vignemont, 2009)对具身认知视角下身体观的分类解释(如图2-1所示)及其相关的研究实例来系统考察身体对认知活动的影响。

第一,身体解剖学的解释。主要指身体的一部分凭借其独特的解剖学特征对认知起一种重要的因果作用。例如,像弹簧一般可塑的肌肉骨骼系统帮助我们易于行走,手指的柔韧性能帮助我们抓握坚硬的物体(Grafton, 2009)。如果我们用蝙蝠的回声系统取代人的眼睛,那么人类将以一种完全不同的方式来知觉这个世界。又如,由脑损伤导

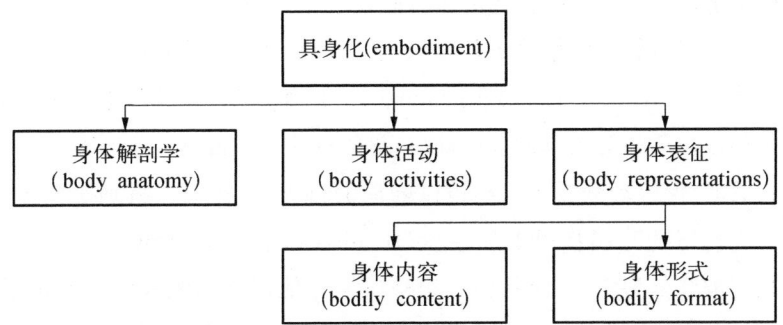

图 2-1 具身化主题的分类与可供选择的具身化概念的经典解释
（转引自 Goldman & De Vignemont, 2009, p.155）

致单侧忽视（lateral neglect）的患者在洗漱、梳理甚至穿衣服的过程中，通常只在身体的一侧进行上述活动而忽视身体的另一侧（Gallagher, 2005）。此外，身体解剖学解释还应涉及基于身体解剖结构的经验对知觉能力的影响。大量体育项目的运动员比非专业人士更能利用身体的细微暗示，例如腕和踝关节的弯曲（Aglioti, Cesari, Romani, & Urgesi, 2008）。

第二，身体活动的解释。个体的动作以及与身体有关的其他特征（如姿势）对认知起一种重要的因果作用。比如，通过让被试用"牙齿固定铅笔"（模拟笑）和"嘴唇固定铅笔"（抑制笑）两种方式控制被试面部表情，并要求被试对计算机屏幕呈现的词汇进行效价判断。研究发现，前一种表情控制会促进对积极词汇的加工，而后一种表情控制会促进对消极词汇的加工（张静，陈巍，2010）。又如，被试阅读一个对他人的模糊描述，同时诱导被试观察包含敌意的中指和表示赞赏的拇指运动，这会影响被试对这个人的印象。被试在观察中指运动情况下较之观察拇指运动情况下对这个人更容易产生消极印象（Chandler & Schwarz, 2009）。

第三，身体内容（bodily content）与身体形式（bodily format）的解释。主要指以各种身体内容或身体形式存在的心理表征对认知起一种重要的因果作用。这是因为我们对世界的认知并不是一个抽象的命题，而是在根本上取决于我们对世界的多种感觉经验,这些感觉经验是与身体内容相关的,包括运动、情绪事件以及有关空间和温度维度加工的身体经验(Ackerman, Nocera, & Bargh, 2010)。比如,有研究发现当一个与老年人刻板印象相关的单词被启动后,尽管这些单词没有一个与软弱和缓慢相关的,但启动刻板印象与被试随后的行为表现一致,特别是当被试离开实验室的时候步伐更加缓慢(Bargh, Chen, & Burrows, 1996)。有研究将被试分为两组,让其中一组被试回忆他们遭到他人排斥的情景,例如想加入一家俱乐部却被拒绝等;让另一组被试回忆被他人接纳的情景。随后,让两组被试估计所处房间的温度,结果回忆"被排斥"情景的实验组估计的平均温度显著低于"被接纳"的实验组给出的平均温度。即前者更容易感觉到"冷"(Zhong & Leonardelli, 2008)。在上述两个例子中,包含与老年人身体内容以及"冷"的身体内容有关的心理表征对认知活动均产生了影响。

上述有关具身的定义与阐述相对集中在主体水平上的认知现象上。不过,从瓦雷拉给出的具身的两层含义中不难看出,具身不仅局限于主体水平上,因为具身化的主体必然融入一个更为广阔的周围环境或世界之中并与其产生耦合。这样一来,主体的认知活动中必然牵涉主体对他人的认识活动,产生诸多的社会认知现象和交互主体性问题。因此,具身认知注定是非自我中心的(non-egocentric)或自我超越的(self-transcendent)(Thompson, 2001)。戈德曼和德维涅蒙特认为,身体内容与身体形式解释中的身体观已经趋向于社会认知研究中指涉的具身化。

二、生成认知

"生成的"(enactive)[①]这个词是由瓦雷拉(Francisco J. Varela)创造的,用于描述和统一认知科学内部一系列相关观点(Thompson, 2005)。因此,瓦雷拉本人曾在不同情境和层面上使用这一术语,这也造成当前学者对"生成"的内涵有着不同的理解。生成认知的观点与自创生理论

---

① 瓦雷拉在1986年的夏季构想出"生成取向"(enactive approach)这一术语。

(autopoiesis)之间存在密不可分的联系。① 随后,瓦雷拉和汤普森(Evan Thompson)直接在自创生理论之上发展出生成认知的思想,生成认知是自创生理论在认知领域的自然延伸。因此,在生命与心智观上带有强烈的本体论与认识论连续性。相对而言,其他学者提出的生成认知观则更关注借助生成认知的观念反对传统认知科学的表征观。二者虽然在形式上有所差异,但在目标上依旧殊途同归。当然,总体上,生成认知的主张也可以区分为哲学层面和认知科学层面。

迄今为止,最具哲学意义的生成定义是:"我们建议以'生成的'为名,旨在强调一个日益增长的信念:认知不是一个既定心智对既定世界的表征,它毋宁是在'在世之在'(being in the world)所施行的多样性动作之历史基础上的世界和心智的生成。因而,生成进路对那种视心智为自然之镜的观念采取了严格的哲学批判,并且因为是从科学中心地带对此进行研究的,因而它会走得更远。"(瓦雷拉,汤普森,罗施,2010,p.8)

在认知科学层面上,汤普森(Thompson,2001)认为,生成认知科学主要包含三个主题:(1)具身化(embodiment)。心智并非定位于头脑,而是寓于整个生物体之中,而生物体又嵌入到其生存的环境之中。(2)涌现性(emergence)。具身认知是由涌现和自组织过程(self-organized processes)构成的,这种涌现和自组织过程跨越了大脑、身体与环境,并将三者联系起来。(3)自我与他人共同决定(self-other co-determination)。在社会性生物中,具身认知是由自我与他人的动力学共同决定涌现而来的。从上述定义中可以发现,首先,生成认知与具身认知存在密切联系。其次,相对于具身认知,生成认知更关注大脑、身体与环境之间相互作用的动态机制。再次,生成认知与具身认知一样关注交互主体性问题。

---

① 自创生理论是瓦雷拉和马图拉纳(Humberto Maturana)于20世纪70年代初提出的一个解释生命(life)本质的学说。该理论认为,"生命系统的本领在于不管外界波动如何影响它们都能维系其同一性"。换言之,活的生物体总是与外部世界相联系,不可能存在孤立的个体。只有与环境相互联系、相互耦合(couples)的个体,才能向外部世界呈现出其自身的认知世界。因此,"生命与心智之间存在一种强的连续性"(the strong continuity of life and mind);"心智如生命,生命如心智"(mind is life-like, and life is mind-like)(Thompson,2004,p.385)。当然,也有学者指出,并非所有的生成认知观均奠基于自创生理论(Menary,2006)。

随后,汤普森(Thompson,2005)又进一步提出生成概念的三个核心观点。(1)生物体是一个自治的自主体(autonomous agents)①,其主动产生并维持自身的同一性,从而界定它们自身的认知领域。(2)神经系统是一个自治的系统。也就是,神经系统是一个在组织上封闭的、由相互作用的神经元构成的感觉运动网络,它主动产生并维持自身活动。(3)认知结构是从这些身体、神经系统与环境之间的周期性出现的感觉运动耦合(recurrent sensorimotor couplings)中涌现出来的。与现象学一样,生成取向强调生物体在世界上所表明的自身立场。这种自治的视角对于如何将我们大脑的活动及其关联的心理活动(包括意识)的概念化具有重要的意义。

上述三个观点显然是自创生理论在认知领域的自然延续。瓦雷拉认为,脑与神经系统中蕴含的内源性的(endogenous)、自组织的动力学应该是将脑过程与心理过程联系起来的参照点。大量研究显示,脑的全部组织体现互惠性原则(principle of reciprocity):如果A区域与B区域相连,就存在从B区域到A区域的互惠性连接(Varela,1995b;Varela,Lachaux,Rodriguez,& Martinerie,2001)。此外,如果B区域接受绝大部分来自A区域的输入影响,那么它就发送出其大部分的输出活动返回到A区域(Freeman,2000)。但是,传统的认知神经科学忽视了这种互惠性连接,而是尝试将脑组织映射成一个分层的输入-输出加工(input-output processing)模型,在这一模型中感觉的终端被视为起始点。知觉被描述成为一系列前馈(feedforward)或自下而上(bottom-up)的加工阶段,而自上而下(top-down)的影响则被认为等同于从高等区域向低等区域的反馈。弗里曼(Freeman,2000)将这种观点形象地称为脑的消极主义者-认知主义者视角(passivist-cognitivist view)。

---

① "agent"这个术语在当代认知科学与心灵哲学中具有重要地位,其概指能独立行动并按照自己自由意志作出选择的个体(Banks,2009)。与之对应的"agency"则主要意指个体能按自己自由意志活动与选择的能力。这个术语目前存在多种译法,如智能体(俞文伟,等,2009)、施动者(蔡文菁,2008)、行动者(李恒威,等,2010)等,甚至有学者直接将其翻译为"我"(钟沛君,2011)。我们认为,按照其最初的内涵,自主性应该是"agent"的核心,故尝试将其译为"自主体",对应的"agency"译为"自主性"。

从生成的视角来看,大脑的活动过程是递归的、再进入的、自激活的(self-activating),而不是在任何地方开始或停止的。生成取向不是将知觉看作感觉的一个后续阶段并将感受器作为起始点加以分析,而是将知觉、情绪和认知当作意向性行为(intentional action)的从属成分,并将脑的自产生(self-generated)、内源性活动视为分析的起始点(Thompson, 2005)。这种活动远离感受器——位于前额叶、边缘系统或颞叶和联合皮层——而产生并反映了生物体的预期、准备、情绪性语调、注意等状态,这些状态必然同时作为感觉流入(sensory inflow)而活动,并以一种有意义的方式塑造那种流入(Varela, Lachaux, Rodriguez, & Martinerie, 2001; Engel, Fries & Singer, 2001)。弗里曼(Freeman, 2000)将这种观点描述为脑的积极主义者-实用主义者视角(activist-pragmatist view)。然而,消极主义者-认知主义者视角想要将这些内部状态描述成一种在感觉加工上"自上而下"方式的活动,相比较而言,积极主义者-实用主义者视角或生成观点则认为"自上而下"和"自下而上"仅仅是一种启发式的术语,脑活动的实质是一种基于其内部确立的参照点,从而整合输入与内源性活动的大尺度①网络(Varela, Lachaux, Rodriguez, & Martinerie, 2001)。因此,从生成的观点来看,这种大尺度动态网络可以用来理解认知、意向性行为和意识如何从自组织神经活动中涌现出来。

除了强调认知活动与外界环境的交互作用及其动态涌现特征之外,瓦雷拉(Varela, 2010)认为需要重新审视知觉及其引导的行动在认知活动中的意义。因此,生成进路还应该包含两个层面:(1)知觉存在于由知觉引导的(perceptually guided)行动;(2)认知结构出自循环的感知运动模式,它能够使得行动被知觉引导。瓦雷拉(Varela, 2010)以赫尔德和海因(Held & Hein, 1963)的实验说明了上述观点。他们在黑暗中饲养了几只小猫,并只有在控制条件下才让它们见到光。其中一组猫允许正常走动,但它们每一只都被套了车架与篮子,里面装着一只第二组的猫。第二组的小猫都以四脚悬空的方式被固定住,无法自主行动。因

---

① 大尺度是指在执行认知任务时,相距较远的脑区参与到神经同步活动中。与之相对的是局部尺度。

此,两组猫都享有同样的视觉经验,但第二组猫完全是被动的。几周后发现第一组小猫行为正常,而第二组小猫行为跌跌撞撞的,看起来就像眼瞎了。这个研究说明,物体并不是通过特征的视觉提取被看到的,而是通过行动的视觉引导被看到的。

随后,诺埃(Noë,2005)的知觉生成解释(enactive account of perception)理论在这一点上继承了瓦雷拉的生成认知观。该理论首先认可了威尔逊对传统认知科学表征观的再定义。威尔逊(Wilson,2004)将表征分为三类:(1)反应的(reactive)——反射(reflexes)。(2)生成的(enactive)——身体技能或身体能力(bodily skills/abilities)。(3)符号的(symbolic)——语言词元或语言概念(linguistic tokens/concepts)。草履虫依据磁场南北极调整自己的位置属于第一类表征。因为它们并没有真正在环境中主动控制其行为,而只是一种被动的反应,而且其所处的环境是极其简单和有限的。生成的表征主要包括身体技能,比如骑自行车需要的身体技能。因此,生成的表征与身体活动(bodily activities)存在密切联系。它超越了对环境刺激的简单的反射反应,而且也并不是有意识或反思的思维。符号的表征则将身体与其所处的环境分离开来。知觉生成解释理论主要反对的就是第三类表征(Menary,2006)。

诺埃(Noë,2005,p.1)引用歌德在《颜色理论》中的宣言表明了自己的立场:"我们描述一个人的性格的尝试将会是徒劳的,但对他的行为(action)与行动(deed)的描述将会呈现给我们一张关于他性格的图像。"诺埃认为,在大量日常生活情境中,我们只需采用感觉运动的权变(sensorimotor contingencies)就可以解释知觉。知觉本质上是生成的。它是一种熟练运用身体技能(bodily skill)去探索外部环境的行动,而我们的行动决定并产生了我们的知觉内容与知觉经验。心智并不是大脑物理属性的副产品,而是大脑、身体与环境形成的动态系统。心智就是在认知者的内部环境与外部环境互动中涌现出来的。此外,由于我们的知觉活动离不开行动的引导,它主要依赖身体技能,所以知觉经验的产生不需要借助符号化的内在表征,身体与外部世界发生直接互动,从而生成我们丰富的知觉经验。诺埃同样以赫尔德和海因（Held & Hein,1963）的实验为例进一步解释知觉的生成。诺埃认为,他们的实验说明:(1)视觉经验的产生必须依赖知觉者与环境之间的互动,而这种互动必须建立在知觉者主动施加的行动之上。(2)第二组小猫在实验训练期中身体被固定了起来,以至于经过训练后它们看起来像眼瞎了,但实验表明它们还是保留了最基本的视觉。这是因为眼球运动依旧存在,这种本能的运动依旧能生成基本的感觉动作知识与原始的视觉经验。

综合上述所有对生成认知的理解,我们可以给出一个有关生成认知的综合性定义:(1)我们面对外部世界时产生的认知与经验活动既不是对预先给定的、纯粹外在的世界的恢复(recover)与符号化的表征,也不是对预先给定的、纯粹主观的内部世界(心智)的投射(projection)。(2)作为自创生系统的大脑与神经系统具有的内源性的、自治的与自组织等特征决定了脑内大尺度动态网络是认知活动的生理基础,大尺度神经活动机制对应着认知活动的发生机制。(3)世界与认知活动是通过"我们的具身结构与环境的结构性耦合(structural coupling)"生成的(李恒威,2009,p.28)。这种结构性耦合通过知觉-行动环路(perception-action circuits)实现,行动引导知觉,知觉在行动中产生。(4)个体是与环境共同涌现的(co-emergent)。在行动的引导下,身体、大脑与环境(包括他人)之间的交互作用不仅产生了认知活动,环境也在认知活动的过程中得到演变和重塑。

第二节　现象学自然化运动的兴起

> 每一种先验现象学的分析与理论,即使是包括关于一个客观世界的先验构造理论,都能够通过放弃先验的态度并在自然的水平上发展起来。
>
> ——胡塞尔(Husserl,1970,p.57)

近三十年来,伴随自然科学发展的一日千里,西方哲学界经历着一场席卷而来的自然化运动(naturalization)。在这种背景下,自然化哲学(naturalized philosophy)正在悄然兴起。自然化显然是自然主义(naturalism)的一贯主张,而自然主义近来已经被许多哲学家视为默认的形而上学立场。因为抛弃这一立场意味着走向某种形式的笛卡尔主义的实体二元论(substance dualism),后者在当代更受质疑。虽然学术界对于"自然主义"一词从未有过统一的认识,它曾一直泛指任何客观主义(objectivism)和物理主义(physicalism)——一切以自然之物(而不是超自然)为出发点——的主张,但是"在现在的话语中,自然主义这个术语的使用主要表示一种自然科学倾向"(扎哈维,2010,p.5)。当然,在自然主义向哲学渗透的过程中,也出现了两种不同的取向。这从科林(Collin,2010,p.vii)的理解中也可以得到印证:"采用自然化的视角(来对待哲学)意味着强调科学研究的某些方面,即那些包含一种尝试用经验取向的科学来替代(或至少是扩充)传统哲学取向的方面,或尝试借助经验工具来回答传统哲学问题的方面。"前一方面体现出一种激进的自然化,而后一方面则相对温和。自然化哲学背后彰显的是在某种程度上科学与哲学之间隔阂的消弭。正如英国物理学家格里宾(John R. Gribbin)在《大爆炸探秘》一书中指出的:"是科学变成了哲学,还是哲学变成了科学?无论你如何看待,可以肯定的是,这二者之间的界线已经变得模糊,变得远不如今天大多数科学家和哲学家自己所认为的那样实在。"(转引自周昌乐,2011)因此,在自然化哲学的视角下,原先的那些哲学问题并不是哲学家的专利。当面对某一具体的研究主题时,自然科学与哲学之间应该"求同"而不是"存异",因为"应对剩余的世界之谜需要人类动用所有的智慧"(Anderson,2007,p.25)。

20世纪80年代初期,这一思潮也波及作为先验哲学(transcendental philosophy)的现象学领域。在德赖弗斯(Hubert L. Dreyfus)和霍尔(Harrison Hall)主编的《胡塞尔、意向性与认知科学》(*Husserl, Intentionality, and Cognitive Science*,1984)已经初显了自然化现象学的端倪。随后,珀蒂托等人(Petitot,Petitot,Pachoud,& Varela,1999)主编

的《自然化的现象学：当代现象学与认知科学中的主题》一书正式拉开了现象学自然化运动(naturalizing of phenomenology)的序幕，重启了现象学与自然科学合流的大门。

一、何谓自然化的现象学

沿袭了自然化哲学的两种取向，对自然化的现象学也存在两种不同的认识。一种激进的观点认为，现象学的自然化最终会使现象学成为自然科学的一部分或至少也是自然科学的扩张，另一种更温和的提议认为，自然化的现象学是与经验性科学进行有意义的、富有成效的交流的现象学(Zahavi,2010)。较之激进的自然化现象学，温和的自然化显然更受研究者的青睐。罗伊等人(Roy,Petitot,Pachoud,& Varela,1999,p.1)认为："所谓'自然化'(naturalized)，我们是指将现象学整合进一个解释框架中，在此之中任何可接受的属性都是与自然科学所认可的属性相连续的。"这暗示自然主义并非意在吞噬现象学，而是取之与自然科学相对应的部分共同服务于研究某些对象。然而，这种温和的自然化现象学与胡塞尔的反自然主义(anti-naturalism)取向之间是否存在某种不可调和的矛盾呢？我们认为，答案是否定的。

首先，在胡塞尔现象学中，自然主义是"对自然之发现的结果现象，自然在这里是指一个按照精确的自然规律而在空间、时间存在的统一之意义上的自然"(胡塞尔,2007,p.8)。然而，在胡塞尔看来，自然主义体现的那种竭力摆脱主观性、追求绝对客观性的尝试本身就是一种主观的趋向(任军,2010)。因此，从表面上看，胡塞尔的反自然主义根源经常被等同于他的先验主义(transcendentalism)——这种联系主要基于胡塞尔的认识论计划，去寻找一种关于人类的主观性和客观性是如何被联系起来的解释。但是，反自然主义的根源可归因于反对自然主义仅仅将意识当作一个在世界中实在地发生着的与原子、星系、海洋一样的实体(entity)，而忽视了意识的本质——主观性的做法。因此，如果能够在尊重主观性的前提下，用自然科学的方式来佐证主观性本身，那么自然科学与现象学之间的对立就能得到缓解。自然化运动的实质恰是放弃了胡塞尔的反自然主义与先验态度,将现象学在认识论上的关注转向对意识与主观经验的现象学描述结果进行自然化的关注(De Preester,2006)。

其次,尽管存在大量不同的现象学取向,但是我们还可以将现象学取向区分为先验现象学和现象学心理学两大类。先验现象学尝试揭示意识的本质以及在世界中经由一种系统化的经验描述的客体。而现象学心理学旨在充分发展起一种研究意识经验的言语和描述的词汇表(vocabulary of words and descriptions)。在理想情况下,人们将会拥有"一对一"的词汇表,该词汇表将为每个可能的意识经验状态提供严格对应的描述(Overgaard,2004)。这两种方法有什么不同呢?虽然二者都处理意识,但是它们以不同的方式来处理。胡塞尔认为,现象学心理学的任务是以非还原的方式研究意向性的意识(intentional consciousness),即以尊重意向性意识的特性和独特特征的方式研究。现象学心理学是哲学心理学的一种形式,它认真对待第一人称视角,但是与先验现象学相反,它仍然属于自然态度(扎哈维,2010)。这也为现象学心理学保留了自然化的可能性。

最后,在自然科学中使用现象学的形式或应用现象学的方法,不会造成对现象学原初视界的挑战。尽管胡塞尔整体上将现象学定义为一门非自然主义的学科,但是他的先验科学结论中的观点也许与自然科学之间并不存在矛盾(Gallagher,2006)。胡塞尔(Husserl,1970,p.57)明确指出:"每一种先验现象学的分析与理论——即使是包括关于一个客观世界的先验构造理论——都能够通过放弃先验的态度并在自然的水平上发展起来。"这暗示虽然现象学的终极目的是提供先验哲学的澄清,在这一点上现象学和经验科学追求的目标不尽相同,但现象学并不只有终极目的。现象学的目标还在于详尽分析意识经验的不同方面(比如感知觉、想象、记忆、自我、移情与时间性等)。在这些方面,现象学和自然学科面对的主题是相同的。从这个意义上,现象学应该也必须吸收与这些主题相关的自然科学的成果和发现。综上所述,温和的现象学的自然化运动无意于将胡塞尔领导的现象学运动全盘自然科学化,而是在当代自然科学中借鉴现象学的理论、概念与方法来研究主观性,并将现象学作为激发自然科学探究主观性的源泉。

在研究对象方面,自然化现象学将主观性落实到意识问题上,由于意识问题也是当代认知科学关注的重点,因此,在自然化现象学中认知科学成为自然科学的代表,而意识问题也成为自然化现象学的主要研究对象。这种"问题"代替"主义"的做法反映了这样的事实:当代认知科学在意识研究上并不缺乏形形色色的理论,但依然遭遇到诸多瓶颈。一些学者认为当前认知科学内的众多理论之所以难以应对意识问题,原因在于这些理论对意识缺乏精细化的描述(Overgaard,2004; Manson,2011)。像"意识状态"(conscious state)或"经验"这样的术语具有多义性(polysemic)和含糊性(ambiguous)。比如,"有意识"(being conscious)这种说法就包含"认识"(knowing)、"觉知"(being aware of)、"拥有一种现象经验"(having a phenomenal experience),或仅仅是"觉醒"(being awake)。鉴于现象学在意识经验研究领域内一贯的严谨精神和丰富的遗产,更多的学者开始将解决困难问题的希望寄托在现象学身上。因此,一方面,要想探索主观经验,就必须继承胡塞尔的"工作哲学"——放弃各种命题与理论的"大纸币",用精致的概念分析和实事描述的"小零钱"来取而代之(倪梁康,2007,p.56),换言之,必须对意识中发生的事件与结构进行胡塞尔式的精确和连贯描述(Overgaard, 2004);另一方面,胡塞尔曾的确有言在先——"我们反对将意识自然化"(转引自 Roy, Petitot, Pachoud, & Varela, 1999, p.1),所以"若想将胡塞尔对认知现象的描述与认知的当代科学链接起来必须切断胡塞尔现象学的反自然主义根源,而要将现象学自然化"(Roy, Petitot, Pachoud, & Varela, 1999, p.43)。罗伊等人奠定了自然化现象学在认知科学中的位置。他们指出,将现象学自然化(naturalising phenomenology)以及将自然化的现象学应用于实验是严肃的并具有高度迫切性,他们尝试结合现象学与神经科学方法论来发展出一种全新的意识研究科学取向。将现象学自然化的基本观点是,将胡塞尔和梅洛-庞蒂等现象学家的先验传统引入自然主义的认知神经科学框架。那么,自然化的现象学在心智研究上究竟具有哪些优势呢?

二、现象学自然化运动的意义

首先,自然化现象学在本体论和认识论上具有悬搁的优势。它可以被视为双重的:一方面,它与经典现象学在起点上是相同的。意识被视为不可还原的并是任何分析和陈述的起点。根本的取向是将有关外部世界的本体论问题加上括号(bracketing of),以便任何关于什么是而什么不是真实的日常信念加以方法论上的悬搁。从这种立场出发,人们审慎地描述世界是如何向正在观察的主体呈现出来的。为此,作为一个原则,现象学将不会接受任何涉及一种取消意识或将意识还原为任何其他东西的理论解释(例如某些物理物质的解释)。如果这样做了,现象学就会完全被自然科学取消。另一方面,将现象学自然化也看似认可了认知神经科学的背景假设。认知神经科学完全沉浸在理解信息加工与脑活动之间的关系之中。研究者是从外部(from the outside)对其研究目标展开研究,并且在为了被确定是有效的从而使观察对于任何实验者都是可能的意义上,实验者就是广义的被试(generalised subject)。认知神经科学将心理现象当作由脑活动产生的表征和功能(塞尔,2005),是在脑活动中实现的(Putnam, 1967)或可以被还原为脑活动(Churchland, 1986)。为了认可这些观点,人们必须相信心理现象学(包括意识经验)依赖于脑的活动,也就是,较之意识,脑必须包含更基本的关于世界的本体论水平。在这种理解中,意识不再作为一个绝对的起点,因为我们可以借助对更低水平的现象的观察而对它作出解释。对现象学家而言,这必然被视为极端还原论(reductionism)的解释。然而,自然化的现象学认为我们完全有可能在本体论的起点与方法论的起点之间作出区别——一个现象学家愿意从意识出发,但并不意味着他可能会确认意识在本体论上就是基本的。同样,认知神经科学或任何其他给定的科学方法也毕竟都是以一种特殊的方式展开的,因为它们都基于回答那些以特殊方式形成的问题而被建构起来。因此,即便认知神经科学的基本方法论受到一种在主体与客体之间作出理论分裂的影响,研究者还是可以在脱离任何明确本体论承诺的情况下去从事这种科学的分支。从这种意义上说,认知神经科学仅仅是一套方法和手段。人们不必为了开展认知神经科学而去认可一个具体的本体论立场。也就是，某人也许会主张，对某一给定的科学而言，在方法论假设与实在的假设（substantive assumptions）之间并不存在必然的联系。二元论者埃克尔斯（John Eccles）就是一个著名的例子，作为一名卓越的神经科学家，他拒绝任何借助神经科学来解释意识经验的尝试，而相信意识是一个非物理的实在（non-physical substance），它与脑的特殊部分之间存在相互作用（Eccles, 2007）。这意味着，认知神经科学的方法论在狭义上并不存在牢固的本体论承诺（ontological commitments）——与还原论者一样，二元论者依旧可以成为"优秀的神经科学家"（Overgaard, 2004）。最终，许多学者也认为即便这两个传统的基本假设存在根本上的不同，还是有可能去创造一个可以将二者整合在一起的科学框架。自然化现象学认识到以上这些可能性，通过悬搁认知神经科学与现象学之间的本体论和认识论承诺，而将目光聚焦于双方共同关注的问题上。

其次，自然化现象学在方法论上具有指导并可接受认知神经科学检验的优势。在悬搁了认知神经科学与现象学在本体论和认识论承诺的前提下，自然化现象学更关心在意识经验研究的方法论方面寻求突破。关于这一点，加拉格尔和瑟伦森（Gallagher & Sørensen, 2006, p.130）给出了自己的判断："在我们看来，有关对现象学进行实验（或对现象学自然化）的问题并不需要一场声势浩大的观念争论。这毋宁说是一个严格意义上的方法论问题。现象学方法或遵循现象学方法产生的结论在方法论上能被融入实验设置中去吗？也就是，问题并不是关于现象学的方法或现象学本身，而是关于那种允许在行为与认知神经科学中使用现象学的方法论程序。"自然化现象学的首要贡献是将现象学在意识研究上的第一人称方法论（first-person methodology）重新纳入认知神经科学的视野中。正如马巴赫（Marbach, 2005, p.146）所言："在我看来，胡塞尔提议用来研究意识现象本质的第一人称方法使得现象学的发现不仅仅有助于合理地解释先验视角中那里存在着什么（what there is）与它看起来像什么（what it is like）等终极哲学关怀，而且对于融入一项关注意识及其在自然中的地位的科学研究计划同样适用。"现象学认为，意识经验具有的第一人称主观性(first-person subjectivity)决定了其不同于其他客观的研究对象，为此，现象学发展出诸如本质直观(essential intuition, *Wesensschau*)等现象学还原(phenomenological reduction, PHR)的第一人称方法论。而随着现象学自然化运动的深入，现象学的范围也逐渐扩大，已经不再局限于西方的现象学哲学，也包括东方心学传统(如佛教等)。东方心学传统蕴含诸如冥想(meditation)、沉思(contemplation)、正念(mindfulness)等理论、方法和技术(Varela & Shear, 1999)。这些第一人称方法都可以选择性地融入认知神经科学之中，以揭示某些传统认知神经科学无力应对的意识问题。比如：(1)对意识现象进行严格的现象学概念分析和精确描述，为认知神经科学提供实践上的操作性定义(operational definition)。(2)为认知神经科学在实验范例的设计和发展上提供帮助。(3)对认知神经科学的研究结论进行现象学解释，进而"提供一个比认知科学中现在流行的模型中的某一些模型具有更高价值的理解心灵的概念框架"(扎哈维, 2010, p.8)。此外，自然化现象学同样重视借助认知神经科学的第三人称方法(third-person method)(如脑成像)来检验由现象学的第一人称方法得出的洞见。这无疑印证了著名现象学家古维奇(Gurwitsch, 1940)的断言——"对心理行为的电生理学的方法与现象学分析可以互惠地证实彼此"(转引自 Yoshimi, 2004, p.111)。

综上所述，自然化现象学从本体论、认识论和方法论上均为现象学与神经科学的有机结合铺平了道路。在自然化现象学中，现象学与认知神经科学之间的影响是双向的。现象学可以对认知神经科学的基本理论与假设予以反思和诠释。认知神经科学有助于为现象学提供深化或修正其哲学思辨的证据。这种双向作用推进了一种在神经科学、哲学与心理学之间的跨学科研究取向的涌现。例如，瓦雷拉(Varela, 1996)提出神经现象学(neurophenomenology)；弗拉纳根(Flanagan, 1998)在《意识的再思考》(*Consciousness Reconsidered*)中提议将现象学、心理学与神经科学作为探索心智的三个相互约束的取向；加莱塞(Gallese, 2011)倡导现象学化的神经科学(phenomenologize neuroscience)，等等。

第三章 读心的巴别塔：镜像神经元及其功能

著名认知科学家、生物学家、哲学家瓦雷拉在《神经现象学：一种应对困难问题的方法论救治》一文中开始认识到："现象学态度的独创性之一是弥合主观与客观之间的对立，并超越由此分裂成的基础关联（foundamental correlation）[1]。现象学还原让我们迅速明白：意识与超越它本身的东西[2]不可分离地关联在一起。意识并不是某种私人的内部事件，它最终是一种与外部的、非意识的世界同类的存在……经由交互主体性确证后的现象学研究并不是我的'私人旅行'（private trip），而注定是为他人的。"（Varela，1996，p.340）换言之，若想解决意识经验的主体性问题，有关意识经验的交互主体性问题就是一个无法回避的问题。现象学家德普拉（Depraz，2001）甚至认为，从生命的一开始来看，主体性就是交互主体性（subjectivity is intersubjectivity）。这就为读心研究开启了一扇连贯且通畅的大门。

事实上，早在胡塞尔（Husserl，1989）的《纯粹现象学和现象学哲学的观念》（第一卷）中就明确指出，活生生的身体（lived body，Leib）是任何感知（包括对他人感知）的结构基础。身体是具有一个与我一样但又在彼处的主体或自我的躯体（Körper），而躯体或身体仅仅是纯粹的物理构件。"我们的身体作为我们感知的感觉主体和被感觉客体的双重特性使

---

[1] 基础关联，胡塞尔的术语，主要指通过悬搁等现象学还原使得主体与客体之间的区分变得不明显（Varela，1996）。
[2] 按胡塞尔的术语，它也是先验的（transcendental）。

得其他个体成为可理解的人。"(Husserl,1989,p.64)在此基础上,梅洛-庞蒂(2005)又论证了现象学身体的另一层含义。他主张在我们产生自我与他人、自为与他为之前,我们实际上已经处在一种"共在"(co-existence)之中。这就是所谓的"处境中的自我"(self in situation),即主体本来就是在处境(包括他人)中存在的。处境蕴含着外部物理世界和社会情境中的构成因素,而其中最为核心的便是自我与他人身体的共在。这样一来,梅洛-庞蒂就实现了将"处境中的我"转化为"处境中的身体"。交互主体性正是在这两层现象学身体的含义中得以展示并实现的。

按照现象学的理解,在面对面的遭遇中,我们面对的并不仅仅是一个身体,也不是一个隐藏的心灵,而是一个统一的有意向的整体。对主观性和交互主体性的解释必须从一种对心灵与身体之间关系的正确理解出发。经验并不是在藏匿于头脑(或是别是什么地方)内部的意义上是内在的,它们能够在身体的姿态和动作中表达并显现出来。例如,当某人看到另一个人的脸时,他看到其看起来像是友好或生气,开心或悲伤,等等——这正是脸表达出来的情绪。此外,身体行为通常是有意义和有意向地与世界关联在一起,并且意向性关联不能被还原为内在-外在的关系(inside-outside relations)。因此,将行为视为外在的与感知上可获取的,而将经验视为内在的和感知难以进入的,这样的划分并没有什么意义。这种思考意味着:一种正确的主观性和交互主体性解释必须基于理解他人的身体,与一种纯粹的物质客体存在着根本性的不同,我们对他人的身体存在的感知也因此不同于我们对物质材料的感知。他人是作为一个活生生的身体在其身体存在中被给予的(Thompson,2005)。

镜像神经元的发现,成为破解灵长类读心奥秘的"巴别塔"(Tower of Babel)。相关的研究成果大大推进了自然化现象学对于交互主体性的论证。我们将首先详细回顾镜像神经元及其系统的特征和意义,随后介绍并分析动作理解、共情、语言理解等社会认知能力与镜像神经元系统的关系,并基于上述实验证据与实体理论来阐述镜像神经元及其系统对读心的理论意义。

第一节 镜像神经元与镜像神经元系统

> 镜像神经元之于心理学，犹如 DNA 之于生物学；它们将提供一种统一的架构，这一框架有助于解释许多至今仍不可琢磨并难以给出实验检验的心智问题。
>
> ——拉马钱德兰（Ramachandran, 2005）

镜像神经元被视为改变认知神经科学的重要发现，它的发现为迄今为止许多行为实验难以检验的心智或认知现象提供了一个统一的研究视角，并在过去二十年间受到诸多专家、科学及公众媒体的关注。大量研究显示，镜像神经元对个体的动作模仿学习、共情、语言习得、意图理解等社会认知活动的展开也具有极为重要的意义。因此，它也被誉为"读懂心智的神经细胞"（Blakesee, 2006）、"塑造文明的神经元"（Ramachandran, 2011）、理解社会行为的一场"革命"（Iacoboni, 2008）、"心理科学的 DNA"（Ramachandran, 2000）、"近十年来认知科学领域最伟大的发现"（Rossi, 2004）甚至"可能改变科学面貌的 50 个想法"（Hobson & Behrens, 2010）。

一、镜像神经元的定位与活动特征

意大利帕尔玛大学神经科学家迪佩莱格里诺等人（Di Pellegrino, Fadiga, Fogassi, Gallese, & Rizzolatti, 1992）利用单细胞记录技术在豚尾猴（macaca nemestrina）的前运动区皮层（premotor cortex）（F5 区）[1]首次发现一些具有特殊属性的视觉运动神经元（visuomotor neurons）。这些

---

[1] 该区域与动作的计划、选择与执行有关。该区域进一步分成 F5c、F5p 和 F5a 三个亚区（Rizzolatti & Sinigaglia, 2010）。

神经元不仅会在豚尾猴执行目标导向(goal-directed)(比如抓起一个物体,把它送到嘴里的过程)活动中被激活,也会在猴子处于完全静止的状态下观察其他个体做上述动作时同样被激活(如图3-1所示)。在此之前,学术界一直认为仅仅观察而没有做出实际动作不会激活运动神经元(Iacoboni,2009a)。由于这些神经元能像镜子一样映射其他个体的活动,在随后的研究中,帕尔玛大学团队的领导者里佐拉蒂等人(Rizzolatti, Fadiga, Matelli, Bettinardi, Paulesu, Perani, & Fazio, 1996)和加莱塞等人(Gallese, 1996)形象地将这类神经元称为镜像神经元(mirror neurons)。

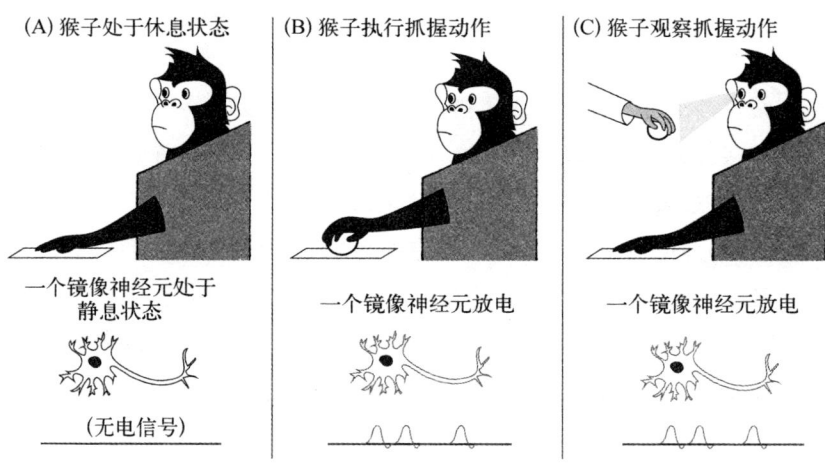

图3-1 镜像神经元实验示意

(转引自Rizzolatti & Fabbri-Destro, 2008, p.2)

注:三幅图的最下方为单细胞记录法记录下的F5区镜像神经元的放电情况。(B)当猴子抓取一个物体时这些神经元产生了放电。(C)当猴子观察实验者抓取这个物体时这些神经元也产生了放电。

里佐拉蒂和卢皮诺(Rizzolatti & Luppino, 2001)的研究发现,猴F5区有典范神经元和镜像神经元两类视觉运动神经元。典范神经元(canonical neurons)负责对呈现的物体作出反应。比如,当猴子看到一个苹果后,自己大脑中与拿这个苹果同样被激活的运动神经元就是典范神经元。典范神经元在看到某些可以被抓取的对象时被激活。镜像神经元(mirror neurons)负责对当猴看到物体目标导向动作时作出反应。

比如，当猴子看到别人拿起一个苹果时，它大脑中那些在执行相同计划动作时被激活的运动神经元就是镜像神经元。镜像神经元在看到抓取某个物体的动作时被激活。由于受到视觉刺激而被激活，所以镜像神经元需要一个生理效应器（手或嘴部）和一个物体之间的相互活动。仅仅观察到物体，或者个体的动作不及物（不以物体为指向）等情况下，镜像神经元不会产生活动。此外，物体本身的意义对于镜像神经元激活反应的影响不明显。例如，抓取一把食物或者一个几何体时镜像神经元的反应强度一致。F5区镜像神经元的另一个属性是其在很大程度上显现出概括化（generalization）。哪怕呈现非常不同的视觉刺激，但只要均为同一动作的再现，该区域的镜像神经元则会产生相同的激活效应。例如，相同的抓取镜像神经元（grasping mirror neuron）会对人类手部抓取物体产生反应，同样也会对猴手部抓取物体产生反应。这类反应同样不受猴动作距离远近的影响，尽管实际上观察手的尺寸在这两个不同条件下明显不同。观察动作是否最终得到奖励对于镜像神经元活动也无关紧要，如果实验者抓一把食物并递给需记录的猴子或递给另一只引入实验室的猴子，二者镜像神经元激活的强度也一致。

  镜像神经元的另一个重要功能是其视觉与运动属性间的关系。几乎所有的镜像神经元在对视觉运动的反应与其编码的运动反应方面都呈现一致性。根据这种一致性程度，加莱塞（Gallese, 1996）又将镜像神经元划分为严格一致性（strictly congruent）和广泛一致性（broadly congruent）两类。在有效观察和有效的动作实施中一定程度上与目标（例如，抓取）及接触目标的意义（如精确抓取）相关的那类镜像神经元被称为严格一致性镜像神经元。它们大约占F5区镜像神经元的1/3。而那些不需要对相同行为进行精确观察，只依靠自身运动性编码的镜像神经元被称为广泛一致性镜像神经元，它们大约占F5区镜像神经元的2/3。

  费拉里等人（Ferrari, Gallese, Rizzolatti, & Fogassi, 2003）的研究将关注F5区的高级功能（如手部动作的表征）与镜像神经元的关系转向关注位于F5区外侧的镜像神经元属性。研究发现，该区域绝大多数的神经元与口部动作相关。其中近25%的学习神经元（studied neurons）具有镜像属性。根据视觉刺激对激活神经元的有效性，口部镜像神经元（mouth mirror neurons）被划分为食物摄取型镜像神经元（ingestive mirror neurons）和交流型镜像神经元（communicative mirror neurons）。食物摄取型镜像神经元主要负责对一些食物摄取功能与观察行为的联系产生反应。例如，抓取食物放入口中，咬碎食物或吮吸动作，这类神经元占了整个记录到的口部镜像神经元的80%。几乎所有的食物摄取型镜像神经元都显示出在有效观察与有效动作执行之间的一致性。它们中的1/3在有效观察与有效动作执行时的反应几乎相同（即严格一致性镜像神经元）。其余的在有效观察与动作执行之间存在相似或有功能性的相关时被激活（即广泛一致性镜像神经元）。当然，值得注意的是，镜像神经元的交流属性，对其最有效的观察行为是交流示范（如咂嘴唇），而摄取的食物中也带有嘴唇运动的这个步骤。因此，当猴子做出摄食动作时交流型镜像神经元也会有放电行为。有效视觉输入（交流型）与有效的行为动作（食物摄取型）之间的区别是极微妙的。但已有证据认为，交流示范动作（至少其中一部分）是在进化过程中从食物摄取动作中分化出来的（MacNeilage，1998）。因此，也有研究者认为，F5区口部交流型镜像神经元的发现反映了交流功能的皮质化过程部分地受到原始食物摄取功能基础的制约（Rizzolatti & Craighero，2004）。

与此同时，荷兰格罗宁根大学的凯泽斯等人（Keysers，Kohler，Umilta，Nanetti，Fogassi，& Gallese，2003）在观察猴腹侧前运动皮层（F5区）的喙部（rostral ventral premotor cortex，rostral of area F5）时发现，这个区域中有一群神经元无论执行的动作是被看到还是被听到，它们都会发生放电反应。他们把这些神经元称作视听镜像神经元（audiovisual mirror neurons）。其中50%的神经元在单独接受视觉刺激和听觉刺激时激活程度没有差异。神经测量学分析显示，基于这些神经元在视觉和听觉上的反应，两个动作被区分的准确率可以达到97%。

随后，费拉里等人（Ferrari，Rozzi，&，Fogassi，2005）在豚尾猴大脑的腹侧前运动皮层F5区的外侧（lateral sector of ventral premotor area F5）又发现一类新型镜像神经元。这一类镜像神经元除了在执行动作时会被激活之外，还有一个很明显的特点，即当观察到的动作是在工具的辅助下执行时，这类镜像神经元的放电远远强于在观察没有工具的动作时的情况。这类神经元被命名为工具响应型镜像神经元（tool-responding mirror neurons）。他们认为，产生这种现象的原因可能是由于灵长类相对长时间地观察有工具辅助的动作，从而使得某些镜像神经元在手与工具之间建立了联系，于是在某种程度上就将工具视作手部的自然延展。这样，工具响应型镜像神经元使得那些不是严格与大脑中呈现的原有动作相匹配的动作也能被识别。因为就算一些动作类型不是很一致，但只要工具保持一致，这些动作还是被理解为具有同一目的。

杰勒马等人（Jellema, Baker, Wicker, & Perrett, 2000）的研究发现，与他人动作的观察行为相关的神经元并不仅仅位于 F5 区，猴脑颞上沟（STS）的神经元也具有镜像神经元性质。例如，行走、转头、弯腰、移动手臂等有效行为都能触发这一区域的神经元反应。而早在镜像神经元被发现之前，已有研究证明一部分颞上沟的神经元还在观察具有目标导向的手部活动过程中被激活了（Perrett, Mistlin, Harries, & Chitty, 1990）。如果将颞上沟和 F5 区神经元的功能属性进行比较，需要注意两点：（1）较之 F5 区的神经元，颞上沟的神经元对更多的动作进行编码。这可能是因为颞上沟神经元投射范围到达腹侧运动前皮层，而不仅仅位于 F5 区。（2）颞上沟的神经元没有显示出运动神经元的属性（Rizzolatti & Craighero, 2004）。

那么，人类大脑中是否也存在与之相似的镜像神经元和镜像神经元系统呢？事实上，早在迪佩莱格里诺等人（Di Pellegrino, Fadiga, Fogassi, Gallese, & Rizzolatti, 1992）在豚尾猴的 F5 区发现镜像神经元之后就发现，该区域与人脑中布罗卡区[①]——额下回的岛盖部（pars opercularis of IFG）基本上对应 BA44 区——在进化上具有同源性（homologue）。因此，加莱塞等人（Gallese, Fadiga, Fogassi, & Rizzolatti, 1996）和里佐拉蒂等人（Rizzolatti, Fadiga, Gallese, & Fogassi, 1996）开始

---

① 布罗卡区主要对应于 BA44 区、45 区。

猜想，与F5区相对应的人脑同源皮层中是否也存在镜像神经元。然而，由于伦理约束以及研究对象和方法的局限性，研究者不可能随意在人脑疑似镜像神经区域进行侵入性研究，从而确认这些区域中是否存在符合镜像神经元属性的运动神经元。因此，研究者一直无法搜集到人脑中是否存在镜像神经元的确凿证据。

为此，更多的研究者转而采用PET（正电子发射断层扫描）和fMRI（功能性核磁共振成像技术）等非侵入性脑成像技术来研究人类在有效执行动作和有效观察动作过程中激活的脑区是否存在空间上重叠的部分，借此间接推测这些脑区中是否存在镜像神经元。例如，里佐拉蒂等人（Rizzolatti, Fadiga, Matelli, Bettinardi, Paulesu, Perani, & Fazio, 1996）利用PET技术取得了一些聚合证据（converging evidence）。他们最初认为，在人脑的颞中回（middle temporal gyrus, BA21区）、颞上沟和额下回尾部（inferior frontal gyrus, IFG, BA45区）中存在具有镜像属性的神经元。随后，大量的研究显示，在观察他人的动作过程中，人类大脑的活动是一个由枕叶、颞叶和顶叶视觉区等构成的复杂网络。其中，因为顶下小叶的喙部、中央前回的底部（lower part of the precentral gyrus）以及额下回的尾部在功能上具有运动特征（Rizzolatti, Fadiga, Matelli, Bettinardi, Paulesu, Perani, & Fazio, 1996; Buccino, Binkofski, Fink, Fadiga, Fogassi, Gallese, Seitz, Zilles, Rizzolatti, & Freund, 2001; Decety, Chaminade, Grèzes, & Meltzoff, 2002），所以上述区域也被视为人类镜像神经元系统的核心脑区（Rizzolatti & Craighero, 2004）。

遗憾的是，虽然许多研究者在某些脑区可能存在镜像神经元方面达成初步一致，但是伴随相关研究的不断深入，越来越多的脑区呈现出镜像属性，这促使研究者开始反思方法论的缺陷是不是造成无法进一步确认人类大脑中是否存在镜像神经元的唯一原因。有研究者呼吁，当前的研究应从神经元对动作的选择性上来精确界定镜像神经元。在此基础上，他们设计了重复抑制（repetition suppression）或适应（adaptation）范式（Grill-Spector & Malach, 2001）。该范式也被公认为鉴别镜像神经元的有效途径（Hamilton & Grafton, 2006; Dinstein, Thomas, Behrmann, &

Heeger,2008)。该范式的实验逻辑是,重复动作刺激将导致一个假定存在镜像神经元的特定皮层区域在单一重复抑制范式(unimodal repetition suppression,umRS)①和交互重复抑制(cross-modal repetition suppression,xmRS)②下都产生适应现象。虽然许多研究者在单一重复抑制下观察到适应现象,但一直无法在交互重复抑制下观察到双向的适应现象(Dinstein, Hasson, Rubin, & Heeger, 2007; Chong, Cunnington, Williams, Kanwisher, & Mattingley,2008)。这意味着上述研究没有鉴别出镜像神经元。值得庆幸的是,基尔纳等人(Kilner, Neal, Weiskopf, Friston, & Frith,2009)终于在交互重复抑制范式下首次观察到人脑额下回区的适应现象。这也为该区域存在镜像神经元提供了可靠的证据。

即便如此,还是有学者认为,囿于空间分辨率的成像技术无法进一步确定在有效执行动作和有效观察动作过程中都有激活的三维像素点(voxel)中的神经元是相同的(Chong, Cunnington, Williams, Kanwisher, & Mattingley, 2008; Dinstein, Thomas, Behrmann, & Heeger, 2008; Keysers & Gazzola,2009)。③ 因此,即便通过适应范式检测得到确认的脑区,依旧只能算是假定的镜像神经元系统(putative mirror neuron system)。最近,加佐拉和凯泽斯(Gazzola & Keysers,2009)、凯泽斯(Keysers,2009)详细对比了猴脑镜像神经元系统与人类镜像神经元系统。结果发现,腹侧前运动皮层(ventral premotor cortex)、初级躯体感觉皮层(primary somatosensory cortex)、顶上小叶(superior parietal lobule,SPL)、次级躯体感觉皮层(secondary somatosensory cortex)等区域在人类被试观察和执行相同动作时均被激活了,因此这些区域构成了假定的镜像神经元系统(如图 3-2 所示)。

为了最终确认人脑内是否存在镜像神经元,穆卡梅尔等人(Mukamel,

---

① 单一重复抑制是指在先观察再执行情况下出现适应现象,或在先执行再观察情况下出现适应现象(Kilner,Neal,Weiskopf,Friston,& Frith,2009)。
② 交互重复抑制是指在先观察再执行与先执行再观察的情况下都出现适应现象(Kilner,Neal,Weiskopf,Friston,& Frith,2009)。
③ 这些区域在观察和执行相同动作时都被激活是否反映了这些区域中存在镜像神经元,仍有待确定。因为这些脑区在知觉和执行动作时候激活的那些神经元群中有可能包含其他不同的神经元群。这些神经元群恰好与之共同占据了相似的三维像素点(Keysers,2009)。

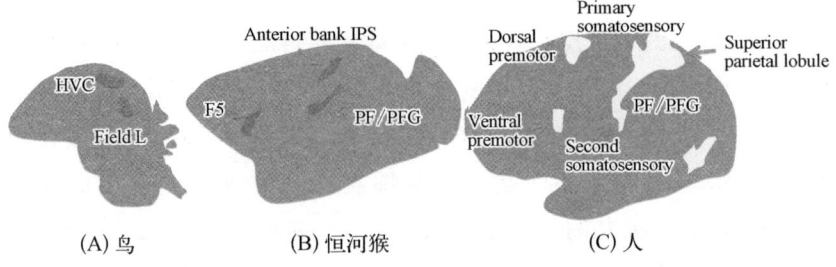

图 3-2　鸣禽、恒河猴与人类脑中"假定的镜像神经元系统"之比较

(改选自 Keysers & Gazzola, 2009b, p.2)

注：HVC=高级发声中枢；Field L=前脑听区；Anterior bank IPS=顶间沟前端；Ventral premotor=腹侧前运动皮层；Dorsal premotor=背侧前运动皮层；Primary somatosensory=初级躯体感觉皮层；Second somatosensory=次级躯体感觉运动皮层；Superior parietal lobule=顶上小叶；PF/PFG=顶下小叶喙部。

Ekstrom, Kaplan, Iacoboni, & Fried, 2010)首次利用单细胞记录法在21位癫痫患者的内侧前额皮层(medial frontal cortex)和内侧颞叶皮层(medial temporal cortex)均发现具有镜像活动(mirror-like activity)属性的神经元。内侧前额皮层主要包括辅助运动区、前扣带回背侧、前扣带回喙部(rostralaspect of anterior cingulate)。内侧颞叶皮层主要包括杏仁核、海马旁回(parahippocampal gyrus)、海马和内嗅皮层(entorhinal cortex)。随后，他们进一步根据这些镜像神经元在上述皮层中的数量分布以及相应的统计分析确认，海马、海马旁回、内嗅皮层和辅助运动区的镜像神经元分布呈显著性水平，而不是随机分布。这意味着该研究首次从单细胞水平上直接证实人脑中存在镜像神经元。虽然该研究也引发许多争议[①]，但是上述大量的聚合证据还是为人类镜像神经元及其系统的存在提供了有力的支撑。

与猴脑镜像神经元系统相比，人类社会认知的丰富性决定了人脑镜像神经元系统的功能要复杂得多。随着研究的深入，研究者陆续发现，在人类观察或执行动作模仿(action imitation)(Iacoboni, Woods, Brass,

---

[①] 有研究者认为猴脑中的镜像神经元主要位于顶叶和额叶皮层的侧部，而穆卡梅尔的研究并没有将电极安置在这些脑区的人脑同源皮层。因此，该研究无法确认这些脑区是否包含镜像神经元。例如，在内侧颞叶皮层发现的具有镜像活动属性的神经元也许表征了一种对观察或执行动作的记忆痕迹的再激活(reactivation)(Welberg, 2010)。

Bekkering, Mzaaiotta, & Rizzolatti, 1999; Buccino, Binkofski, & Riggio, 2004)、意图共鸣（intentional attunement）（Iacoboni, Molnar-Szakacs, Gallese, Buccino, Mazziotta, & Rizzolatti, 2005; Gallese, Eagle, & Migone, 2007)、共情（empathy）（Wicker, Keysers, Plailly, Royet, Gallese, & Rizzolatti, 2003; Carr, Iacoboni, Dubeau, Mazziotta, & Lenzi, 2003; Singer, Seymour, O'Doherty, Kaube, Dolan, & Frith, 2004)、语言理解（language understanding）（Aziz-Zadeh, Wilson, Rizzolatti, & Iacoboni, 2006; Glenberg & Gallese, 2012)、读心（mindreading）或心智理论（theory of mind）（Gallese & Goldman, 1998; Agnew, 2007)、社会认同（social identification）（Gallese, 2009a）等时都存在具有镜像属性的皮层被激活。基于这些研究，人类镜像神经元系统的皮层分布也从最初认定的经典镜像区域（主要由顶叶-前运动皮层组成）扩大成拓展的（extended）镜像区域（包含额下回、顶下小叶、颞上沟、脑岛、前扣带皮层以及其他边缘系统等）（Oberman & Ramachandran, 2007; Keysers & Gazzola, 2009)。

二、先天还是后天：镜像神经元的发生学

在早期关于镜像神经元活动的模拟论解释（simulation-theory interpretation）的争论中，研究者们就已经开始非常关注镜像神经元活动是先天遗传还是后天习得的问题（Gallese & Goldman, 1998）。尤其是在人们清晰地认识到镜像神经元在社会认知活动中的重要意义时，研究者们探究其背后生成机制的愿望就显得愈发强烈。从最初一些思辨性的假设到现在的实证研究，关于镜像神经元起源问题的争议也开始逐渐集中到适应假设（adaptation hypothesis）和联结序列学习（associative sequence learning, ASL）假设身上。这些争议激发研究者们开始系统考察镜像神经元及其系统的形成。

来自进化立场的观点认为，在种系系统发生史和个体发生学（ontogenetic）中，诸如动作再认和观察学习这类对生存至关重要的能力在某种程度上可以成为先天的能力（Borenstein & Ruppin, 2005; Lepage & Théoret, 2007）。索伯（Sober, 2008）认为，如果有机体的某一特征有助

于有机体自身实现某种特定的功能，那么这种特征就是一种适应。海斯（Heyes，2010b，2010c）则根据这一定义将进化立场的观点进一步概括为适应。具体地讲，人脑中的镜像神经元被视为个体在社会认知活动过程中对动作理解的一种适应，而这种适应的本质就是迫于环境压力的一种自然选择。根据这种观点，人脑中的镜像神经元可以在神经元水平上表现出遗传倾向。换言之，镜像神经元是生来就有的，而感觉经验和运动经验在镜像神经元的形成过程中只起到辅助促进作用。

然而，适应假设却对新动作学习过程中生成的镜像神经元难以作出有效解释。例如，库克（Cook，2012）研究发现工具使用及视听镜像神经元（audiovisual mirror neurons）对工具动作和工具声音的反应比对手所执行的抓握以及撕拉景象的反应更大，这种镜像神经元系统对非自然刺激的更大反应与适应假设是不相符的。但这与凯泽斯（Keysers & Perrett，2004）、凯泽斯和加佐拉（Keysers & Gazzola，2009a）以及朱迪切等人（Giudice，Manera，& Keysers，2009）提出的赫布学习假设（Hebbian learning）相一致。也就是，镜像神经元是通过限定渠道化的赫布学习（canalized Hebbian learning）生成的，这一假设强调基因、环境和经验之间的交互作用在镜像神经元发展过程中的重要性。同时，它并不否认镜像神经元的发展存在遗传倾向，超越了先天和后天之争，而且与现在的进化生物学研究结论相一致。从这一方面而言，镜像神经元的属性可能类似于新热带区域的鸟嘴形态学特征，它们不仅因觅食和食物处理（非社会功能，类似于视觉运动能力）的需要而被选择，同时也会对歌声的产生（社会功能，类似于动作理解）有所影响（Derryberry，Seddon，Claramunt，Tobias，Baker，Aleixo，& Brumfield，2012）。

赫布学习假设发展至今已逐渐成为联结序列学习假设的一部分。二者最大的区别是，赫布学习假设主要在微观神经元水平进行探讨，联结序列学习假设则在宏观水平直接将外显的模仿行为与镜像神经元的活动联系起来。联结学习普遍存在于脊椎动物和非脊椎动物之中，说明这是一种进化上古老且高度保守的对事件之间预测性关系追踪的适应（Heyes，2012）。联结序列学习假设认为，个体在发展过程中，通过将相同动作的观察经验和执行经验建立起某种联系以形成感觉运动经验。这种感觉运动经验在镜像神经元的发展中起着主导性的作用,镜像神经元正是通过重复观察和执行相类似动作的感觉运动经验来生成。镜像神经元更多是一种联结序列学习过程的副产品,它并不用于实现某种特定功能,而是可以在社会认知活动的不同适应功能中发挥作用(Heyes, 2001a, 2010b; Heyes, Bird, Johnson, & Haggard, 2005; Hill, Fitzgibbon, Arnold, Rinehart, Fitzgerald, & Enticott, 2013)。

联结序列学习解释认为,镜像神经元的反应属性通过如下步骤获取:(1)在学习前,具有高级视觉属性的感觉神经元(如位于纹外皮层的神经元)与具有感觉运动属性的运动神经元(如位于前运动皮层和顶叶皮层的神经元)之间不存在系统化的联结。(2)在那类可以产生镜像神经元的学习过程中,编码产生特殊运动的运动指令的运动神经元与编码那类运动感觉属性的感觉神经元之间形成关联性激活。这种经验可以通过模仿、镜像自我观察、对自身运动的观察或执行与他人的同步动作获取。关联性激活增强了那些编码感觉属性的神经元与编码运动指令的神经元。这要满足邻近性和相倚性两个原则。邻近性(contiguity),观察者在同一时间看到并做出与被观察者相同的动作(婴儿看到成人的吐舌动作并做出相似动作)。相倚性(contingency),通过一个事件推测另一个事件(通过成人吐舌动作可以预测婴儿会发生相应模仿)。(3)在学习之后,感觉神经元的激活会传递给那些与感觉神经元之间存在强烈联结的运动神经元。这些运动神经元也就演变成镜像神经元(如图3-3所示)。目前,联结序列学习假设得到一系列实验室实验的支持。

继承了进化观点的适应假设和延续了赫布学习的联结序列学习假设也不代表先天和后天之争,二者都承认遗传和经验对镜像神经元发展的促进作用,但侧重点不同。适应假设对镜像神经元定义中的特征进行了解释,即镜像神经元是通过遗传进化获得对观察行为和类似执行行为进行匹配的能力。相比之下,联结序列学习假设则更强调感觉运动经验在镜像神经元发展过程中所起的关键性作用。

研究者们试图通过对新生儿的动作模仿的研究来检验上述争论

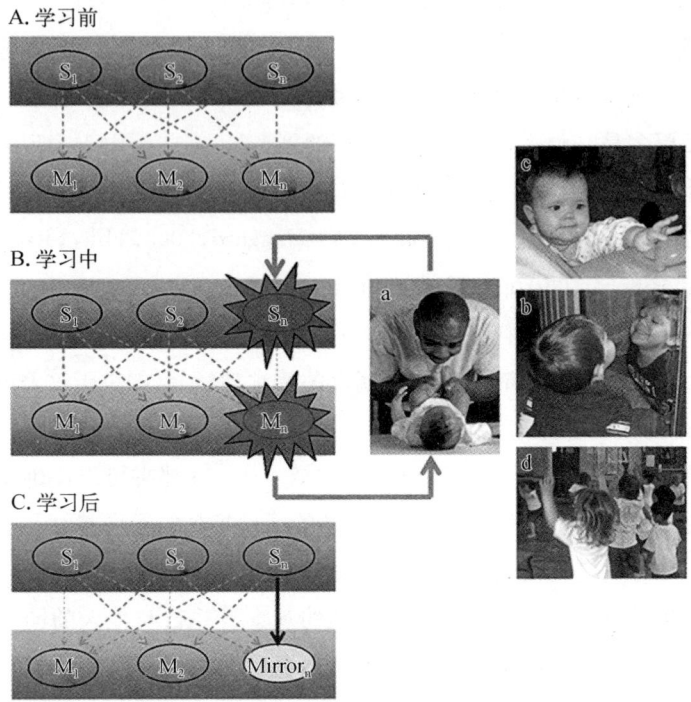

图 3-3　镜像神经元反应属性的联结序列学习理论和模仿的关系
(改选自 Catmur,2013b,p.22)

(Ferrari,Visalberghi,Paukner,Fogassi,Ruggiero,& Suomi,2006;Lepage & Théoret,2007;Jones,2009)。由于新生儿很少有机会获得感觉运动经验,因此,来自新生儿镜像神经元系统的证据能够有力地支持适应假设。然而,也有一些来自新生儿或婴儿的研究支持联结学习假设。麦克尤恩等人(McEwen,Happe,Bolton,Rijsdijk,Ronald,Dworzynski,& Plomin,2007)对 2 岁双胞胎的研究表明模仿方面的个体差异主要源于环境而非遗传。近来的一项研究也发现 1 个月时联结学习能力的个体差异能够预测 8 个月之后的模仿表现(Reeb-Sutherland,Levitt,& Fox,2012)。目前,支持联结序列学习假设的证据主要来自基于人类被试且明确发现感觉运动经验能够提高、抵消甚至反转镜像激活的一些研究。卡特默等人(Catmur,Walsh,& Heyes,2007,2009)、乌米尔塔等人

(Umiltà, Escola, Intskirveli, Grammont, Rochat, Caruana, Jezzini, Gallese, & Rizzolatti, 2008)、卡特默等人(Catmur, Gillmeister, Bird, Liepelt, Brass, & Heyes, 2008)以及卡瓦略等人(Cavallo, Heyes, Becchio, Bird, & Catmur, 2013)假定,如果镜像神经元的发展依赖于感觉运动学习,那么我们就可以通过感觉运动学习训练来改变已经非常成熟的镜像神经元系统,甚至赋予它们逆向镜像(counter-mirror)属性。他们在研究中通过对被试进行不匹配的感觉运动学习训练成功地验证了他们的假设。换言之,他们的研究结果表明,镜像神经元并不是与生俱来的,也不是一经获得就无法改变的,其发展主要依赖于感觉运动学习。

客观地讲,由于这些研究中用到已经成熟的镜像神经元系统,因此并不能确切地证实镜像神经元完全是通过感觉运动学习来获得其自身匹配属性的,但至少可以说明感觉运动经验能够塑造镜像神经元。此外,适应假设在缓冲期这个问题上无法对这些研究结果给出合理解释,主要体现在塑造镜像神经元需要的时间和镜像神经元变化的程度上(Giudice, Manera, & Keysers, 2009; Heyes, 2010b)。在这些研究中,镜像神经元在较短的实验时间里发生了变化却没有出现阻止变化的标志。在马歇尔等人(Marshall, Boquet, Shipely, & Young, 2009)的研究中,他们更是发现对一个平均时间为 5.5 秒的观察学习视频以及随后立即进行的一次模仿便可以产生镜像效应。镜像神经元在如此短的时间里得以塑造,与适应假设所期待的变化前的缓冲期假设不符。其次,这些研究结果表明,原有镜像神经元系统中感觉运动经验能够完全转换而非部分改变。卡特默等人(Catmur, Mars, Rushworth, & Heyes, 2011)在最近的一项双脉冲经颅磁刺激技术(paired-pulse TMS)研究中,通过对被试进行不匹配感觉运动训练使被试原本建立好的镜像激活联结转换成一种逆向镜像激活联结。同时,他们还进一步证实逆向镜像效应和原镜像效应中涉及的脑区相同,再次强有力地证实镜像神经元源于联结序列学习。

适应假设和联结序列学习假设各自的侧重点不尽相同,似乎也都可以用来解释镜像神经元的起源,只是当前的一些研究结果在立场上更支持后者(Catmur, Gillmeister, Bird, Liepelt, Brass, & Heyes, 2008; Giudice, Manera, & Keysers, 2009; Hickok & Hauser, 2010; Heyes, 2010b, 2010c; Catmur, 2013; Cooper, Cook, Dickinson, & Heyes, 2013; Cook, Bird, Catmur, Press, & Heyes, 2014)。除了当前得到更多实证研究成果的支持外,联结序列学习假设也更符合当前具身认知(embodied cognition)的认识论立场(陈巍,郭本禹,2014)。其次,镜像神经元可能不像适应假设预设的那样起着关键的、专门化的作用,而是在除动作理解之外的动作模仿、共情、言语进化等社会认知活动中起着重要作用。最后,相比于适应假设现在还主要停留在思辨性的或者经验性的研究水平上,联结序列学习假设已将研究视角从一个较宏观的理论预设落实到一个较微观的研究领域,使得镜像神经元相关研究变得易于操作。此外,联结序列学习假设本身也易于验证。这也是许多研究者倾向于支持它的主要原因。然而,需要指出的是,虽然目前的研究证据倾向于支持联结序列学习假设,但这些证据本身在逻辑上并没有排他性的直接否定适应假设,适应假设并没有在支持联结序列学习假设的实验证据中被证伪。换言之,认为镜像神经元的属性可以通过后天感觉运动的联结学习来获得或改变,并不能由此排斥它在种系发生学和个体发生学上作为进化适应性产物的可能性。因此,二者的争议至今仍然没有定论,它们依旧是当前镜像神经元研究中的焦点问题(Iacoboni, 2009a; Heyes, 2010b; Oztop, Kawatob, & Arbib, 2013; Cook, Bird, Catmur, Press, & Heyes, 2014)。

第二节 动作理解与具身模拟论

这么简单,你都没看出来?我亲爱的华生。
——《福尔摩斯探案集》

一直以来,人类认知活动中存在复杂的逻辑推导过程是毋庸置疑的,但当人类在看到简单的动作时,往往马上就能作出正确判断,这意味着人类大脑还存在更简单、更直接的理解机制。动作心理学的研究表明,感觉运动功能与周围环境的相互作用是以心理表象为基础的,这种表象既加速了对动作的执行也加速了对这些动作的知觉(Malcolm & Keenan,2003;Prinz,2003)。鉴于此,研究者们提出一个比较具有说服力的理论来解释动作的执行与知觉之间的关联,即共享编码理论(common coding theory)(Prinz,1997;Knoblich & Flach,2001)。这个理论的核心假设为,知觉与动作之间存在密切联系,二者拥有一个共享的表征。一个动作的执行会产生一个双向联系,即动作本身遵循的运动模式(动作如何进行)与动作产生的感觉效果之间的联系。一个知觉活动会激活与该活动密切相关的动作,而执行一个动作也会激活与之紧密相关的知觉事件(陈巍,丁峻,2009;孙月,陈巍,丁峻,2011)。借助这种联系,大脑可以通过一个动作的可知觉的效果来识别并编码到底这是哪个动作(Prinz,1997)。镜像神经元的发现很好地支持了共享编码理论的假设,起到了连接动作执行与动作结果知觉的桥梁作用。目前,与动作识别和理解相关的研究,已经成为镜像神经元研究中成果最丰富系统的领域之一。

一、镜像神经元系统与动作理解的关系

动作的识别(action recognition)或理解,相对于声音或物体的识别具有特殊之处,因为动作的识别或理解必须包含对目标、原因、作用者、作用对象等相关方面的识别。因此,回答动作理解中镜像神经元系统记录的仅仅是动作本身还是包括上述相关方面则显得尤为重要。里佐拉蒂等人(Rizzolatti & Luppino,2001)指出,如果镜像神经元调节的是动作的识别或理解,那么它们的活动就必须针对观察动作的意义(meaning)作出反应,而不是针对动作的视觉特征(visual features)作出反应。为了验证里佐拉蒂等人的这种假设,科勒等人(Kohler, Keysers, Umiltà, Fogassi, Gallese, & Rizzolatti,2002)设计了如下实验。该实验设置了两种条件:(1)呈现伴随可视的撕纸动作而产生的撕纸的声音。在

这种条件下,动作的视觉信息和听觉信息同时呈现。(2)呈现撕纸的声音但不让猴子看到相同动作的执行。在这种条件下,仅呈现听觉信息而没有呈现视觉信息。结果发现,在这两种条件下,在F5区被记录的神经元中有63%产生了放电现象。这说明视觉信息的呈现与否对镜像神经元的放电并无太大影响。当然,上述实验虽然部分证明镜像神经元在缺少与动作有关的视觉信息的情况下依旧具有动作的识别和理解能力,但究竟是声音本身还是声音蕴含的意义引起镜像神经元放电呢?为了回答上述问题,他们继续设置了另外两种实验条件:(3)呈现计算机模拟的白噪声(white noise)。(4)呈现猴子的叫声。结果发现,在这两种条件下并不能激活F5区中的镜像神经元。因此,他们的实验结论是:动作及其伴随的声音都能激活镜像神经元,而且只有与动作相关的(action-related)声音才能激活镜像神经元,而与动作的无关(non-action-related)的声音不会激活镜像神经元。这个实验有力地论证了里佐拉蒂等人的假设。

凯泽斯等人(Keysers, Kohler, Umilta, Nanetti, Fogassi, & Gallese, 2003)尝试从另外一个方面来验证镜像神经元的活动是基于对动作的识别和理解。他们认为不同的动作对于生物体的意义是不同的,因此由这些动作激活的镜像神经元的活动程度应该存在差别,即镜像神经元的活动强度具有选择特性。如果能够证明这种假设,那么就能从另一侧面论证并深化里佐拉蒂等人对于镜像神经元表征动作意义的假设。他们的实验比较了不同类型动作激活的镜像神经元的强度。该实验设置了四种情境,在此基础上考察了两类动作对镜像神经元活动的影响。(1)剥花生。向猴子同时呈现动作的视觉和听觉信息(V+S),仅呈现动作的视觉信息(V),仅呈现动作的听觉信息(S),运动条件(M)(让猴子自己执行该动作)。(2)抓取环形物。也分别在上述四种情境下展开。实验结果显示,无论是观察剥花生还是抓取环形物,在这四种观察条件下均激活了镜像神经元。但是,在这四种情境下,抓取环状物产生的镜像神经元的激活程度小于剥花生这一动作引起的镜像神经元的激活程度。进一步对视觉和听觉两种情况下神经元反应的独立分析显示,这种选择特性具有显著性(如图3-4所示)。至于是什么原因导致剥花生这一动作诱发的镜像神经元的激活程度显著高于抓取环形物的动作,亚科博尼(Iacoboni,2009a)认为这是因为摄食对于生物体的生存和繁衍具有更高的价值,这种影响伴随千百万年的进化被大脑镜像神经元系统保留下来。因此,该实验进一步证实镜像神经元不是对动作本身产生反应(简单地记录动作的视觉表征),而是能够对动作具有的意义产生反应。换言之,镜像神经元具有动作识别和理解的功能。

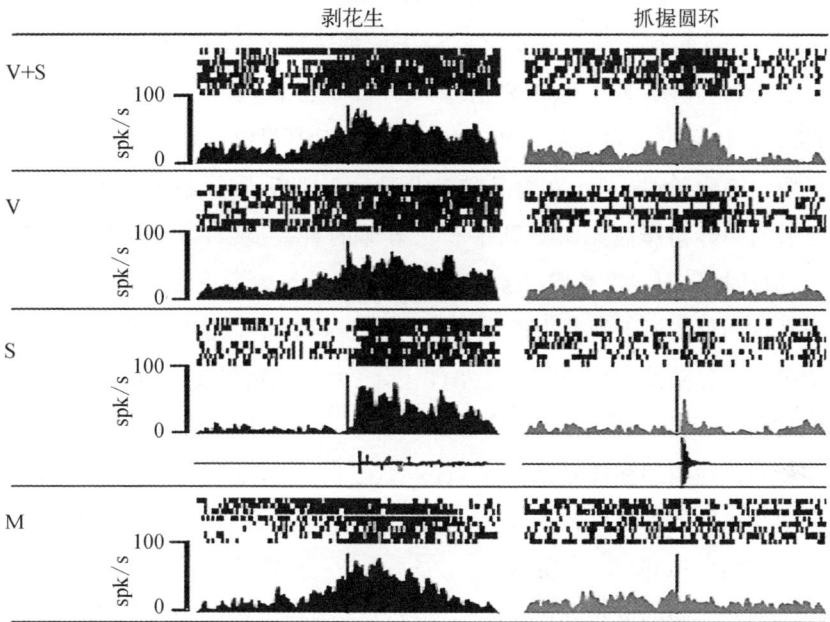

图3-4 两类动作在四种不同情境下激活镜像神经元的放电情况
(转引自 Keysers,Kohler,Umilta,Nanetti,Fogassi,& Gallese,2003,p.638)

由于动作的意义中最为核心的部分是动作的意图(intention),而上述研究虽然很好地说明镜像神经元的活动是由动作的意义启动的,但是依旧没有完全地揭示动作的意图在镜像神经元活动中扮演的角色。在我们的日常生活中经常会发生这样的情况,比如,当我们看到某人做出一个将手伸向茶杯的动作时,我们几乎不假思索地知道他需要喝水来缓解口渴的意图。而且在正常情况下,哪怕我们没能看到他最终拿到茶杯的动作,我们的推理也不会存在障碍。因此,研究者进一步假设:如果镜像神经元真的具备动作理解的功能,那么它的活动就不应该仅仅是在看到动作或者听到动作伴随的声音时产生。只要具有充足的环境信息,哪怕动作并不能完全可视,镜像神经元也应该能够通过完整把握动作的意图而实现对动作的理解。

为了验证上述假设,乌米尔塔等人(Umiltà, Kohler, Gallese, Fogassi, Fadiga, Keysers, & Rizzolatti, 2001)设计了以下实验。该实验首先设置了两个条件:(1) 全视条件(full vision condition);(2) 掩蔽条件(hidden condition)。每种实验条件下又区分出两种情境。"全视"条件:(A)让猴子看到实验者伸手抓取靶对象(target object)(一个正方体)的全过程;(C)让猴子看到实验者伸手的全过程,但是最终并没有靶对象可以抓取。隐藏条件:(B)在物品前面设置一个挡板,猴子只能看到实验者抓取的手部动作而无法看到手和正方体的直接接触;(D)同样设置挡板,但挡板后面并没有靶对象。研究者使用单细胞记录法分别记录豚尾猴在这四种情境下观察由研究者实施的动作时 F5 区镜像神经元的放电情况。实验结果显示,在 A、B 条件下,绝大多数镜像神经元被激活了,但是在 C、D 条件下,这些镜像神经元没有产生反应。超过 50% 的镜像神经元被检测到在掩蔽条件下被激活,它们中又有近 50% 在掩蔽条件和全视条件下的反应没有任何差异,另外的 50% 则显示在全视条件下反应较强烈(如图 3-5 所示)。

按照实验的设置,(A)与(B)的唯一区别在于手和正方体最终接触的部分能否被观察。结果表明,由于有之前的经验以及环境提供的暗示信息,虽然猴子无法观察到手和正方体之间的最终接触,但是其 F5 区的镜像神经元依旧被激活。这说明镜像神经元不仅在观察到动作全过程的时候被激活,而且在观察所执行动作关键部分被掩蔽的情况下依旧被激活。而在(C)与(D)情境下,镜像神经元的激活程度极其相似。这意味着,挡板的设置与否并没有明显地影响镜像神经元的活动。(A)与(C)条件相比,镜像神经元在激活程度上存在显著差异。(A)对应的情境是猴子观察到呈现最终有手和物体的直接接触。而(C)则没有手和物

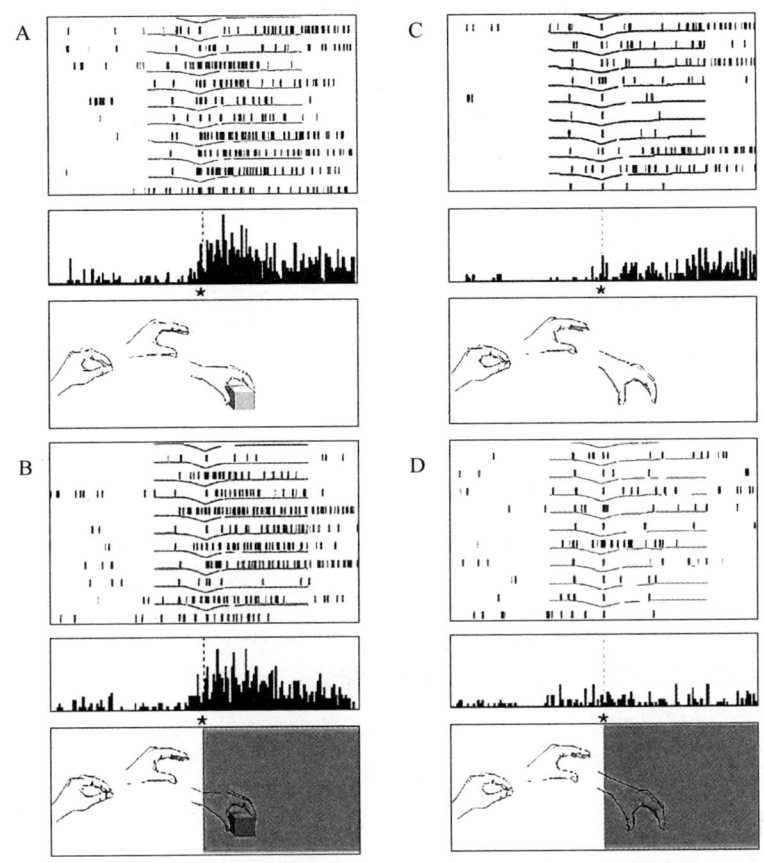

图 3-5 四种实验条件下的镜像神经元的激活情况

(转引自 Umiltà, Kohler, Gallese, Fogassi, Fadiga, Keysers, & Rizzolatti, 2001, p.158)

体的接触。根据之前证实过的镜像神经元能够对不同动作进行识别的功能不难理解镜像神经元具有区分(A)与(C)情境的功能。而(B)与(D)情境相比,这两种条件下猴子看到的内容是一样的。换言之,这二者条件在物理学上呈现的信息是完全一致的。但是实验结果显示,(B)与(D)条件下镜像神经元的激活程度也存在显著差异。由此可以推测,豚尾猴 F 区的镜像神经元能够根据个体经验以及环境提供的信息,在看似相同的情境下对实验者的动作意图产生不同的反应。上述实验进一步证实,镜像神经元具有通过编码动作意图识别并理解动作意义的功能。

上述实验论证了猴脑中的镜像神经元具有动作识别和意图理解的能力。那么，人类镜像神经元在这方面是否也具有同样甚至更为复杂的功能呢？对于人类而言，动作的社会性线索（social clue for action）可以使我们了解别人动作背后的精细意图。而相比之下，豚尾猴等非人灵长类动物在识别这种精细意图方面存在困难。比如，动作执行时所处的社会性背景就是重要线索之一。同样的动作在不同的社会性背景下执行可以产生完全不同的意思，也表达了完全不同的意图。

为此，亚科博尼等人（Iacoboni, Molnar-Szakacs, Gallese, Buccino, Mazziotta, & Rizzolatti, 2005）设计了一个精致的实验来考察动作的社会性线索对人类镜像神经元系统活动的影响。该实验的假设是，观察在不同社会性线索下的相同抓握动作（如处在某个可以暗示这个动作意图的背景下或没有任何背景的情况下）引起的调控抓握的镜像神经元系统的活动是否相同。如果镜像神经元系统编码记录的仅仅是观察到的行为的类型（如那是"抓握"）以及动作直接的目的（他想要"抓握"杯子），那么镜像神经元系统的活动不应该被有无背景情况影响。相反，如果镜像神经元编码记录的是与观察到的行为相关的全部意图，那么在某些可以暗示动作意图的背景的情况下，镜像神经元系统的活动将会发生改变。

实验程序如下。被试观察了三种完全不同的视频，即背景（context）条件、动作（action）条件与意图（intention）条件。每次观察之间的休息是观察空白的屏幕。背景条件是由两幅三维图构成的（包括一个茶壶、一个杯子、一盘饼干、一个罐子，等等）。这些物体的放置是以喝茶前的场景（"准备喝"的背景）以及喝完茶的场景（"准备收拾"的背景）来安排的。动作条件表现的是，在缺少任何物体的背景下，一只手握住一个杯子的动作。手握杯子有两种握法，即精确握（用手指握住杯子的把手）和全手握（用手握住杯子的杯身）。在意图条件中，握杯子的动作（包括精确握和全手握）分别在两个不同的背景条件（"准备喝"和"准备收拾"）中执行。这样，背景就可以暗示动作背后的意图。"准备喝"的场景暗示着手抓住杯子准备喝，而"准备收拾"的场景暗示着手抓住杯子准备收拾。因此，意图条件中包含可以让人理解意图的信息，而在背景条件和动作条件中没有这种信息。此外,在意图条件下,在"准备喝"与"准备收拾"的情境中执行相同次数的精确握和全手握(如图3-6所示)。研究者使用fMRI技术对正常人类被试观察上述剪辑时的大脑活动进行扫描。

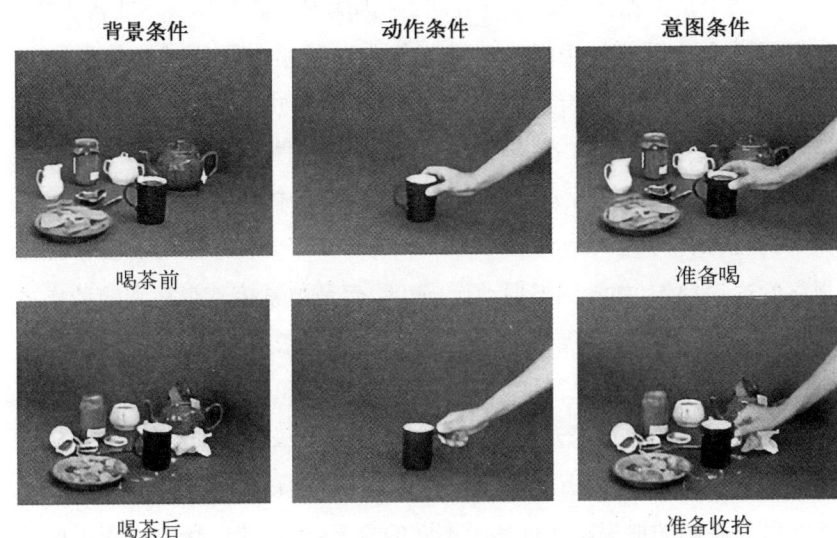

图3-6 在背景、动作与意图条件下剪辑的图片

(转引自 Iacoboni, Molnar-Szakacs, Gallese, Buccino, Mazziotta, & Rizzolatti, 2005, p.529)

实验结果发现:(1)相对于静息状态,在动作条件、背景条件和意图条件下,神经元活动的明显增加主要发生在枕部、后颞部、顶部、额部等,尤其是前运动皮层的活动最强烈。而这些区域正是人类镜像神经元系统的核心部分。(2)相对于静息状态,在观察意图图和动作图的情况下,信号的增加主要发生在负责抓握的顶-额皮层回路(parieto-frontal cortical circuit)。之前的研究已经证明这个回路在观察、模仿和执行手部动作时会被激活。同时,该回路也属于镜像神经元系统。(3)相对于缺少背景或者只观察背景的情况,额下皮层(inferior frontal cortex)在观察有背景的抓握动作时产生更强烈的活动。这个发现证明,镜像神经元系统不仅仅提供了动作识别的机制,同样也是神经系统编码记录别人意图的组成部分。(4)两种意图和两种背景下引发的额皮层区域激活程度不一致。在意图条件下,"准备喝"产生的皮层反应要比"准备收拾"强烈得多。与此形成对比的是,在背景条件下,"准备喝"与"准备收拾"产生的皮层反应没有显著差异。这个结果表明,在编码记录他人意图时,有一类位于下额皮层的神经元被激活,而这个激活不能归结于是由抓握的动作所激起的(因为在"准备喝"和"准备收拾"的意图组中动作都是相同的),也不能归结于是由周围的物体所引起的。(5) 大多数镜像神经元都具有"视觉和运动的一致性"的特征。不过,这无法解释在观察"准备喝"和"准备收拾"两种不同意图条件下额下皮层表现出的不同反应。因此,在额下皮层中可能存在另一类逻辑相关的镜像神经元(logically related mirror neurons)。它们不会被正在观察的这一动作(如看到抓握动作)激活,而是被紧接着观察到的动作之后发生的动作(如放到嘴边)激活。(6) 虽然在意图条件下,"准备喝"和"准备收拾"情境中都执行了相同次数的精确握和全手握,但是"准备喝"的情境引发的镜像神经元系统的反应要显著强烈于"准备收拾"的情境。因此,对于在观察两种意图条件时产生了不同的镜像神经元系统反应不能解释为不同的抓握动作传递了不同的含义,更不能解释成因为抓握动作和背景类型共同影响的兼容效应(compatibility effect)(比如在某一背景下的全手握才表明准备收拾)(Iacoboni, Molnar-Szakacs, Gallese, Buccino, Mazziotta, & Rizzolatti, 2005)。

二、动作理解的具身模拟论

基于这些研究,加莱塞(Gallese, 2005)提出一个将镜像神经元及其系统与现象学相结合来解释动作理解的理论框架,即具身模拟论(embodied simulation theory, EST)[1]。该理论认为,在人类以及那些非人灵长类的大脑中均已形成一套基本的功能性机制,它赋予我们经验性地洞察他人动作的能力。这意味着,"对于他人的'体验式理解'

---

[1] 需要注意的是,具身模拟论中的模仿并不仅仅局限于动作方面,而是涉及对感觉、情绪与情感的模仿(Gallese, 2005, 2009c)。但即便如此,我们认为动作模仿依旧处于具身模拟论的核心位置(陈巍,等, 2008, 2010)。为了区分二者,可以将仅涉及动作模仿的称为"狭义的具身模拟论"(special embodied simulation theory, SEST),而涉及其他心理活动模仿的称为"广义的具身模拟论"(generalized embodied simulation theory, GEST)。

(experiential understanding)的直接形式往往是通过对他们的行为进行建模，使其作为一种意图体验，从而在他们所做所感与我们的所做所感之间形成一种等价关系"（Gallese，2014，p.7）。镜像神经元的研究证据表明，动作的识别理解可以直接发生在神经层面。尽管这一层面是内隐的，但是当这些生物体在面对他人的有意图的动作时，它会产生一种特殊的意图共鸣（intentional attunement）的现象状态。这种现象状态通过将他人的意图转化为观察者的意图，从而使得个体具有熟悉他人动作的特有能力。

具身模拟的产生具有何种意义？加莱塞认为，该机制在个体与种系发生学上具有重要的进化意义，可以确保灵长类动物更为有效地适应外界环境，从而大大节省了大脑在沟通自我与他人上的进化资源。"具身模拟论认同并强调对心智模拟的核心概念进行再利用（reuse），并假设镜像神经元主要执行心智模拟，因为用于一个目的的大脑和认知资源通常会为了另一个目的而得到再利用。例如，顶-额镜像皮层网络（parieto-premotor cortical networks）一般服务于表征和完成一个单一的运动目标（诸如抓握某物）或者一个层次性的运动目标（诸如抓握起某物放到嘴里或将其放置到一个特殊的位置上），也有可能服务于将某个运动目标或运动意图归因于他人。这样同样适用于情绪和感觉。在前脑岛（AI）内部，相同的神经集群是恶心的主观体验的典型神经基础，但它们在将恶心体验归因于他人时也同样被激活。"（Gallese & Sinigaglia，2011，p.514）

具体而言，具身是指：首先，我们的身体是现象学意义的身体（Leib），它是我们可以"离线地"（off-line）承载经验的场所。胡塞尔认为，我们并不是借助其可见性（visibility）而看到每一样东西，我们同时也将其视为一个触觉对象，就像某些直接与我们活动的身体相联系的东西那样。"我的身体作为一种内在状态、一种意志的结构、一种感受维度而被给予我，但它也作为一种视觉和触觉上显现出的外部状态而被给予。活生生的身体之内在性（inwardness）与身体之外在性（externality）之间有何关联？在触碰某人自己的身体与碰触其他东西——无论那是一个无生命的事物还是另一个人的身体——之间具有的重大区别恰恰在于，它暗示出一种'双重感觉'(double-sensation)。它呈现给我们的是一种两可的假设,手起到了两种作用——触碰或者被触碰。"(转引自扎哈维,2008,p.199)在乌米尔塔等人(Umiltà, Kohler, Gallese, Fogassi, Fadiga, Keysers, & Rizzolatti, 2001)的实验中,掩蔽条件下执行的动作依旧能够激活镜像神经元,这很好地印证了胡塞尔的上述观点。加莱塞形象地将这种动作理解的现象学特征称为"'视线之外'(out of sight)并不意味着'心灵之外'(out of mind)"(Gallese,2005,p.33),因为我们的身体不是依据可见性来理解动作的执行,而是通过将动作视为一个被"触摸的"(touched)对象来加以知觉。在这种情况下,动作执行中的"空缺"可以被有效地填补。其次,我们在动作识别与理论过程中使用了一个大脑-身体系统(brain-body system)(Gallese,2007a)或大脑中预先存在的身体模型(pre-existing body model)(Gallese,2011)。这种身体模型类似于梅洛-庞蒂的身体图式(Gallese,2005)或胡塞尔的躯体(Körper)(Gallese,2009a)。这里特指所有显示出镜像机制(mirror mechanisms)的大脑区域。它们建模了我们与世界的交往。这种交往模型也是梅洛-庞蒂意义上的"实践知"(praktognosia)①。该模型不仅与由我们自己的动作引导的任务高度相关,而且也与我们解释、编码和理解他人的动作密不可分。模仿是指,我们使用了一个同型的表征形式(isomorphic representational format)。我们将他人的动作映射到我们自己的运动表征(motor representation)之上。这里的"表征"不同于传统认知科学的标准定义,运动表征是一类由我们与世界互动产生的内容,它是前理论(pre-theoretical)的、前语言的(pre-linguistic)(Gallese,2011)。上述现象学的洞见在视触觉的镜像机制(visuotactile mirroring mechanism)研究中得到初步验证。埃比施等人(Ebisch, Perrucci, Ferretti, Del Gratta, Romani, & Gallese, 2008)在一项fMRI研究中邀请被试直接体验触觉或观看其他个体对非生命的或有生命的触觉体验的视频。实验者用隐藏

---

① 所谓"实践知",是指我们的身体的运动体验不是认识的一个特例,它向我们提供进入世界和进入物体的方式(梅洛-庞蒂,2005)。

的风扇来吹拂棕榈树叶触碰被试手臂产生非生命的触觉体验，让他人的手触摸被试手臂产生有生命的触觉体验。研究发现，直接的触觉体验与观察他人的触觉体验激活了双侧次级躯体感觉运动皮层（SII）、左侧顶下小叶等皮层，但左侧初级躯体感觉皮层（SI）的激活程度在对生命的触觉体验条件下显著高于对非生命的触觉体验。

按照具身模拟论的解释，如果当一个特定的行为被计划好，那么运动的后果就是可以预测的。这意味着我们在计划执行一个给定的行为时同样可以预测其结果。因此，逻辑相关的镜像神经元之活动依据的规律是，对于社会情境中表现的或者看到的习惯动作而言，对何种动作最常出现在其他动作之后的统计能够限制推理和预测的优先路径（preferential paths）(Gallese, 2007b)。换言之，我们可以假设，这些预测是通过不同镜像神经元对运动动作和特定环境下紧随其后的动作进行编码并连成序列而完成的。比如，"拿起杯子"这一动作之后最有可能紧接的动作是"喝水"。

基尔纳等人（Kilner, Friston, & Frith, 2007a, 2007b）认为，有两个模型可以描述逻辑相关的镜像神经元的工作模式：（1）前馈识别模型（feedforward recognition model）。在前馈识别模型中，视觉信息顺向地通过镜像神经元系统以及颞上沟之间的联结，从比较低级的动作呈递区域传送到高级的意图呈递区域。在这种策略中，观察到动作的视觉信号首先激活颞上沟神经元，然后这些被激活的神经元进一步激活顶叶区镜像神经元，最后这些顶叶区镜像神经元引起额叶区镜像神经元放电信号的增强。与前馈识别模型相反的是发生模型（generative model）。它首先从额叶区呈递感觉，这种感觉通过记录某一动作的运动学（kinematic）特点来呈递目的和意图层面。（2）预测编码模型（predictive coding model）。该模型是在理解或者推测他人动作意图时被激活的途径。它主要通过在各级皮层中广泛重复的交互处理作用减少推测错误。在这个模型中，每一层的神经元都需要通过发生模型来处理来自前一层神经元的信号，并产生对它的意图推测。这个意图推测通过与前一层神经元的逆向联结（backward connections）并回传给前一层，在比较了前一层新的动作呈递和原本的意图推测后，如果新的动作和旧的意图推测不一致，那么将会产生推测错误(prediction error)上传给产生意图推测的那一层,并让其改变原本的推测。改变好的推测又回传给下一层,与新的动作呈递进行比较。这样往返检测直到把推测错误最小化(如图3-7所示)。

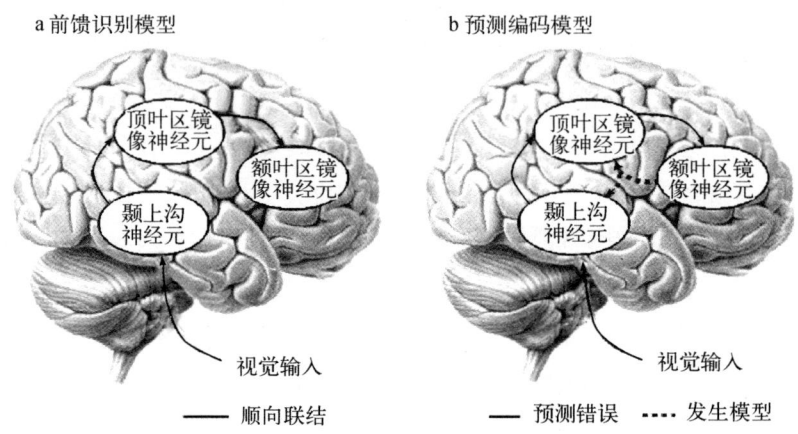

图3-7 具身模拟的前馈识别模型与预测编码模型
(转引自 Kinler, Friston, & Frith, 2007a, p.620)

加莱塞(Gallese, 2009)进而推论,从胡塞尔所谓的"生活世界"(Lebenswelt)中发生、发展而来的"活生生的经验"是这种预测编码模型具有一定精确性的前提。因此,归因意图往往存在于预测即将出现的新的目的。根据这一观点,动作预测和意图归因就与现象有关,并由相同的功能机制巩固。在此基础上,在亚个人(sub-personal)层面上被执行和被感知的事物之间共享的神经元映射启动了这两种认知事件的等价(equivalence)过程,并使得这些信息同样被用于预测他人行为的结果。这种由镜像神经元激活巩固的等价确保了对自我的行为和他人的行为的预测都成为模仿的过程。综上所述,支持自我建模的功能逻辑同样用来为他人动作建模:感知一个动作等价于在内部模仿该动作。这使得观察者能够使用他人的资源,通过对运动模仿的直接的、自动化的(automatically)、前反思的加工方式来理解和识别他人动作(Gallese, 2005)。最终,具身模拟实现了梅洛-庞蒂所说的:"动作的沟通或理解是通过我的意向和他人的动作、我的动作和在他人行为中显现的意向的相关关系实现的。所发生的一切像是他人的意向寓于我的身体中,或我的意向寓于他人的身体中。"(梅洛-庞蒂,2005,p.241)

第三节 共情与共享的多重交互主体性

> 旁观者不会在自己内心最熟知的体验那里去寻觅他目睹的动作的意义,当面临一个愤怒或带有威胁的动作时,为了理解它,我们不需要回忆当自己做出这种动作时体验到的感受……更重要的是,我从未将愤怒或一种带有威胁的态度视为隐蔽在动作背后的心理事实,我从动作中直接读出了愤怒。动作并没有让我想到愤怒,动作就是愤怒本身。
>
> ——梅洛-庞蒂(Merleau-Ponty,1962/1945,p.245)

在社会交流中,理解他人的情绪与情感非常重要。人类具有可以与他人的思想产生共鸣的能力,也可以身临其境地体验他人体验到的情感,甚至将类似的动作也表达出来(即所谓的"感同身受")。对此,现象学家洛马尔(Dieter Lohmar)举了一个鲜活的例子:"(以影片《侏罗纪公园》为例)……当主角受伤后躺在吉普车的货斗内,而一条巨大的霸王龙正在追赶着这辆吉普车时的场景。在整个追逐过程中,这条巨大的霸王龙一遍遍地试图寻找主角的腿,突然它猛咬住了主角的腿。整个场景显得十分紧张刺激,但是观众的反应可能更紧张,每当这头巨兽一下子咬到主角的腿时,观众都会下意识地将自己的腿往回缩。这表明,观众的举动似乎感觉威胁是针对他们的双腿,因此使他们相应地'开始产生行为'。"(洛马尔,2007,p.87)

这种现象在心理学上被称为"共情"(empathy)[①]。"共情"这个术语最初是由心理学家铁钦纳(Titchener,1909)从德文单词"Einfühlung"翻

---

① 也译为"同感"(倪梁康,2007;陈文凯,2010)或"同理"(李世易,2007)。

译而来的。一般认为共情最早是由里普斯（Lipps，1903）引入到美学经验的心理学概念，以诠释艺术品与观察者之间的关系：观察者会将自己投射到沉思的对象之上。随后，里普斯将共情的内涵拓展至交互主体性范畴内，并将共情描述为对他人行为的内部模仿（inner imitation）（转引自 Montag，Gallinat，& Heinz，2008）。比如，当我们看到一个杂技演员走在悬空的钢丝上，虽然事实上我们是坐在椅子上的，但我们会跟着他的动作在内心模仿。我们会产生如同杂技演员在上面一样，而不是坐在椅子上的那种视觉与动作印象，就好像我们在钢丝上表演，而不是在观看，直到我们移动自己酸麻的脚时才觉知到自己不是那个演员。从词源上的分析进一步论证了共情的特征。"Einfüh"本意是指一类由触觉或类似触感产生的感觉（sense），并不仅仅指涉情绪性的感觉。而"in"既可指位置上的内在，也可以是"指向"上的内在，或兼指二者。因此，"Einfühlung"既可以指发生在自己的里面，也可以进入到他人内部。这意味着产生"Einfühlung"时，个体可以与自己的主体性同在，也可以沉浸并接纳他人的经验。除非这个经验延续到最后阶段，否则我们无法阐明正在进行的究竟是哪一种内在知觉（李世易，2007）。因此，共情具有如下特征：（1）自我与他人之间共享的身体空间是共情产生的必要前提。（2）共情是一种包含动作或行为的感觉、情绪与感受在内的复杂心理活动。（3）共情发生在自我与他人的交互活动之中。模仿是产生共情的重要途径，二者之间存在密切联系。伴随神经科学的发展与镜像神经元的发现，有学者开始尝试在结合现象学与神经科学的基础上对共情进行深入探索。

　　几乎与镜像神经元的发现处于同一时期的研究证明，在人类大脑中存在一种与疼痛有关的神经元，它使得人类的共情体验会出现镜像现象（mirror phenomenon）。哈奇森等人（Hutchison，Davis，Lozano，Tasker，& Dostrovxky，1999）研究了这种位于人类扣带皮层中与疼痛有关的神经元。他们以接受过扣带束切除术（cingulotomy）的患者为研究对象发现，这种神经元不仅对作用于患者有害的机械刺激（比如针刺手指）产生反应，也会对患者观察作用于实验者的相同刺激产生反应。换言之，直接作用的疼痛刺激与观察疼痛刺激同时激活了相同神经元的相同反应。这说明,在观察过程中,这种与疼痛有关的神经元具有对疼痛经验的模仿功能。考尔德等人(Calder, Keane, Cole, Campbell, & Young, 2000)对一名亨廷顿病(Huntington's Disease)患者 NK 的研究发现,由于其脑岛、核壳(putamen)等皮层下结构遭受到损伤,导致他识别不同形态的厌恶(比如面部信号、非言语的情绪声音与情绪韵律等)的能力出现障碍。比如,NK 无法识别特定的表示恶心情绪的声音(如嘲笑)。但是,他对其他情绪表情的识别(如恐惧等)却是正常的。这种障碍不仅出现在患者识别他人的厌恶上,而且出现在患者本人主观体验厌恶以及对厌恶产生适宜的反应上。这个临床案例进一步说明,个体如果失去一种体验和表达情绪的能力,那么他也就无法轻易地表征和识别他人具有的相似情绪。

一、镜像神经元系统与共情的关系

基于镜像神经元在识别与理解他人动作上扮演的重要角色,研究者自然而然地开始假设:如果由动作执行者所发出的感觉信息直接投射到观察者产生动作的生物性构造之上使得观察者产生了具身模拟,那么这些感觉信息是否会进一步使观察者产生相同的情绪体验呢?换言之,镜像神经元是否起到了连接动作模仿与情绪共鸣的桥梁作用?这种假设的思路不仅严格遵循了共情的定义,而且能够为传统的心理学与现象学对共情的分析提供经验上的支持。

威克等人(Wicker, Keysers, Plailly, Royet, Gallese, & Rizzolatti, 2003)的研究考察了第一人称视角和第三人称视角对特定情绪的体验是否被一个共享的神经表征所映射。研究者通过让正常被试吸入令人恶心的气味产生情绪体验,以及观察视频剪辑中他人通过面部表情动态地表现出吸入恶心气味时产生相同的情绪体验,同时使用 fMRI 技术对被试在经验恶心现象时的大脑活动进行扫描。实验结果显示,看到他人恶心表情和自己对于恶心的主观体验都激活了左侧前脑岛(left anterior insula)中相同的位置。根据之前研究的结论,前脑岛接收来自嗅觉、味觉结构以及颞上沟腹侧前部等区域的联合信息,并且当猴子看到脸部时该区域的神经元会作出反应(Bruce, Desimone, & Gross, 1981; Perrett, Rolls, & Caan, 1982)。潘菲尔德和福尔克(Penfield & Faulk, 1955)在手术中用电刺激人类前脑岛会让病人产生恶心的感觉。克鲁拉克-萨尔蒙等人(Krolak-Salmon, Henaff, Isnard, Tallon-Baudry, Guenot, Vighetto, Bertrand, & Mauguiere, 2003)通过使用更短、更弱的刺激诱发被试喉部和嘴部的不愉快情绪,结果也验证前部的内脏-运动脑岛(anterior viscero-motor insula)和恶心经验之间存在联系。这些研究均证明了前脑岛不仅将嗅、味、视觉刺激与内脏感觉联系起来,而且还与内脏运动反应(viscero-motor responses)有关。因此,威克等人的研究说明,当我们看到他人面部表情时,这一知觉引导我们体验一种特殊的情感状态。

那么,除厌恶之外的其他情绪状态是否也存在类似的现象呢?辛格等人(Singer, Seymour, O'Doherty, Kaube, Dolan, & Frith, 2004)对疼痛的共情体验进行了研究。实验要求女性被试躺在fMRI仪器中,她的丈夫、未婚夫或男朋友坐在仪器边的椅子上,两个人手上都安装了会产生电击的导线。同时,在她们面前的电脑屏幕上会随机出现不同颜色的电击,让她们知道接下去谁要被电击了(男性或女性)并告知她们电击的强度。实验结果发现,当被试自己被电击时,她大脑中的躯体感觉皮层(somatosensory cortex)被激活了,同时大脑中处理疼痛情绪的区域也被激活了(双侧前脑岛与扣带前回)。当躺在fMRI仪器中的女性知道她们的配偶或男友要被电击时,其大脑中只有与疼痛情绪相关的脑区(双侧前脑岛与扣带前回)被激活,而躯体感觉皮层并没有产生反应。本实验的关键之处在于:因为被试躺在仪器内部,所以她们并没有看到其配偶或男友被电击,既没有看到他们痛苦的表情,也没有听见其痛苦的叫声。她们知觉到的纯粹是一个抽象的信息(带有颜色的箭头出现在屏幕上)而已。然而,即便如此,被试还是能具身化地模仿出他人所感受到的疼痛的情绪体验。

然而,传统负责情绪的脑区主要位于边缘系统(limbic system)。主要包括嗅球(olfactory bulb)、脑岛、海马、扣带回与杏仁核(amygdala)(卡拉特,2011)。这些区域有别于人类镜像神经元系统的核心部分。① 因此,研究者需要进一步回答:在共情产生时,镜像神经元系统与脑岛、边缘系统之间的关系究竟如何？卡尔等人(Carr, Iacoboni, Dubeau, Mazziotta, & Lenzi, 2003)通过让被试观察或模仿害怕、悲伤、愤怒、快乐、惊讶和厌恶等面部表情,同时使用 fMRI 技术扫描其大脑活动。实验的假设是:如果镜像神经元系统是通过脑岛与负责情绪的边缘系统相联结,那么当被试观察面部表情的图片时,这三个区域应该都被激活。同时,如果镜像神经元系统在输出信号,那么当被试模仿图片上的表情时,其大脑活动程度的增强就不应局限于镜像神经元系统,也应该出现在脑岛与边缘系统上。实验结果发现:(1)脑岛将颞上沟与作为动作表征的关键区域的额下皮层与边缘系统联系起来。(2)模仿和观察情绪都激活了一个大型的、相似的大脑网络。这个网络由于镜像神经元系统、边缘系统以及连接这两个神经系统的脑岛组成。在这个网络内部,镜像神经元系统通过模仿观察到的他人面部表情,从而进一步引起边缘系统的活动,最终观察者产生被观察者的情绪体验。此外,对情绪的模仿过程较之对情绪的观察过程激活了包括额下皮层在内的前运动皮层,以及颞上沟、脑岛和杏仁核。上述结论证实了实验的假设:在观察和模仿面部表情时镜像神经元系统、脑岛和边缘系统会产生反应,而且模仿过程中镜像神经元系统活动信号的增强也应该传输到脑岛和边缘系统中。

因此,我们理解他人感受到的情绪是借助一个动作表征的机制,这个机制确保了我们能产生共情并调节我们的情绪内容(Iacoboni, 2009b)。加莱塞(Gallese, 2007)认为,通过具身模拟机制产生的共享身体状态使得他人的情绪被构成,而观察者和被观察者神经机制的激活使得理解情绪的直接体验成为可能。虽然这种理解情绪的镜像机制不可能解释所有人类的情感共鸣现象,但这至少第一次证明人类大脑中的确

---

① 该研究在时间上早于穆卡梅尔等人(Mukamel, Ekstrom, Kaplan, Iacoboni, & Fried, 2010)的研究。即便不考虑时间问题,穆卡梅尔等人在边缘系统发现镜像神经元的结论仍然存在争议,还有待进一步的佐证。

存在一个产生某些情感共鸣的神经基础。

二、共情的共享多重交互主体性

有关共情的镜像神经机制的研究促使加莱塞认识到该领域与现象学之间的密切联系。加莱塞(Gallese,2003)指出,早在《笛卡尔的沉思》一书中,胡塞尔就将共情设想成一种借助类比(analogy)而产生的知觉的意向形式,而且共情是通过一种因其他个体出现而被给予的世界的共享经验(shared experience)出现的。按照胡塞尔的理解,身体是一个我们能够实现与他人共享经验的原初工具。我们从未将其他的自主体(agent)的身体仅仅视为一种物质对象,而是某种活的(alive)对象,就像我们经验到的自己活动的身体。这使得其他自主体的行为变得可内隐地理解。

在此基础上,加莱塞认为现象学家施泰因①(Stein,1964)和梅洛-庞蒂(Merleau-Ponty,1962)在分析活生生的身体与共情之间的关系上的贡献不容忽视。施泰因首先澄清了共情的概念,并认为共情并不局限于他人的感觉或情绪,而是存在更基本的内涵:我们通过一种相似性的体验将他人经验成自己的另一个存在。这种相似性的重要成分存在于我们对行为的共同经验上。正如施泰因(Stein,1964)指出的,如果我们的手的尺寸以固定的尺码而被给定,就像某种预先决定(predetermined)的东西那样,那么我们就很难共情与这些预先决定的物理规格不相匹配的其他类型的手。然而,我们可以精确地认出孩子的手和猴子的手,尽管二者在视觉上存在显著差异。此外,我们甚至可以在无法利用所有视觉细节的情况下(比如从我们的视野中撤走)依旧能认识这是手(转引自李世易,2007)。这种共情不同于情绪共情(emotional empathy),而属于认知共情(cognitive empathy)(崔芳,等,2008)。更为重要的是,在正常情况下,情绪共情与认知共情之间存在不可分割的联系。已有研究显示,即

---

① 艾迪斯·施泰因(Edith Stein,1891—1942),德国哲学家、现象学家,胡塞尔的早期弟子,她在胡塞尔的指导下完成博士论文《论共情问题》(*On the Problem of Empathy*, *Zum Problem der Einfühlung*)(1916)。

便我们看到的仅仅是由移动的点光源演示的人类行为,我们依旧不仅能够认出这个是一个行走中的人,而且能够区分出它是我们自己或是我们正在观看的某人,甚至还能区分出这个行走中的人的性别及其处于愉悦、沮丧或悲哀的情绪状态(Kozlowski & Cutting, 1977; Dittrich, Troscianko, Lea, & Morgan, 1996)。虽然在正常条件下,我们走路时从未审视自己,但是我们可以借助一种机制来很好地解释这一现象:观察移动的刺激激活了观察者自身行走的运动图式(motor schema),而不是仅仅借助一种纯粹的视觉过程。这意味着我们对世界意义的把握并不是单一地依靠被动的视觉记录,而是受到与动作相关的感觉运动过程的深刻影响。这种影响进而产生了对观察者动作所显露的情绪的理解和共鸣(Gallese, 2003)。

在交互主体性水平上,我们的躯体(Körper)首先奠定了共情产生的可能性。由于躯体必须通过外在的感知(outer perception)给予我们(Stein, 1997, 转引自李世易, 2007),因此,共情是在我的本己躯体与一个外部被感知到的躯体之间的感知的相似性。这种相似性不是一种在两个外部空间形式之间的相似性,而是一个在两种运动之间直接可感觉到的对应性:(1)动感地被感知到的外部躯体的运动和位置。(2)在外界被感知到的外部躯体的运动和位置。这种相似性会引发起一种统摄性的转渡,在此之中,外部躯体在一种与本己躯体的类比中被统握为一个感觉者的和感知者的躯体(倪梁康, 2007a)。其次,由躯体与意识联结在一起而形成的身体(Leib)确保了共情产生的有效性。正如加莱塞(Gallese, 2010)所言:"使得其他自主体变得可理解的原因在于身体没有仅仅被经验为一种物质性的客体(躯体),而是被视为活生生的身体,当前的神经科学研究显示'躯体'(大脑-身体系统)可以阐明身体(活生生的身体经验),而身体是躯体的鲜活表达。"(Gallese, 2010, p.83)身体不是仅仅依靠外在的感知而给予我们的。比如,我们闭上双眼,在没有跟其他躯体部位有所接触的情况下伸开四肢,我们不会产生任何与躯体之间的分离感。身体的这种特征在我们经验他人情绪时依然发挥着作用。在上述辛格的实验中,即使被试没看到其配偶的躯体受到电击,而只是看到抽象的符号,他们仍然能够产生共情。结合这两个方面,观察者与被观察者构成了一个由可逆性规则支配的动力系统,而我们对于他人活生生的身体的感知能力依赖于一个共享的、有意义的人际空间的形成。加莱塞(Gallese,2001,2003,2005)将这样一个由观察者与被观察者(或自我与他人)组成的、产生交互作用的动力系统或形成的人际空间称为"共享的多重"(shared manifold)。该假说的意义首先在于它区分了作为共情充要条件的两种同一性:(1)个体同一性(i-identity)。主要指我们将同一性经验为个体的生物体(individual organisms)而不是一个非生命的客体(nonliving objects),借此使得自我变得独一无二。(2)自我与他人同一性(s-identity)。主要指我们在其他个体之中经验到的同一性,借此使得自我在一个由他人组成的更大的团体之中被赋予同一性(Gallese,2009a)。

在此基础上,该假说指出,当我们观察到其他活动的个体的时候,面对的是他们的一整套表达能力(他们的行为方式以及他们表露出来的情绪和感受),在此之中一个有意义的具身交互个体性联系(embodied interindividual link)被自动化地建立起来。在灵长类大脑中发现的镜像神经元证明这些表达行为被执行和观察时激活了相同的神经基质。因此,在我们能够共享他人感受与情绪的能力之下或许也蕴藏着类似的神经机制。加莱塞认为,不同的镜像的匹配机制(mirror matching mechanism)在我们特有的关于自身的多通道经验知识和了解他人之间起着协调作用。这种与身体相联系的经验知识(experiential knowledge)使得我们能够直接理解他人动作的意义,并体验他们经历的感觉(如疼痛)、情绪和情感。但是,我们需要一种现象学上的概念工具以更好地描绘和阐述这种功能层面及亚个人层面上经验的共享,这种工具便是共享的多重交互主体性(shared manifold of intersubjectivity)(Gallese,2003)。加莱塞(Gallese,2009a)假设,正是借助这种共享的多重,我们可以将其他人类视为与自己一样,从而实现自我与他人的同一性(s-identity)。

共享的多重可以在三个不同层面上加以操作化:(1)现象学层面(phenomenological level)。现象学层面是产生了相似感,即作为一个像我们一样的更大的社会团体之中的个体的感觉。无论任何时候,当我们面对其他人类个体时我们都会体验到这种感觉。这种感觉必须在共情层面上加以界定。在这里，共情的概念得到进一步扩大，因为我们与他人共享动作、情绪和感觉。因此，他人经验到的这些心理与行为对我们而言开始内隐地变得有意义。胡塞尔(2002)称这个过程为陌生经验(Fremderfahrung)的共现(Appräsentation)。(2)功能层面(functional level)。功能层面是指交互作用的好像模式(as if modes)创立起自我-他人模式。相同的功能逻辑在自我控制与经验他人行为上发挥着作用。这种交互作用模式将他们的参照对象映射到相同的关系性的功能节点上。所有的交互作用模式共享了一个有关系的特征。在功能层面上描绘共享的多重，即由于操作的相关逻辑产生了自我与他人的同一性，使得个体能够探测独立于他们所处的资源的连贯性、规则性和可预测性。功能层面就是上述提到的具身模拟(Gallese,2007)。(3)亚个人层面(subpersonal level)。亚个人层面是一系列镜像匹配神经回路活动的实例化。这些神经回路的活动依次与身体状态内部的多层次改变紧密耦合在一起。镜像神经元证实在大脑内部存在一个超通道的意向共享空间(supramodal intentional shared space)①。具体而言，在产生超通道的情绪与感觉共享空间上可能存在类似的神经网络在发挥作用(Gallese,2001)。共享的空间允许我们去鉴别、体验，并且内隐地、前反思地理解别人体验到的情绪和感觉。这印证了现象学对共情产生方式的思考："(在我的本己躯体与外部被感知到的躯体之间的)这种统摄性的转渡不是一种推理性的思维行为或逻辑推断，而是一种只需看一眼便可以发生的活动，无须追忆和对照，我们将那些在我们以往经验中已经为相似的客体所获得的意义转渡到这些我们普通感知的客体之上。"(倪梁康，2007,p.114)

---

① 事实上，这种超通道的情绪与感觉共享空间是对共情现象的感知动作模型(perception-action model,PAM)(Preston & De Waal,2002)的推进。感知动作模型认为，当个体知觉到他人的动作或情绪时就会激活其大脑中表征相应动作或情绪的区域，从而令个体产生同形的表征(转引自孟景，等,2010)。基于镜像神经元系统的共享多重交互主体性进一步澄清了我们在大脑中表征动作和情绪的神经回路存在重合，这种超通道的构成使得我们在理解他人动作与情绪时会激活相似的神经回路，从而产生了感同身受的情绪体验。

第四节　语言理解与进化

> 语言和一切普通的技艺都大不相同,因为人类有一种说话的本能倾向,幼儿的咿呀学语就是这样;同时却没有一个幼儿有酿酒、烤面包或书写的本能倾向。
>
> ——达尔文(Darwin,2004/1871,p.45)

"在从最智能的非人灵长目动物到以语言为交流的人类这个进化过程中,交流和大脑复杂性取得了质的飞跃。作为独一无二的人类,口语和符号语言标志着猴脑到人类大脑的剧烈转变。"(葛詹尼加,等,2010,p.335)语言活动可以被视为认知活动中最复杂性的现象之一。在乔姆斯基等传统语言学家看来,语言是一种以抽象符号为基础的计算系统,并以语法(规则)操作这些符号,这些符号与语言代表的意义之间很少或几乎没有关联(转引自杰伊,2004)。例如,英文的"dog"、法文的"Chien"、中文的"狗"所指的都是"狗"的意思,但是这些单词听起来并没有它代表的意思,只是不同语言里代表"狗"的声音,是一种抽象的符号。然而,传统语言学遗留下一系列难以应对的问题:如果语言是一种基于符号与逻辑的计算过程,那么构成语言的规则究竟是什么?这些规则又会牵扯到哪些认知活动(比如,除了说或写之外,手势为什么也能作为语言的表达形式)?这些规则从何而来?经验又在这些规则的形成中扮演怎样的角色?最为重要的是,虽然长达几个世纪以来,一些脑区一直被认为是与语言有关的核心区域,但这些来自神经病理学的松散线索无法进一步揭示,在语言发生的过程中我们的大脑究竟发生着怎样的变化。当然,这些零碎的神经科学证据也就更谈不上反哺语言的认知理论了。

一、具身化的语言理解

人们如何进行语言理解是古老而又经久不衰的话题。20世纪中期以前，在第一代认知科学计算机隐喻观的理念下，知识表征的主流思想是命题符号(propositional symbol)理论。例如"car"这一记号就表示轿车的认知。模态意味着符号或记号"car"与轿车这一实体认知之间存在任意系统的形态学的关系，也就是，符号与轿车整合的多模态的知觉体验之间没有联系。然而，虽然言语(speech)①中（至少在现代言语中）字词的含义与发音动作(phono-articulatory actions)必须发出这样的音之间并不存在关联的问题，但是我们却能听懂别人言语表达的意义。这意味着我们对语言的理解并不依赖于发音本身，不同语言发音对应的意义之间具有某种不变性(invariance)。为了解释这种现象，语言心理学家利伯曼和马丁利(Liberman & Mattingly, 1985)提出言语知觉的运动理论(motor theory of speech perception)。该理论认为，倾听者在听觉域内无法解决不变性，但可以在运动域中解决这种不变性。在语言理解的过程中，声音模式(acoustic patterns)可以不同，但产生这种声音模式的发音姿势是一样的。因此，语言理解中的知觉问题可以借助其产生系统的构造和特征得到解决。简言之，一个倾听者是借助他自己成为说话者时采用的发音姿势来理解说话者的语言。言语知觉的对象是发音事件。根据这个理论，倾听者将神经运动的指令(neuromotor commands)发送到发音器（比如舌头、嘴唇和声带），从而提供了语言理解中必需的不变性。这样一来，不仅语言与发音动作之间的自然联结现象得到解释，而且还为语言所表达的意义如何在发音动作中保持可理解性提供了一个合理的假说。

此外，来自常识的经验显示，语言与运动系统(motor system)之间复杂的联结和交互作用不仅局限在发音动作之上，姿势性动作同样与语言之间存在密切联系："我看到我的女儿与她的朋友打电话时，她的手臂和手都在舞动，这个自发性动作往往伴随着我们的说话过程，我们称之为'手势'(gesture)。"(Iacoboni, 2009c)事实上，即便在明知对方完全看不到的情况下（比如对方是盲人），我们在进行言语表达时依旧会不由自

---

① 言语是语言的口头表述形式与产物。语言可以以更抽象的、多通道的形式出现，比如手势、符号、手语、书写单词、盲文等（杰伊，2004）。

主地做出手势。这说明在姿势性交流(gestural communication)中蕴含语义(semantics),而在言语中缺少这一点(Rizzolatti & Craighero, 2004)。换言之,至少语言和动作比语言和知觉的关系更直接、独到。言语知觉、语言理解都无法脱离运动系统而独立发生。

在此基础上,为了弥补命题符号系统理论的不足,并为言语知觉的运动理论提供更底层的解释框架。巴萨卢提出知觉符号系统(perceptual symbol system)理论。该理论认为,认知、思维和语言根植于感觉运动系统,知觉符号是对知觉过程中产生的神经元兴奋的记录,它与其指代物之间存在类比关系。知觉符号是图式化的、多感觉通道的,彼此之间能够进行整合形成模拟器(simulator),即概念。而这个模拟器会对一个知觉成分进行无限模拟(simulation)从而使得概念进一步具体化(Barsalou, 1999, 2010)。

巴萨卢(Barsalou, 2008)用图3-8示例说明其知觉符号系统理论对知识的表征。例如,在体验类别成员狗的时候,我们的知觉系统、听觉系统、运动系统、本体感觉等知觉系统会被激活(如图3-8中A所示)。在语言理解的过程中,当听到类别成员的词汇,比如单词"狗(dog)"的时候,此前体验类别成员时已对体验进行编码的高级皮层的联合神经元会得以激活,这些联合神经元反过来又会激活初级联合皮层中用于表征和体验类别成员的联合神经元(图3-8中B所示),从而完成语言的理解。需要注意的是,知觉符号不是简单的记录,而是由当前知觉状态产生的相关神经活动的特定整合,包括视觉、听觉等各方面的知觉体验。源自实体(如轿车)或事件(如驾驶轿车)的知觉符号被集成到一个框架内,这一结构由很多过去体验过的关于"轿车"类别的知觉符号组成。

二、镜像神经元系统与语言理解、进化的关系

镜像神经元及其系统的发现,为言语知觉的运动理论以及语言和运动系统间的复杂联系提供了神经科学层面上的有力证据。由上可知,镜像神经元系统令人信服地解释了对动作的知觉与执行组织之间存在功能上的相互依赖,这使研究者自然联想到,镜像神经元系统同样在联结

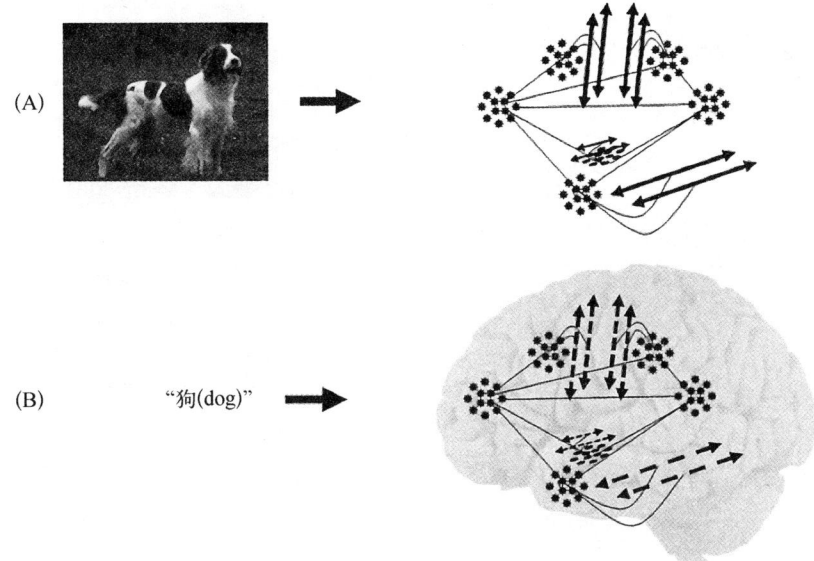

图 3-8 知觉符号理论实例
(Barsalou,2008,p.14)

言语信息的知觉与言语动作的执行方面扮演重要角色(Schnelle,2010)。早在发现镜像神经元之初,猴脑中的 F5 区就被认为与人类大脑中的布罗卡区具有相似性,而布罗卡区正是心理学家和神经科学家辨识出来的第一个与语言有关的脑区(Rizzolatti & Arbib,1998)(如图 3-9 所示)。人类的布罗卡区还可以进一步被分为 BA44 和 BA45 区。其中,BA44 区是真正意义上与 F5 具有同源性的脑区(Aziz-Zadeh & Ivry,2009)。脑成像研究显示,BA45 区在语言输出时(无论是说话还是示意)被激活(Horwitz, Amunts, Bhattach-Charyya, Patkin, Jeffries, Zilles, & Braun, 2003)。相比较而言,BA44 区是由非语言的运动功能激活,包括复杂的手部运动,以及感觉运动学习(sensorimotor learning)及其整合(Binkofski & Buccino,2004)。为此,一些学者提议,布罗卡区应该被视为一个包含很多不同的功能整合的脑区,这些功能之间并不存在清晰的界限(Lindenberg,Fangerau,& Seitz,2007)。

此外,阿齐兹-扎德等人(Aziz-Zadeh, Iacoboni, Zaidel, Wilson, &

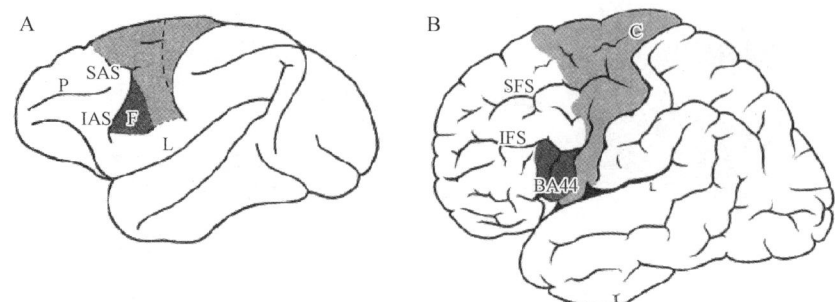

图 3-9　豚尾猴大脑皮层(A) 与人类大脑皮层(B)
显示的同源皮层区域(底纹部分)

(Fogassi & Ferrari,2007,p.137)

注：灰色部分分别显示的是猴与人脑中均存在的初级运动和前运动皮层。深色部分显示的是假设的与交流和语言有关的同源皮层运动区(猴脑 F 区与人脑 BA44 区或布罗卡区)。

脑区缩写：C＝中央回；IAS＝弓状沟的下肢；IFS＝额下回；L＝外侧沟；P＝主沟；SAS＝弓状沟的上肢；SFS＝额上沟。

Mazziotta,2004)的研究显示,仅仅听手部动作引发的声音就可以促进人类被试的运动诱发电位(motor evoked potentials,MEPs),但这种现象只有当大脑左半球的手部区域被刺激时才出现,刺激大脑右半球则不会出现这种现象。这种奇特的属性及其单侧化活动(lateralized activation)规律不仅强烈暗示在大脑左半球存在一个听觉镜像神经元系统(auditory mirror system),而且由于语音的神经系统恰恰是人类大脑进化过程中最古老的单侧化系统之一,所以以布罗卡区为代表的语言功能区可能正是从负责语音识别的左半球听觉镜像神经元系统演化而来的(Toni,De Lange,Noordzij,& Hagoort,2008)。

基于上述证据,研究者认为镜像神经元系统可以被视为联结语言与动作的枢轴(pivot)或桥梁(Arbib,2006)。此外,运动系统的进化先于语言,并作为语言最初的基本形式。因此,言语进化(speech evolution)从姿势意义(gestural meaning)中迁移过来是必不可少的一个环节。姿势的内在核心是提取声音的意义。这一假设遵循一个清晰的神经生理预设：手、手臂与言语姿势必须紧密联系,而且至少在部分水平上它们共享相同的神经基质(Rizzolatti & Craighero,2004；Arbib,2005；Fogassi &

Ferrari,2007;Gallese,2008)。

为了验证这一假设的正确性,研究者开展了一系列以从简单发音现象到复杂语言现象为研究对象的实验。例如,真蒂卢奇等人(Gentilucci, Benuzzi,Gangitano,& Grimaldi,2001)设计了如下实验。在该实验的一项任务中,他们给被试呈现两个"+"形或者在"+"形占据的空间中随机散落一系列圆点,并要求被试左用右手拇指与食指抓取物体。当物体以"+"形条件出现时,被试需要张开他们的嘴。这些手部动觉、手臂和口部动作都被记录下来,结果显示当动作导向大的物体时嘴唇开启的缝隙和开启的速率峰值都有所增加。在另一项任务中,他们要求被试发出一个音节(例如GU、GA)来替代一种简单张嘴的动作,结果发现,当抓取大的物体时嘴唇开启缝隙较大。另外,在发音过程中记录到的语音频谱的最大功率依旧是在抓取较大的物体时更高。最有趣的是,抓取动作对音节发音的影响并不仅在动作实施时出现,而是当仅仅观察到抓取动作时也会对发音产生影响。真蒂卢奇(Gentilucci,2003)的研究要求被试在观察到其他个体抓取不同尺寸物体时发出BA、GA的音节。实验结果发现,被试嘴唇开启缝隙的动觉和声波振幅均受到其他个体抓取动作的影响。具体而言,当被试观察到其他个体抓向较大物体的动作时,被试自己的嘴唇开启缝隙和声音振幅的峰值均会更大一些,而且缝隙和峰值的增大不受观察其他个体手臂运动速率的影响。综上所述,这些实验揭示,即便在最为简单的音节发音现象中,人类的手部姿势和口部姿势就已经存在紧密联系。这也间接支持在种系发生学层面上,以布罗卡区为代表的镜像神经元系统是由猴脑中控制嘴部、手臂动作的前运动皮层演化而来的。

法迪加等人(Fadiga,Craighero,Buccino,& Rizzolatti,2002)使用经颅磁刺激技术对正常被试仔细听言语和非言语听觉刺激情况下舌部肌肉的运动诱发电位进行了记录。他们使用的刺激材料是三类听觉刺激:真词、假词(pseudowords)①与双调声音(bitonal sounds)。前二者是言语

---

① 根据实验需要杜撰的、含有两个辅音字母的意大利文的单词,如"berro""frra"等。

听觉刺激,而双调的声音是非言语听觉刺激。在这些真词和假词的中间位置会固定出现"ff"或者"rr"。比如,"birra"(啤酒)、"carro"(马车)等等。仅当刺激呈现在被试左侧运动皮层(left motor cortex)时给予经颅磁刺激。实验结果显示:(1)较之听到单词和含有"ff"的假词及双调声音时,被试在听到单词和含有"rr"的假词时舌部肌肉产生的运动诱发电位值有显著增加。(2)相比听到假词中含有"rr"或"ff"辅音,在听到真词中含有"rr"辅音或"ff"辅音时被试的舌部肌肉更容易产生较高的激活水平。(3)听到双调声音时被试的舌部肌肉产生的运动诱发电位值与听到含有"ff"辅音的真词及假词时不存在显著差异,但在这种情况下其运动诱发电位值显著低于听到含有"rr"辅音的真词及假词时(如图3-10所示)。

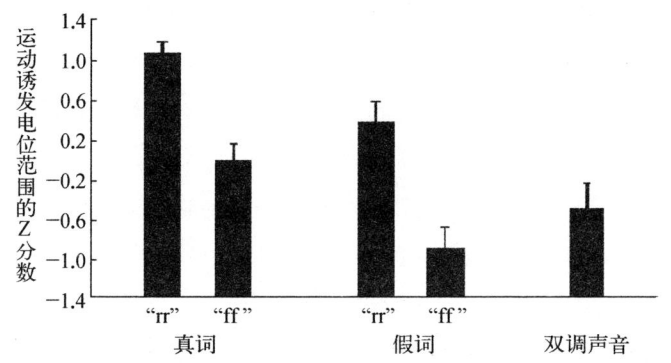

图 3-10 三种听觉刺激条件下舌部产生的运动诱发电位的均值图
(Fadiga,Craighero,Buccino,& Rizzolatti,2002,p.401)
注:"rr""ff"指包含两个"r"或"f"的听觉刺激条件。

法迪加等人认为,首先,与腭龈摩擦辅音(lingua-palatal fricative consonant)"r"相比,"f"是唇齿摩擦辅音(labio-dental fricative consonant),这意味着在发音时需要舌部的较大运动。虽然被试仅仅是倾听他人对这两类辅音字母的发音,但依旧会启动自己执行上述发音动作时候对应的舌部肌肉活动。其次,在实验中,真词中含有"rr"或"ff"辅音条件下产生的运动诱发电位值显著高于假词条件,这说明被试在倾听这两类辅音字母的发音并调整其舌部肌肉运动时不仅仅依据发音动作本身,而且依赖于发音动作蕴含的意义。双调声音条件下被试的舌部肌肉产生的运动诱发电位值显著小于"rr"辅音条件,且与"ff"辅音条件下无显著差异,这进一步说明双调声音条件仅仅借助一种声音的物理属性,而不是意义属性来启动被试舌部运动。这个实验成功印证语言的知觉运动理论:在听他人的语言表述过程中,听者在模仿语言表述者的舌部肌肉的运动,而且这种模仿可以促进我们理解他人言语所表述的意义。

那么,既然在个体听到与舌部有关的言语信息时其舌部肌肉会给予回应,这是否意味着只要言语中包含与运动系统有关的信息,个体相对应的运动系统都会予以回应呢?运动系统的反应又是如何体现出镜像属性的呢?沃特金斯等人(Watkins, Strafella, & Paus, 2003)对此进行了考察。他们通过使用经颅磁刺激技术在四种条件下记录被试嘴唇(口轮匝肌)(orbicularis oris)和手部肌肉(第一跖骨)(first interosseus)的运动诱发电位。这四种条件包括:听持续的散文、听非言语声音、观察言语相关嘴唇运动、观察眼和眉的运动。实验结果发现,与控制条件相比较,听到言语会增强来自嘴唇肌肉(口轮匝肌)的运动诱发电位值,而且仅在对大脑左半球初级运动皮层(primary motor cortex)的刺激作出反应时才能观察到这种增强。而在任何一种条件下,只要是对大脑右半球初级运动皮层的刺激进行观察,运动诱发电位值都不会产生变化。最后,在任何一种条件下由手部肌肉(第一跖骨间)引出的运动诱发电位值的大小都没有区别。

普尔弗米勒(Pulvermüller, 2002)的研究也得出相似结论。他使用EEG技术对当被试听到与脸(如"talking")和腿部(如"walking")相关的动作动词时大脑皮层的激活状况进行比较。实验结果发现,这些与动作有关的词汇会激活运动皮层与前运动皮层中的躯体定位区域(somatotopic areas)(如图 3-11 所示)。例如,当词汇描述的是腿部动作时会引发运动皮层与前运动皮层的背侧区域更强烈的活动,而这一区域主要靠近腿部运动皮层。类似,那些与"talking"类型相关的动词则引发运动皮层的外侧裂(perisylvian)附近更强烈的活动,而这一区域靠近表征脸和嘴的运动皮层。需要指出的是,因为这些区域也正是被试自己执行上述动作时对应的区域，所以它们具有镜像属性。普尔弗米勒等人（Pulvermüller, Shtyrov, & Ilmoniemi, 2003）的研究证实运动皮层的激活发生在传统语言皮层激活 20 毫秒的极短时间内，词汇引起运动继而导致运动皮层激活的可能性几乎不存在。进一步使用经颅磁刺激技术，研究了刺激诱发运动知觉系统的活动对语言理解可能产生的影响。当左半球腿部运动区域得以激活时，被试能更快地对与腿部动作有关的词汇进行判定；当左半球手臂运动区域得以激活时，被试能够更快地对与手臂动作有关的词汇进行判定（Pulvermüller, 2005）。这些研究证实语言理解与运动知觉系统之间的密切联系。

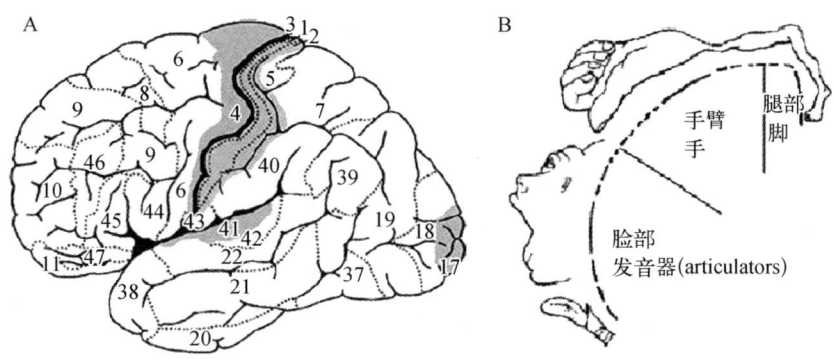

图 3-11 人类大脑皮层外侧面的布鲁德曼分区（A）以及初级运动皮层的躯体定位（B）

（改选自 Pulvermüller, 2002, pp.14 - 15）

注：A 图中的灰色区域表示与言语知觉和产生相关的初级运动及感觉区域。B 图由潘菲尔德和拉斯穆松（Rassmussen）绘制。他们使用弱电流刺激皮层表面来探索人类运动皮层的构成，并记录下哪一部位的身体肌肉活动是相应刺激产生的结果。根据刺激 B 图中的这些区域会引起身体肌肉的收缩，他们最终绘制躯体感觉的侏儒人（somatosensory homunculus）。本图与运动皮层的神经解剖投射之间存在对应关系。

特塔曼蒂等人（Tettamanti, Buccino, Saccuman, Gallese, Danna, Scifo, Fazio, Rizzolatti, Cappa, & Perani, 2005）的 fMRI 实验，对人类被试听到关于动作的句子时与观察动作时是否激活相似的皮层区域进行了检验。这些句子描述的动作包括嘴部动作（例如，我吃了一个苹果）、手/手臂动作（例如，我拿起刀子）、腿部动作（例如，我踢了一下球），控制条件是呈现与之具有相同句法结构（syntactic structures）的抽象句子。结果显示，在两种条件下，左侧中央前回（left precentral gyrus）和额下回后部（posterior part of IFG）（布罗卡区）都被激活了。尤其是听到与手部动作相关的句子时，中央前回的激活状况基本上与观察同样动作时出现的激活状况相一致。虽然在听到与嘴部动作相关的句子时额下回岛盖部（pars opercularis of IFG）（即布罗卡区）激活程度非常高，但在听到关于其他效应器所做动作时该区域也会有一定程度的激活。因此，研究者认为，除了嘴部动作之外，布罗卡区很可能也负责对与动作相关的动词进行一般性表征。布奇诺等人（Buccino, Riggio, Melli, Binkofski, Gallese, & Rizzolatti, 2005）的实验也得到类似的结论。他们采用经颅磁刺激技术记录被试在阅读表征运动的句子时大脑运动区域的变化情况。结果表明，描述手部运动的句子会引起手部对应运动区域动作电位的变化，而描述足部运动的句子会引起足部对应运动区域动作电位的变化。

综上所述，普尔弗米勒和法迪加（Pulvermüller & Fadiga, 2010）认为："语言理解受惠于前额中央动作系统（frontocentral action system）或感觉运动回路（sensorimotor circuits）。该系统在一定的语言学背景下作为学习的结果而被确立起来，并为（言语的）刺激特征与产生这些感觉特征的动作之间提供了一种自动化的耦合（automatic coupling）。"(Pulvermüller & Fadiga, 2010, p.358) 因此，"感觉运动回路就是语言的皮层基础"（Pulvermüller & Fadiga, 2010, p.351）。

第四章 变色龙效应与读心的双重机制

在认知心理学中,"读心"这一术语往往与"社会认知"(social cognition)交替使用,泛指我们理解他人、与他人互动的能力。在日常生活的方方面面,我们都在复杂的社会情境中进行观察、理解和互动。例如,支持某方的政治观点,传播流言蜚语,与商业竞争对手进行价格博弈,如何在一场相亲中赢得对方的好感等,都是社会认知的探讨范围。

举个具体的例子,可以帮助我们感受一下日常生活中的读心活动是如何在我与他之间发生的。假设吉尔(Jill)正在一个咖啡馆忙于她的论文。此时一个年轻男子杰克(Jack)走过来并坐在吉尔的旁桌。吉尔礼貌地表示了一下微笑,杰克也回笑一下,之后吉尔又投入到她的论文之中。杰克问她是不是个学生,吉尔说"是的"。杰克又问她的专业是什么,吉尔回答说"哲学"。杰克说:"哲学?那你肯定很渊博。"吉尔回应道:"当然。"杰克又问她是不是本科生,吉尔说"不是"。杰克不断地问些小问题搭讪,而吉尔每次只用一两个字敷衍。很清楚,在这一场景之中,吉尔认为杰克对她有意思,而且杰克也错误地认为她对他也有好感。吉尔为了打消杰克的这一念头,用只言片语敷衍他。吉尔想让杰克明白她并不想和他搭讪,以此对杰克的行为施加影响。如果杰克明白了这一点,那他就会识相地走开。

作为"读心城堡中仅有的两个游戏"(Zahavi,2011,p.545),理论论和模拟论都想解释究竟是什么样的认知构成或发生机制,能让我们理解并参与到像上述例子中那样的社会互动呢?理论论和模拟论究竟孰是孰非,还是"各有千秋"?在本章中,我们首先回顾社会认知心理学领域内变色龙效应系列研究来展示生活世界中的读心是如何发生的,随后引入英美分析哲学框架下读心的理论论和模拟论的争论,并阐述具身模拟论对经典模拟论的超越意义及缺陷,最后简要分析读心的双重机制的合理性。

第一节 社会互动的变色龙效应

> 看到台球被抛出去,剑刺向物体的时候,观察者的手臂就会向台球抛出的方向和剑刺的方向轻微运动;没有受过教育的解说者,当向别人叙述故事的时候,会产生与故事内容相一致的动作;聚精会神阅读战争场景的读者,在他们阅读的时候,他们的肌肉会产生一种紧张的感觉。
>
> ——洛采(Lotze,1852,p.529)

20世纪六七十年代随着认知心理学的兴起,变色龙效应作为一种普遍的无意识模仿现象,越来越受到心理学家的关注。在过去的30年中,心理学家发现刻板印象、态度、情感、认知、行为等不仅能够被相互作用者模仿,而且这种模仿行为的发生是无意识的(Greenwald & Banaji, 1995; Hassin, Uleman, & Bargh, 2005; Dijksterhuis & Aarts, 2010)。

肯登(Kendon,1970)发现,在被试与团体中其他成员相互作用的过程中,被试不仅面部表情与团体成员保持相互的同律性(interactional synchrony),而且胳膊和腿的动作也能够与其他人保持同律性。聚德费尔德特等人(Suedfeldt, Bochner, & Matas, 1971)的研究发现,当记者模仿采访对象时,采访对象对他们提出的问题的回答比例会高于那些没有被模仿的采访对象。普罗文(Provine,1986,1992)在人际相互交往的过程中发现,相互交往者的行为中存在行为感染(behavioral contagion)现象。在巴奇等人(Bargh, Chen, & Burrows, 1996)的研究中,用句子启动关于老年人的刻板印象（stereotype），尽管启动没有涉及与缓慢相关的字词，但是与那些没有被启动的被试相比较，被启动的被试在离开实验室的时候，走路的速度变得更加缓慢，参与者并没有意识到自己的走路速度变慢。这表明先前的启动影响了被试随后的行为表现，但个体对此完全是无意识的。另外的一系列研究也发现，相互作用者之间能够产生各种各样的无意识模仿，例如，个体能够无意识地模仿相互作用者之间的姿势（Berger & Hadley, 1975; LaFrance, 1982; LaFrance & Broadbent, 1976; Bernieri & Rosenthal, 1991）、动作（Bavelas, Black, Chovil, Lemery, & Mullett, 1988; Bavelas, Black, Lemery, & Mullett, 1987; Chartrand & Bargh, 1999）、面部表情（Blairy, Herrera, & Hess, 1999; Dimberg, 1988; Dimberg, Thunberg, & Elmehed, 2000; Hatfield, Cacioppo, & Rapson, 1994; Meltzoff & Moore, 1977; Vaughan & Lanzetta, 1981）、语音（Cappella & Panalp, 1981; Giles & Powesland, 1975; Giles & Smith, 1979; Webb, 1969, 1973）。

这些研究都表明，在相互作用的过程中，个体都会在无意识中去模仿与他们相互作用的对象。在社会生活中无意识模仿现象是无处不在的，心理学家将那些无意识模仿他人（包括交际中的）的姿势、特殊习惯、面部表情和其他行为方式的现象叫作变色龙效应（chameleon effect）。

变色龙效应作为一种普遍存在的无意识模仿现象，正是在读心研究复兴的背景下引起关注的。沙特朗和巴奇（Chartrand & Bargh, 1999）第一次用一系列严谨的实验证明变色龙效应的存在。在他们的实验中，研究者让被试和两个不同的实验助手先后在一起描述照片，在他们描述照片的过程中，实验助手表现出某种特殊的动作（如摸脸、晃动脚）。结果发现，在描述照片的过程中，被试会表现出与实验助手相同的动作，即当被试与晃脚的实验助手在一起描述照片时，被试表现出晃脚的动作而不是摸脸的动作，当与摸脸的实验助手在一起描述照片时，被试表现出摸脸的动作而不是晃脚的动作。实验结束后对被试进行调查，问他们是否感觉到在实验中的另外一个被试的行为是奇怪的，或者他们是否意识到自己在模仿另外一个被试，结果发现，没有一个被试意识到实验助手的行为是奇怪的,也没有意识到自己模仿了实验助手。这个结果表明,人们在无意识之中会模仿那些与他们相互作用的人的动作行为。就像变色龙一样,根据不同的环境来变换他们身体的颜色,来达到与环境相适应。因此,实验者将这种在相互作用过程中无意识地模仿他人的姿势、态度、面部表情和其他行为的现象称为变色龙效应。

近年来,越来越多的研究证明这种变色龙效应的存在。例如,在吴圭世(2008)的研究中,他让被试和实验助手在一起完成高中语文成语测试,实验助手在测试过程中按压10次圆珠笔或者不按压圆珠笔,结果发现,当被试与按压圆珠笔的实验助手在一起测试时,被试会表现出与实验助手相同的按压圆珠笔的动作,而且被试对他们的按压行为是完全无意识的。朱迪思和凯蒂(Judith & Katie, 2011)的实验也证明,在面对面的谈话中,人们倾向于模仿对方的言语表达方式。这些实验研究都表明,在相互作用的过程中,人们会无意识地模仿彼此的行为,即发生了变色龙效应。

一、变色龙效应的心理机制

从上面的研究中,我们可以发现,变色龙效应是一种真实存在的社会现象。那么,产生变色龙效应的原因是什么呢?研究者从不同角度对此进行了研究,因此产生了不同的解释理论。其中主要的解释理论有感知行为联系理论(perception-behavior link theory)、归属感理论(affiliation theory)、图式驱动理论(schema-driven theory)。

感知行为联系是指个体仅仅知觉到环境线索,就会自动地激活与这些感知相联系的行为的心理表征,这些激活的心理表征就会自动影响后面的行为活动。在巴奇等人(Bargh, Chen, & Burrows, 1996)的研究中,实验者首先让被试用与无礼(如粗鲁的、不优雅的、讨厌的)和礼貌(如尊敬的、优雅的、体贴的)相关的单词来填充句子,然后让被试参加一个正在进行的谈话活动(在正常情况下,谈话要持续10分钟)并观察被试在活动中的行为表现。结果发现,"无礼"条件下启动的被试,在随后的谈话活动中,67%的被试打断正在进行的谈话,而"礼貌"条件下启动的被试,84%的被试都会静静地等待直到谈话自动结束。这表明,被试由于知觉到所填单词的信息,所以在后面的谈话任务中才表现出与前面启动相一致的行为。因此,他们提出行为的发生是感知行为联系导致的。

在变色龙效应中,相互作用者能够在无意识中感知到对方的动作、姿势、面部表情等,从而激活个体记忆与此相似的心理表征,这些激活的心理表征就会影响个体随后的行为活动,使个体表现出与相互作用的对象相同的行为,即发生了变色龙效应。因此,沙特朗等人(Chartrand & Bargh,1999)首次提出变色龙效应是由感知行为联系引起的。

为了证明这个假设,在实验中他们让实验助手表现出特殊的行为(如晃脚、摸脸),然后让被试分别与两个实验助手者单独在一起完成照片描述的任务。在照片描述任务中两个实验助手总是表现出不同的动作和面部表情。例如:当实验助手一晃动他的脚和微笑的表情时,实验助手二就表现出摸脸和中性的表情;实验助手一表现出摸脸和中性的表情时,实验助手二就表现出晃脚和微笑的表情,总之,实验助手一和实验助手二的动作和表情总是不同的。结果发现,当被试与实验助手在一起描述照片时,他们总是会表现出与实验助手相同的行为,比如:当与摸脸的实验助手在一起描述照片时,他们就会表现出摸脸的动作;与晃脚的实验助手在一起描述照片时,他们就会晃动他们的脚,但是实验助手的表情不影响被试对实验助手动作行为的模仿。最后用问卷询问被试有没有注意到实验助手的动作或者感觉到实验助手是值得怀疑的,结果发现没有一个被试对此产生怀疑,这说明在实验中,被试能无意识感知到实验助手的特殊行为表现,激活自己大脑中相同的行为表征,这种表征的激活能够从记忆库中提取出与助手相同的行为,然后用与助手相同的外显行为表现出来,从而变色龙效应就发生了。因此,沙特朗等人(Chartrand & Bargh,1999)认为,变色龙效应是由感知行为联系引起的。

无意识的行为模仿尽管被认为是由感知行为联系引起的,但是其他因素也能够影响这种行为的发生。例如,研究发现,喜欢和亲密感能够使相互作用之间的无意识行为模仿发生的比例更高(Bavelas, Black, Lemery, & Mullett, 1986; La France, 1979; Broadbent, 1976; Scheflen,

1964)。根据这些研究,莱金和沙特朗(Lakin & Chartrand,2003)认为归属动机能够增加无意识行为模仿,并用此来解释变色龙效应。所谓的归属动机是,当人们想要被某个团体认同并成为这个团体中的一员时,他们就会按照团体内成员的行为来行动,从而增强团体内成员对自己的认同,增加自己与团体外成员的区别。模仿能够使个体表现出与团体相似的行为方式,增加团体内成员对自己的认同,从而使自己能够更好地被想要归属的那个团体接纳,因此归属动机强的个体,就会更多地模仿那些相互作用者,从而使自己被相互作用者接纳。

如果个体具有归属动机,在相互作用的过程中能否能够提高人们的无意识模仿行为呢?莱金和沙特朗(Lakin & Chartrand,2003)的研究对此进行了回答。他们在实验中启动被试对于某个团体的归属感,然后在随后的活动中,观察被试对实验助手表现出的特定行为模仿的数量。在实验一中,用与巴奇等人(Bargh,Chen,& Burrows,1996)研究相同的句子填充的方法来启动被试的归属动机,然后形成无意识的启动归属的目标、外显的启动归属目标、没有归属目标这三种实验条件,然后观看日常的办公室任务录像,在录像中表演者在整理日常办公室文书任务的同时表现出一定数量的摸脸动作。结果实验发现,归属目标启动的被试(不论这个归属目标是用外显还是内隐的方法启动)与那些没有归属目标启动的被试相比较,他们会表现出更多与表演者相同的摸脸行为,这个结果表明不管归属目标是如何被激活的,它都能够使被试增加对相互作用者行为的模仿。在实验二中,用与实验一相同的方法启动被试的归属动机,从而形成有归属动机(内隐的归属动机)、没有归属动机这两种实验条件,然后让被试进行两个采访任务,第一个是在线采访任务,第二个是面对面的采访任务。在线采访任务中被采访者用友好或者不友好的方式对被试的问题进行回答,从而使得被试的归属目标得到实现或者没有实现,然后在接下来的面对面的采访任务中,被采访者保持中性的行为,同时他们在采访中晃动他们的脚。结果发现,如果被试在第一个采访任务中的归属需求没有被实现,那么在第二个采访任务中他们会更多地模仿被采访者的晃脚动作,最后问卷调查发现,被试对他们的这种模仿采访对象的晃脚行为是完全无意识的。这个研究说明，当个体具有强烈的归属需求的时候，他们通过模仿那些与他们相互作用者的动作和行为，来增强相互作用者对他们的认可，降低被排斥的概率。因此说，变色龙效应是个体的归属动机导致的。

无意识的行为模仿是一个复杂的社会协调一致的过程，它的发生不仅需要许多身体动作的协调一致，而且模仿的出现与否也取决于社会环境和动机。尽管有复杂的物理和社会因素的参与，但是在不同情境中，人们仍然没有意识到模仿的发生，这说明模仿的规则已经深深地扎根在个人的知识体系中，形成一个内隐图式，用这种内隐图式来推动模仿行为的发生。因此，多尔顿等人（Dalton, Chartrand, & Finkel, 2010）用内隐的图式理论来解释变色龙效应的发生。他们认为，如果无意识的行为模仿是被内隐的图式驱动的，当被试和实验助手之间的相互作用符合正常的社会行为标准时，这种模仿作用就会被自动激活，保存下来大量的自我管理资源，那么在需要自我管理资源的任务中，他们的行为表现相对于那些已经消耗大量自我管理资源的被试来说会更好。

为了证实这个假设，他们设计了四个严谨的实验。在实验一中，被试与同龄的实验助手在一起描述照片，他们被实验助手模仿或者不被模仿，随后测量他们在甜品品尝（抵制甜品的诱惑要消耗资源）任务中消耗甜品的数量。结果发现，没有被同龄实验助手模仿的被试，甜品的消耗量显著高于那些被同龄实验助手模仿的被试。在实验二中，被试与同民族或者不同民族的实验助手在一起描述照片，而且他们被实验助手模仿或者不被模仿，然后测量他们在斯特鲁普（Stroop）启动实验中的干扰反应时。结果发现，没有被同民族的实验助手模仿的被试和被不同民族的实验助手模仿的被试的斯特鲁普干扰反应时，显著长于那些被同民族的实验助手模仿的被试和没有被不同民族的实验助手模仿的反应时。在实验三中，被试被随机分配为领导或者工人，然后他们与实验助手（工人或者领导）一起完成照片描述任务，同时他们被实验助手模仿或者不被模仿，然后也测量他们在斯特鲁普启动任务中的干扰反应时。

结果发现，作为领导的实验助手模仿工人被试和作为工人的实验助手没有模仿领导被试时,被试的斯特鲁普干扰反应时显著长于那些作为领导的实验助手不模仿工人和作为工人的实验助手模仿领导的反应时。在实验四中,被试和实验助手在一起完成照片描述任务的同时被试进行信号检测的任务,实验助手则模仿被试或者不模仿被试,然后观察被试在信号检测任务中的辨别力指数。结果发现,与没有被实验助手模仿的被试相比较,被实验助手模仿的被试辨别力指数更大。在这四个实验中,用相同的问卷对被试进行调查,结果显示被试对于实验助手对他们行为的模仿都是无意识的,而且也没有对实验产生任何的怀疑,这些表明这个过程是无意识发生的。在实验中,当被试和实验助手之间的模仿符合正常的社会规范(例如,同民族的模仿、工人模仿领导),由于这种行为的规范已经扎根于个体的知识体系中,能够自动地调动这个内隐的图式来进行行为的模仿,因此不需要消耗自我管理的资源,在随后资源需求任务中就有更多的资源可以利用,就会使得后面的行为表现更好,从而证明变色龙效应的发生是由内隐图式引起的。

二、变色龙效应的影响因素

变色龙效应作为一种普遍的社会现象,通过各种形式无意识地出现在相互作用者中,而且它的发生对彼此之间的相互作用会产生有利影响。接下来就探讨一下个体内部因素、社会因素对变色龙效应的影响作用,随后进一步关注变色龙效应对自我、他人和彼此之间关系形成的影响作用。

尽管变色龙效应受到个体内部因素的影响,但是它作为一种社会行为,也必然受到社会因素的影响,接下来我们将从社会情境因素和社会文化因素这两个方面来探讨社会因素对变色龙效应的影响作用。变色龙效应作为人们的一种社会行为,它的发生不可避免地受到社会情境因素的影响。

人是作为一个独立的个体而存在的,每个人都有各自的认知、态度、情感,这些内部因素是自我区分于他人的重要依据。个体的行为受到这些个体内部因素的影响,变色龙效应是在人际互动过程中发生的,也就不可避免地受到个体内部因素的影响。范巴伦等人(Van Baaren, Holland, Steenaert, & Van Knippenberg, 2003)用严谨的实验来研究自我建构对变色龙效应的影响。在他们的实验中,用语言作业来内隐地启动被试的自我建构,从而形成独立我的自我建构(independent self-construal)、互依我的自我建构(interdependent self-construal)、控制条件(既不是独立我也不是互依我)这三种实验条件,然后让被试和实验助手在一起完成翻译任务,在翻译过程中实验助手表现出挠脸或者晃脚和玩笔动作。结果发现,与控制组和互依我的被试相比较,被启动为独立我的被试会更少地表现出与实验助手相同的摸脸或者玩笔的动作。这个研究说明,个体的自我建构能够调节变色龙效应。

郑和沙特朗(Cheng & Chartrand, 2003)研究自我监控对行为模仿的影响。在他们的研究一中,实验助手为同龄人(本科生)、研究生、高中生,被试为高自我监控者和低自我监控者。结果发现,高自我监控者在与同龄人的实验助手互动中,相较于与研究生和高中生的实验助手的互动中会表现出更多的行为模仿,而低自我监控者在三种情境中行为模仿没有差异;他们的研究二探讨当双方地位不同的情境中,使用2(高或者低自我监控)×2(实验助手为上位者或者下位者)的实验设计,结果发现当被试处于下位时,相较于处于上位时,高自我监控者会有更多的行为模仿,而低自我监控者在这两种角色之间不存在显著差异。这个结果说明,个体的自我监控能力能够影响变色龙效应。

范巴伦等人(Van Baaren, Fockenberg, Holland, Janssen, & Van Knippenberg, 2006)通过实验研究情绪对变色龙效应的影响。在实验一中,首先用情绪评定量表来评定被试的情绪状态,然后让被试观看有关办公室日常工作的录像,表演者在完成文书工作的同时便显出摸脸的动作,然后观察被试在观看过程中摸脸动作的次数。结果发现,与消极情绪状态下的被试相比较,积极情绪状体下的被试表现出更多的摸脸行为,即产生了对表演者的模仿。在实验二中,通过电视片段来启动被试的情绪,从而使一组被试处在积极情感状态中,一组处在消极的情感状态中,然后让被试和实验助手在一起完成音乐评定任务,在评定的同时实验助手表现出玩笔的动作或者不玩笔,同时记录被试的玩笔行为。结果发现,积极情绪状态下的被试比消极的情绪状态下的被试,表现出更多的玩笔动作。这个结果说明,情绪能够调节变色龙效应的发生。

社会情境既包含简单的社会情境也包含复杂的社会情境,不同的情境会有不同的变色龙效应的发生。首先,简单的社会情境对变色龙效应的影响。例如:在现实的酒吧环境中,被试会模仿相互作用者消耗酒水的数量和种类(Quigley & Collins, 1999);在虚拟的酒吧环境中,当环境允许个体吸烟的时候,当实验助手吸烟的时候,被试也会表现出与实验助手相同的吸烟行为,同时他们吸烟的数量和种类也会与实验助手相似(Harakeh, Engels, van Baaren, & Scholte, 2007)。这些研究都说明,环境线索能够促使相互作用者之间互相模仿。在赫尔曼等人(Herrmann, Rossberg, Huber, Landwehr, & Henkel, 2011)的研究中,被试被随机分配到不同的行为一致性和消耗甜品强度的条件下:一致性条件(consistent)(所有助手都吃甜品)、稍有不一致条件(marginally inconsistent)(1/4 的被试不吃甜品)、完全不一致的条件(significantly inconsistent)(1/2 的被试不吃甜品),以及高强度条件(吃五次甜品)、中等强度条件(吃三次甜品)、低强度条件(吃一次甜品)。结果研究发现,被试所吃甜品的数量和实验条件保持高度的一致,也就是在高强度条件下被试模仿实验助手吃更多次数的甜品,而在低强度条件下被试吃更少次数的甜品,在一致性条件下被试也会吃更多的甜品,在不一致的条件下被试吃更少的甜品。在接下来的实验中,他们还发现当助手的数量分别为 1、4、8、12、16 的时候,被试模仿助手消耗甜品的数量并没有随着助手人数的增多而增加,而是呈现出倒 U 形的趋势,即在 8 个人的时候被试模仿助手消耗甜品的数量更多。

其次,复杂的社会情境也能够影响变色龙效应的发生。例如,约翰斯顿(Johnston, 2002)在复杂的社会情境中研究变色龙效应,他的实验主要探讨参与者是否会模仿污名化的团体成员的行为。污名化的成员为肥胖者或者脸上有胎记者,当实验助手为污名化的成员时,比较参与者和实验助手吃东西的分量。结果发现,参与者只有在实验助手的身份与污名化团体的行为有关系时（肥胖与吃相联系），才会有行为模仿现象，即使参与者本身不是肥胖者，但实验助手是肥胖者，并与其污名化团体的行为连接，进而会影响到自己的行为（吃得更少）。约翰斯顿认为，被试模仿肥胖实验助手的行为相较于非肥胖的实验助手行为产生了抑制效应，即吃得更加少了。被试对实验助手的行为，在不同的条件下会产生不同的模仿效应，甚至某些社会条件还抑制了被试对实验助手行为的模仿，因此说社会环境因素能够影响变色龙效应的发生。

人是在一定的社会文化背景中成长起来的，社会文化以它独特的方式来影响人，从而不同的群体形成不同的认知风格，这些认知风格影响着生活在其中的人的行为方式。作为一种普遍的社会现象，变色龙效应不可避免地打上社会文化的烙印。例如，范巴伦等人（Van Baaren, Fockenberg, Holland, Janssen, & Van Knippenberg, 2006）在研究中也发现，美国被试和日本被试在行为模仿上存在显著差异，与美国被试相比较，日本的被试不论实验助手是日本人还是美国人，在与他们的相互作用过程中都会更多地模仿实验助手的行为。多尔顿等人（Dalton, Chartrand, & Finkel, 2010）在研究中还发现，与没有被同民族的实验助手模仿的被试和被不同民族的实验助手模仿的被试相比较，被同民族的实验助手模仿的被试，在随后的斯特鲁普干扰任务中表现得更好。这些实验都表明，社会文化是调节变色龙效应发生的一个重要因素。

三、变色龙效应的应用

作为一种普遍的社会现象，变色龙效应对于我们的社会生活有什么作用呢？杰茜卡等人（Jessica, Valerie, Clara, & Tanya, 2003）认为，变色龙效应是一种社会黏合剂，它在人类社会历史发展的过程起着重要作用。在人类发展过程中，个体为了生存和发展需要过群居生活，在群居生活中个体是否能够被群体接受，对于个人的生存和发展来说是极其重要的，当个体不被群体接受时，个体的生存就会受到威胁，所以个体与群体中其他人的关系就显得至关重要。而行为模仿作为一种增进人际关系的技巧和方法，就被人们广泛接受和应用，从而促进了个人的生存和发展。随着人类的进化和发展，变色龙效应就作为一种社会黏合剂促进了社会关系的融洽与和谐。接下来我们将从变色龙效应对自我、他人和相互关系的影响来介绍变色龙效应的效用。

首先，变色龙效应可以形成有利于自我的局面。范巴伦等人（Van Baaren, Holland, Steenaert, & Van Knippenberg, 2003）研究发现，在餐馆环境中，当服务生去重复顾客的菜单的时候，他们会得到更多的小费。贝伦森和伊（Bailenson & Yee, 2005）的研究发现，在说服情境中，如果实验助手模仿被试的头部运动4秒，实验助手所说的话更加具有说服力，被试会更多地遵从实验助手的建议。杰里米和尼克（Jeremy & Nick, 2007）首先用机器人来启动握手行为，结果发现，那些被机器人模仿了他们的握手行为的被试，在随后的有关租赁谈判任务中，谈判的结果对被试来说更加有利。马达克斯等人（Maddux, Mullen, & Galinsky, 2006）在人员招聘和商业谈判的背景下研究变色龙效应，结果发现，当变色龙效应发生的时候，结果对那些模仿的个体更加有利：在人员招聘中，如果应聘者模仿了面试者，那么与那些没有模仿面试者的应聘者相比较，模仿的应聘者更加可能得到这份工作；在商业谈判中，如果买家模仿了卖家，与那些没有模仿的买家相比较，模仿了的买家就会得到更多卖家提供的信息，并且能够使卖家的价格降低，以自己期望的价格成功完成这次交易。塞利内等人（Celine, Nicolas, Angelique, & Gaelle, 2011）在销售环境中的研究表明，当售货员模仿被试在买卖活动中言语和非言语行为时，71.1%的顾客会去购买模仿他们的售货员推荐的产品，而且那些顾客也认为那些模范他们的售货员比其他售货员具有更高的销售能力。

其次，变色龙效应可以形成有利于他人的局面。研究发现，当被试被实验助手模仿后，如果实验助手请求被试为慈善机构捐款，与那些没有被实验助手模仿的被试相比较，有更多被模仿的被试向慈善机构捐款，并且他们的捐助金额也会更高（Van Baaren, Horgan, Chartrand, & Dijkmans, 2004; Ashton-James, Van Baaren, Chartrand, Decety, & Karremans, 2007）。沙特朗和巴奇（Chartrand & Bargh, 1999）的研究发现，被试和彼此不认识的实验助手一起描述照片，在描述照片的过程中，实验助手去模仿或者不模范被试,然后让被试去评价他们的实验助手,发现被试更加喜欢那些模仿他们的实验助手。范巴伦等人(Van Baaren, Horgan, Chartrand, & Dijkmans, 2004)的研究结果表明,模仿不仅使被试对模仿者表现出助人行为,而且被试对其他人的助人行为也会增加。马里耶勒和菲克(Mariëlle & Fieke, 2011)研究发现,在被实验助手模仿的被试选举活动中,有84.56%的被试去选举左翼政党(亲社会政党),而没有被模仿的被试中,只有62.07%的被试去选举左翼政党,在模仿的条件下62.50%的被试最开始是支持右翼政党,但是当他们被实验助手模仿后他们转变到支持左翼政党的队伍中来,而没有被模仿的被试只有30%发生同样的态度转变。

最后,变色龙效应有利于形成良好的人际关系。沙特朗等人(Chartrand & Bargh, 1999)的研究中,被试和实验助手在一起完成照片描述的任务,结果发现,如果实验助手模仿了被试,被试就会认为他们与模仿他们的实验助手在这个过程中形成的关系更加和谐融洽。范巴伦等人(Van Baaren, Horgan, Chartrand, & Dijkmans, 2004)的研究同样发现,与没有被模仿的被试相比较,那些被模仿被试认为模仿者和自己之间的相互作用关系更加亲密。在约会情境中,盖冈(Gueguen, 2007)研究发现,如果女性实验助手模仿了男性被试的言语或者非言语行为,男性被试认为他们和助手的相互作用关系比那些没有模范他们的实验助手之间的关系更加融洽,并且他们也希望与模仿他们的实验助手进一步交往。马达克斯等人(Maddux, Mullen, & Galinsky, 2006)在商业谈判中的研究发现,当买家模仿卖家的时候,卖家就会更加信任买家,从而向买家暴露出更多关于自我的内在信息,从而使买卖的结果达到互利共赢的局面。毛里茨等人(Maurits, Panos, Boris, & Emile, 2011)通过对人机对话的研究发现,在人机对话过程中,有82%被机器人模仿的被试愿意坚持与机器人谈话10分钟,认为机器人是聪明的、友好的,并且表示如果机器人是真正的人时,愿意同机器人做朋友,但是他们还发现在被试中间存在性别差异现象,即女性被试受到模仿的影响大于男性被试。因此,变色龙效应有助于相互作用者之间建立融洽和谐的相互关系。

变色龙效应是在相互作用的过程中形成的,它不仅能够产生有利于相互交往双方的良好结果,而且有利于彼此之间良好人际互动的形成,从而有利于形成良性的人际关系局面。

第二节 读心的双重机制

> 人类思维过程受益于两个不同的机制:一个是快速的、自动化的和无意识的,另一个是缓慢的、受控的和有意识的。它们在很大程度上是独立的,并为了控制行为而相互竞争。在更广泛意义上,人类事实上具有两个分离的心灵。
> ——埃文斯和弗兰基什(Evans & Frankish,2009,p.v)

加莱塞(Gallese,2007)在论述镜像神经元的作用与意义时,已经初步勾勒了社会认知可能存在两种机制的设想。随后,穆图库马拉斯瓦米和约翰逊(Muthukumaraswamy & Johnson,2007)则将这种猜想上升到理论的高度。读心的双重机制理论框架认为,大脑中至少存在两套机制来完成对他人心理状态与行为的理解。第一套机制基于大脑镜像匹配系统的研究提出,该机制认为对于他人的表征会被映射到观察者自身相同的图式中,从而实现对他人的理解。而第二套机制则旨在说明,为了理解他人的行为,必须对特定社会的情境进行语义层面的分析并借助因果逻辑和规则进行推理,该过程涉及更多的意识加工。

一、理论论与经典模拟论之争

鉴于镜像神经元系统在动作理解、共情与语言理解等社会认知领域中都扮演了重要角色,而这些社会认知现象又均与推测或解读他人心理状态有关。因此,研究者们不约而同地联想到该系统与心智理论(theory of mind)或读心(mindreading)之间的关系,并希望镜像神经元系统的发现能够为该领域内存在的理论争议提供一个新的统一框架

(Gallese & Goldman, 1998; Agnew, 2007)。一直以来，在读心领域内存在理论论（theory-theory）和模拟论（simulation theory）这两种相互竞争的理论模型。理论论认为，个体将心理状态归因于他自己和他人（同类或其他生物体）。这种推理系统应被视作一种理论，一是因为这类状态并不直接可见，二是因为它不仅能够被用来预测自我的行为，还能预测其他生物体的行为(Premack & Woodruff, 1978, p.515)。

在发展心理学中，理论论的立场通过错误信念（false belief）得到最明晰的体现。也就是，对他人与现实相符的真实信念的预测能通过直接评估外部世界获得，在逻辑上并不必然涉及对他人心理状态的表征，要对错误信念进行推测则必须认识到这个人心理的表征性质。基于这种假设，发展心理学家威默和佩纳（Wimmer & Perner, 1983）设计了意外地点任务（unexpected-location task），他们让儿童掌握有关某物地点改变的信息，而第三者缺乏这种信息，再让儿童预测第三者会在改变前的地点找该物还是在改变后的地点找。比如向儿童展示木偶剧式故事情节：一个叫马克西（Maxi）的小朋友把玩具火车放在卧室的床底下，然后就出去餐厅吃饭了，马克西不在的时候另一个叫约翰（John）的小朋友把玩具火车从床底下拿出来放到了储物箱里，然后就去花园了。马克西吃饭回来准备玩玩具火车，那么他会去哪里找玩具火车呢？实验情境如图4-1所示。要成功通过这一测试，儿童必须能够区分什么是当前真实的世界状况以及什么是马克西现在的心理状态，还必须知道马克西将要采取的行动是由他内部的心理表征而不是由外部现实决定的。而儿童社会认知的发展典型趋势是，3岁儿童几乎都不能正确回答这一问题，他们认为主人公会去改变后的位置（即储物箱）里找东西，然而4岁或者更大点的孩子能够正确地回答这一问题。

模拟论发展起来是作为对理论论试图解释所有读心现象的一种批判性回应。模拟论认为，我们能理解并推测他人心理状态是因为我们可以假装"将自己放进别人的鞋子里"（put yourself in others' shoes），从而"设身处地"进行推测。比如，苏茜（Susie）和约翰尼（Johnny）坐在教室中，老师问乔尼："$3+2=?$"。苏茜是如何预测约翰尼报出的答案呢？

图 4-1 意外地点任务的故事顺序
（按照从左到右、从上到下的顺序讲述）

理论论认为，她会采用某种能产生其预测的理论。模拟论则认为，在直觉上，苏茜不需要借助某种关于约翰尼心理状态的理论来预测他的回答，她只需要设想自己处于被问到这个问题的情境就能给出她的预测（Fisher, 2006）。同样，人们也可以自己的想象赋予他人愿望、情绪和感觉。这种假装是基于人们对自己心理状态的觉知并想象自己处于上述心理状态中的能力，从而将这些心理状态模仿性地迁移到其他人身上。

正是因为模拟论强调自我在完成与他人心理状态推测中的重要性，所以模拟论认为我们是在第一人称视角（first-person perspective）下来完成对他人心理状态的推测和解释的。模拟论的这种立场与现象学在交互主体性问题上的态度存在千丝万缕的联系。现象学告诉我们社会互动并不是基于第三人称视角的理论化解释，也不需要借助理论来复现他人内心中诸如信念之类不可见的、抽象的实体（Gallagher, 2005）。因此，模拟论也被视为读心中的现象学进路之一。相比于理论论，模拟论的描述形式则非常丰富。早期的模拟论倾向于将模仿他人心智的发生视作一种细致的加工过程，比如个体水平上的内省和投射（projection），我们称之为经典模拟论（classical simulation theory）（陈巍，2010）。伴随镜像神经元及其系统的发现,读心领域内又出现具身模拟论(embodied simulation theory)[①]。

经典模拟论认为,在读心中我们并不是理论家,而是模拟者。我们首先根据目标他人信念和愿望的初始信息,使用决策系统(decision-making system)从指导目标他人行为的通常情况中离线(off-line)出来,然后这种信息反馈到我们自身的决策系统中,使其产生一种决定或输出一种行为,进而预测目标他人的决定或行为。但我们自己并不会做出或具有与被模拟者一样的行为反应或心理状态。

举例而言,经典模拟论认为假如我们需要预测 S 摔倒后的心理状态,我们首先需要设身处地地想象自己在同样情境中摔倒后的心理状态,然后将这些假设的心理状态输入我们自身的决策机制之中,进而输出假装的心理状态到我们的行为解释和预测系统,最后将这些心理状态投射到 S,并预测其会感到疼痛或作出疼痛的行为反应,而我们自己并不会因此而感到疼痛。因此,经典模拟论认为,模拟者与被模拟者的心智操作过程是一致的,他们之间唯一的差别就是模拟者处于假装的状态之中,而被模拟者处于真实的、自然的状态之中。从以上分析中,我们可以清晰地看出经典模拟论与理论论之间的对立。理论论认为,读心只需要一套能描述心理因果工作的一般性原则就可以发生,既不需要借助模拟者的假装状态,也不使用自身的决策、解释和预测系统(如图 4-2 所示)。因此,经典模拟论的贡献在于通过模仿将推测自我与他人心理状态重新视作了读心这一"硬币的两面"。

然而,经典模拟论自提出以来一直饱受质疑的是:模仿发生的可能性基础是什么?这个问题又可以细化为三个方面:(1)模拟者与被模拟者之间具有的相似性问题。(2)模拟者在假装条件下与真实情境下心理系统操作状态的一致性问题。(3)模拟者对自我心理状态的归属优先性问题。虽然经典模拟论学者(诸如戈德曼的早期观点)对这三个问题尝试进行了回答,但是这些回答并不令人满意(陈巍,2010)。

---

① 这里指广义的具身模拟论(GEST)。

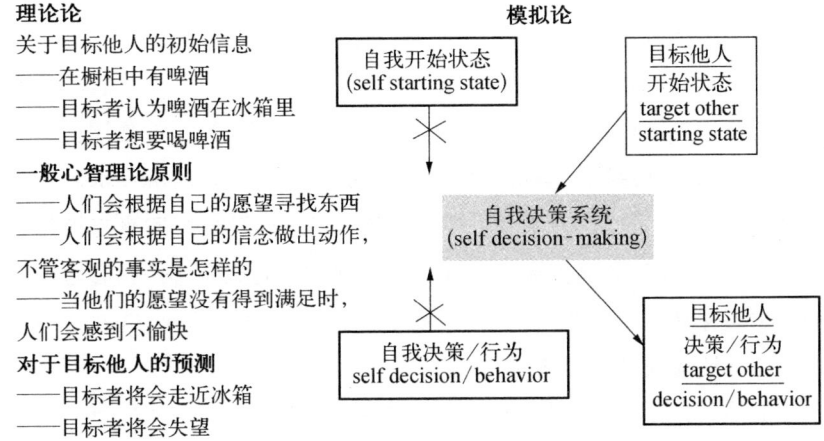

图 4-2 理论论与模拟论的立场

(转引自 Apperly, 2008, p.269)

注：理论论认为，根据目标他人的信念和愿望的初始信息，我们使用一种一般的心智理论原则产生一种对目标者未来心理状态和行为的预测。模拟论认为，通过初始信息，我们使用自我决策系统产生模仿，但我们自己并不会产生被观察者的行为，不会作出（或具有）和被观察者一样的行为反应（或心理状态）。在这个例子中，我们并不会产生要去寻找啤酒的意图或行为，只是认为目标他人将会这样去做。模拟论的特点就是模拟者的行为是虚拟或假装的，不会产生真实的动作。理论论认为读心必须囊括一种全面描述心理因果工作的一般性原则，而模拟论坚持认为至少一部分原则可以内隐地保留在自我决策实施中。

二、具身模拟论对经典模拟论的超越

戈德曼和加莱塞（Goldman & Gallese, 1998）联合发表的《镜像神经元与读心的模拟论》一文标志着经典模拟论向具身模拟论的转向。具身模拟论的核心观点是，我们通过自己与他人的大脑-身体系统的相似性，经由镜像神经元触发运动系统（motor system）来直接模仿并感同身受地体验他人在认知活动中的心理状态，从而对他人心智活动进行精确的理解、解释和推测（Gallese, 2001, 2005, 2007; 陈巍, 2010）。将具身模拟论与经典模拟论的观点相比较，可以发现两处明显的差异：（1）在经典模拟论那里将"自己放入他人的鞋中"是一个有意识的、需要花费精力的过程；而具身模拟论确信，在读心过程中仅仅观察他人行为就能激活我们执行该行为时的神经活动，即我们会在神经水平上无意识地模仿他人的心理状态，尽管我们不会在行为水平上表现出来。换言之，我们借助镜像神经元可以在无意识的状态下自动地"将自己放入他人的鞋中",从而直接体验他人的心理状态。(2)经典模拟论认为,在模仿过程中,由于使用了解释和预测系统,模仿最终并没有付诸实践,因此我们自己不仅没有作出与被模拟者一样的行为反应,而且也不会具有与被模拟者相似的真实的心理状态。具身模拟论则认为,镜像神经元的活动机制暗示我们,虽然模仿发生时没有作出最终的行为反应,但我们拥有与被模拟者同样的心理状态,而恰恰正是这种具身化的感同身受才是我心通向他心的根本保证(陈巍,2010)。鉴于以上认识,具身模拟论尝试回答经典模拟论无法应对的三个难题。

首先,具身模拟论明确了模拟者与被模拟者之间的相似性对模仿发生的意义。具身模拟论遵从了马图拉纳和瓦雷拉(Maturana & Varela, 1992,p.34)关于认知活动奠基于身体结构的建议:"我们的立足点是意识到所有知道的东西都是认识者(kowner)的行为,也就是,所有认识活动都有赖于认识者的结构。"①这意味着,所有知识都是生物体生物结构的组成部分,并通过生物结构联系在一起,这种观点不是生物还原论,而是现象学的、唯物主义的。换言之,产生认知的生物机制同样必要地限定着它。由于我们对于认知的生物系统的理解并不全面,以及我们缺乏通达这些系统的内省方式,所以这些局限可能以一种未知的方式在起作用。当然,这种论点并不局限于对个体内部事件的认识,它同样适用于我们对于他人的认识。事实上,认同身体相似性在我心通向他心上之地位的观点由来已久,哲学家密尔(John Stuart Mill)就曾敏锐地指出"我之所以断言,他人也像我一样拥有情感,首先是因为他们像我一样拥有身体"(转引自高新民,2002,p.893)。梅洛-庞蒂(1964)也认为:"正是由于我不是一个纯粹不具身的内在(disembodied interiority),而是一个具有肉身的在世之在,我才能够与那些以同样方式存在着的他人相遇并理解他们。"(转引自扎哈维,2008,p.205)这些观点构成了具身模拟论直接而鲜明的立场:"在第一人称和第三人称对形式事件的感知中有一些共

---

① 这种观点类似于戈德曼归纳的具身观点中的身体解剖学的解释与身体活动的解释(详见第二章)。

同的东西，即观察者和被观察者都是人——有着相似的大脑/身体系统。"(Gallese,2008,p.7)"(由此)我们能够经验到一种无法消除的接近感和一种在认知上直接的身体等同感,这是我们通达他心的基础。"(洛马尔,2007,p.87)

那么,如何检验这种观点呢？一个最简单的办法是让模拟者观察在身体形态上与自身存在差异的被模仿对象时镜像神经元的活动情况。如果在这种情况下镜像神经元的活动依旧,则说明身体特性并不影响读心的模仿过程,反之,则说明身体是模仿发生的必要条件。斯特拉费拉和波斯(Strafella & Paus,2000)的经颅磁刺激技术实验显示,观察他人的手臂动作(比如执行一个拿茶杯的动作)会引起观察者镜像神经元系统的共鸣激活,而镜像神经元系统的经颅磁刺激技术诱发电位虽然会受个体观察他人运动的影响,但在观看无生命的物体运动(如机械臂执行相同动作)时不会发生变化。一系列的研究证实了上述观点(Wohlschläger, Haggard, Gesierich, & Prinz, 2003; Oberman, Hubbard, McCleery, Altschuler, Ramachandran, & Pineda, 2005)。

其次,假装操作状态与真实操作状态之间的一致性。在确立身体作为读心中模仿发生的基础之后,接下来的问题便是,经典模拟论指出我们在模仿时候用的是假装的状态,而且我们本身既不产生真实的行为活动也不产生与该行为相关的真实的心理状态。那么,我们是否和操作真实状态一样操作假装状态呢？戈德曼(Goldman,2007)猜测在模仿发生时我们心理系统的那种假装操作状态与真实操作状态应该高度一致。事实上,来自动作理解、共情和语言理解领域内的实验证据已经很好地证实具身模拟论的上述猜想。例如,在阿齐兹-扎德(Aziz-Zadeh,2006)的实验中,研究者要求被试读一些描述手和口部动作的句子(例如"拿起香蕉""咬一下桃子"),同时使用fMRI扫描被试大脑的活动。随后,给被试呈现手拿香蕉和嘴咬桃子的视频片段。结果发现,当被试读句子和看视频时,他们大脑控制手和口部动作的相关镜像神经元区域都被一起激活了。镜像神经元系统的这种活动规律很好地支持了戈德曼的猜测,假装状态下内在模仿的操作方式与真实状态下的操作方式在神经水平上具有高度的内在一致性。更为重要的是，这种假装操作状态与真实操作状态之间的一致性还会从主体水平上迁移至交互主体水平上。例如，在辛格等人（Singer, Seymour, O'Doherty, Kaube, Dolan, & Frith, 2004）的共情实验中，仅仅观察抽象的符号也使得被试产生对他人的共情，这说明假装（或虚拟的）操作状态也足以激活镜像神经元系统，从而启动具身化的模仿。

再次，模拟者对自我心理状态的归属优先性。即便我们拥有相似的身体作为模仿发生的可靠基础，而且在模仿过程中，假装状态和真实状态下心理系统的活动具有高度一致性，经典模拟论还面临着如下难题：我们有什么理由说我们能对心理状态进行自我归因。在经典模拟论中模拟者假装自己处于被模拟者的真实情境中，然后依据自身反应来推测被模拟者的心理状态，而这种第一人称视角已经预设模拟者能对自己的心理状态进行归因。戈德曼（Goldman, 2007, p.92）认为，在读心过程中"较之理解并推测他人心理状态，我们对自身心理状态的感知和推测具有优先权（privileged access）"。事实上，早在笛卡尔的《沉思集》中有关我们通向自我心理状态的能力就被赋予第一人称权威的地位，并拉开他心难题的序幕。因此，经典模拟论在读心上重拾这种论调也被理论论学者诟病为"笛卡尔的嗡嗡声"（Cartesian buzz）（Gopnik, 1993）。但具身模拟论的支持者认为，如果镜像神经元系统被用来产生（至少部分产生）对于他人的理解，那么这些神经机制可能导致读心的偏差，即人类经常被注意的一个特征是观察者倾向于将自己已知的特性或动机投射到他们试图理解的人身上。这种读心模式导致的结果是，人们往往以更加相似于自己（而不是他人）的方式来感知他人，即同质性偏差（bias of homogeneity）或朝向自我的衰退（regression toward the self）。然而，在很多情况下，这种倾向的确是一种有用的、有效的读心捷径（Muthukumaraswamy & Johnson, 2007）。为此，具身模拟论再次以镜像神经元的活动特性对上述问题进行了论证。莫伦贝里斯等人（Molenberghs, Cunnington, & Mattingley, 2009）对129个镜像神经元的脑成像实验报告进行了元分析（meta-analysis）。结果显示，虽然镜像神经元在观察他人心理状态（诸如语言理解、动作意图推测、情绪共鸣等)与自己执行相同心理活动时均被激活，但镜像神经元在自我执行这些心理活动时的激活水平要强烈得多。这再一次惊人地印证了戈德曼关于模仿的优先权假说。

三、理论论对具身模拟论的质疑

然而，即便具身模拟论有效地应对了上述经典模拟论无法应对的三个难题，其依旧面临一些无法解释的现象并难逃理论论的质疑。当前，已有一大批支持理论论的哲学家、心理学家和神经科学家对此进行了系统、严肃的质疑与批判，试图为这种直通他心的路径安装上"刹车"。大致包括如下五个方面。

第一，相似的大脑-身体系统并不是社会互动的必要条件。按照具身模拟论的观点，身体的相似性是确保我们理解他人的行为与心理状态的前提，这意味着如果自我与他者在身体上存在显著差异，我们就很难理解他人的行为与心理状态。然而，虽然我们并不存在尾巴，也无法利用身体的相似性直接对由该部位做出的动作进行模仿，但是我们依旧可以理解狗向主人摇尾巴表达的社会意图。布奇诺等人(Buccino, Lui, Canessa, Patteri, Lagravinese, Benuzzi, Porro, & Rizzolatti, 2004)的脑成像实验探索了人类被试观察人、猴和狗执行口部动作。在一种实验情境下，被试观察的口部动作是猴、人类、狗撕咬食物的摄食动作(如图 4-3 所示)。

另一种实验情境下，被试观察的口部动作是人类读唇、猴咂嘴唇、狗吠的交流动作(如图 4-4 所示)。

结果表明，对于所有撕咬动作的观察都会激活镜像神经元系统，包括后侧顶叶和腹侧运动皮层。然而，对不同物种口部交流动作的观察激活了不同的皮层区域，对人类默读的观察激活了左侧额下回的岛盖和布罗卡区的前运动部位(premotor sector of Broca's region)，对猴咂嘴唇动作的观察则只激活了双侧相同区域的一小部分，对狗吠声的观察仅仅激活了外纹状视觉皮层区域(extra-striate visual areas)。虽然，这支持了具身模拟的设想，即那些属于观察者自身运动功能属性内的动作(如撕

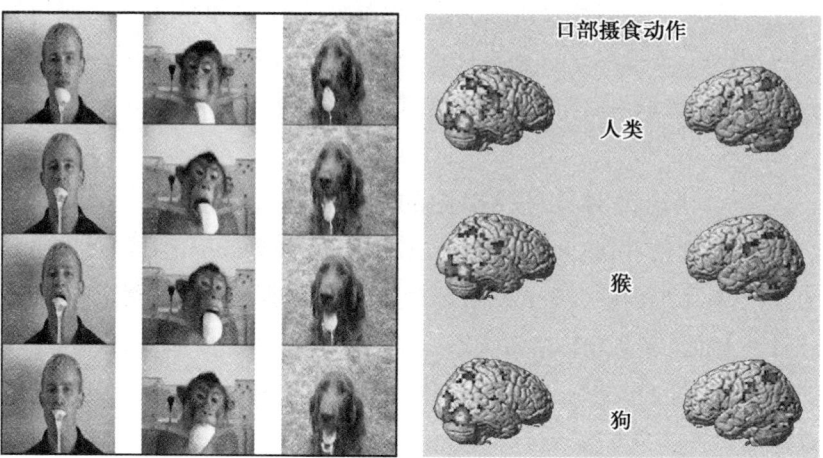

图 4-3 左侧是作为摄食动作的口部动作——人类、猴、狗撕咬动作的视频剪辑,右侧是观察不同物种摄食动作时人类被试皮层激活状态

(转引自 Buccino, Lui, Canessa, Patteri, Lagravinese, Benuzzi, Porro, & Rizzolatti, 2004, pp.116-117)

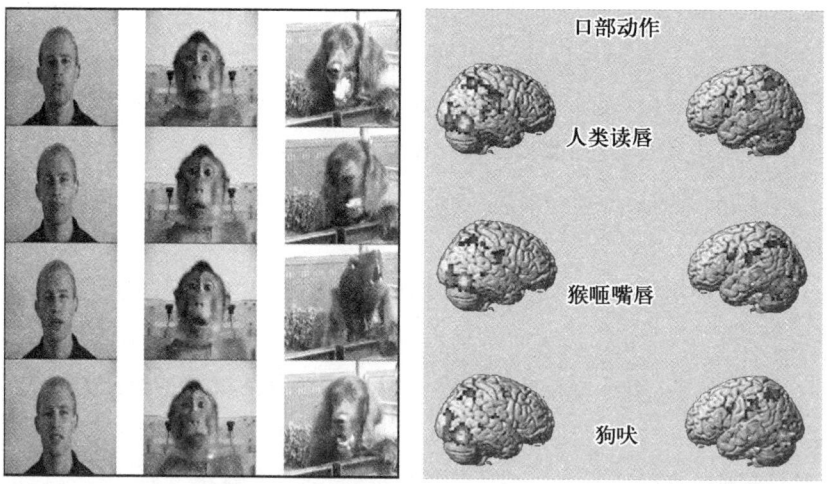

图 4-4 左侧是作为交流动作的口部动作——人类读唇、猴咂嘴唇、狗吠的视频剪辑,右侧是观察不同物种交流动作时人类被试皮层激活状态

(转引自 Buccino, Lui, Canessa, Patteri, Lagravinese, Benuzzi, Porro, & Rizzolatti, 2004, pp.118-119)

咬和读唇)或者与之非常相似的动作(如猴咂嘴唇)在观察者运动系统中是预先组合好了的。相比之下,那些不属于观察者本身运动功能属性内的动作,则因为仅仅基于其视觉属性而被予以归类。这些结论说明,如果一种动作属于观察者本身运动系统具有的运动功能,则会激活其相应运动皮层,而如果不属于其运动系统功能则不会激活观察者运动系统的兴奋。然而,即便被试的镜像神经元系统没有对狗吠产生反应,被试依旧可以理解狗吠这一行为表达的基本意图。甚至有研究发现,人类可以理解非生命的物体(如一个三角形)表达的运动意图。在观看一个三角形有目的导向的运动时,被试的左侧顶内沟后部(left anterior intraparietal sulcus, aIPS)的激活程度与观察有生命的生物的目的导向运动并不存在显著差异(Ramsey & Hamilton, 2010)。这暗示具身模仿并不是调节动作理解的唯一机制。

第二,自身运动能力并不是理解动作意图的必要条件。按照具身模拟论假设,我们是以自我为参照从而自动化地实现对他人心理状态的理解。比如,个体体验和表达情绪的能力是个体表征并识别他人具有的相似情绪的前提,听者能够无意识地模拟语言表述者的舌部肌肉的运动是个体理解对方语言表述的前提。然而,上述假设与许多临床神经病理学上的病例相矛盾,并不是所有动作产生有障碍的患者的动作识别也存在缺陷。例如,一些诸如失用症(apraxia)等脑损伤(例如,运动皮层中负责该动作的脑区被损毁)患者通常无法自己去执行某些动作,但是他们却可以较好地理解其他人做这些动作(Negri, Rumiati, Zadini, Ukmar, Mahon, & Caramazza, 2007)。又如,默比乌斯(Mobius)综合征患者脸部天生瘫痪,这使得他们自出生后就无法做出任何面部表情,但是他们依旧具有迅速识别并理解他人面部表情的能力(Calder, 2000)。这表明,理解他人动作或表情的能力并不依赖于自己产生相应行为的能力。此外,范等人(Fan, Decety, Yang, Liu, & Cheng, 2010)的EEG研究发现,自闭症患者与正常被试在观察手部动作时均出现显著的μ波抑制,只是自闭症组无法模仿观察到的动作。因此,研究者认为自闭症患者的镜像神经元活动正常,可能只是功能受到抑制。这些现象都是具身模拟论无法解释的。

第三,镜像神经元经典实验的解释并非不可兼容于心智化。西谷等人(Nishitani, Avikainen, & Hari, 2004)的 MEG 研究发现,人类被试在观察他人动作的过程中,颞上沟(STS)会先于顶叶皮层激活,随后是额下回,最后激活的才是运动皮层。鉴于颞上沟并没有运动反应属性,这种时间激活顺序说明动作首先是以一种非模仿的方式呈现在大脑中的,随后这种表征才会被映射到观察者运动系统,并被作为信息传递到顶叶和额下回。这与具身模拟论的预设完全相悖。也就是,对动作意图的推理促进了动作模拟随后实现动作理解,而不是动作模拟直接促成意图理解。事实上,颞上沟恰恰是心智化推理脑区的重要组成部分(Catmur, 2015)。此外,乌米尔塔等人(Umiltà, Kohler, Gallese, Fogassi, Fadiga, Keysers, & Rizzolatti, 2001)通过对比豚尾猴观察实验者抓取物品的动作时镜像神经元的反应模式,发现镜像神经元的激活与最终手同物品的接触部分是否可见无关,但与物品是否呈现有关,从而说明了镜像神经元系统的活动并不是针对动作的视觉刺激本身,而是针对动作的目的。对此,萨克斯(Saxe, 2005)提出了一个有趣的质疑:如果在实验者未知而猴子已知物品已不在原处的情况下沿用乌米尔塔范式——先让猴子观察实验者抓取物品的动作,记录其神经元放电情况,随后设置挡板,实验者重复相同的动作——那么,镜像神经元会如何反应?上述实验假设会产生一种逻辑上的矛盾:如果猴镜像神经元的激活模式依旧,说明其在对实验者进行模拟,而模拟的结果则是会导致错误的理解。这与猴子已经知道没有物品存在的事实矛盾。如果猴镜像神经元的激活模式改变,那么意味着猴子出现与实验者不一样的认知。这说明猴子是根据自己的知识(或至少不是完全依赖于具身模拟)在理解问题。这种知识恰恰来源于心智化的推理。

在逻辑相关的镜像神经元研究上,福加西等人(Fogassi, Ferrari, Gesierich, Rozzi, Chersi, & Rizzolatti, 2005)曾发现,当恒河猴在观察运动属性上极其相似的行为(例如,"抓来吃"与"抓来放")时,猴脑 PF/PFG(顶下小叶喙部)区中的镜像神经元会分别作出倾向性的放电反应。

研究者借此推测这些神经元编码了与动作相关的目的(吃或者放到容器里),而不是编码看到的抓握动作。这种解释曾被视为具身模拟论的一个强有力证据。然而,该研究的重要特征在于有两个因素有助于猴区分"抓来吃"与"抓来放":抓握的物体是否是食物以及在目前知觉到的动作情境中是否存在一个容器。精确抓取这个同样的运动动作,在有塑料杯("抓取食物放在杯子里")和没有塑料杯("抓取食物去吃")的情况下诱发不同的镜像神经元反应。这很有可能是因为塑料盘子成了一个调节两个不同联想操作的情境线索,而不是提供了执行者意图的线索。换言之,镜像神经元的不同活动是两个不同联想操作情境直接诱发的,与理解动作意图无关(Catmur, 2015)。

第四,具身模拟并不是在刺激贫乏而是在刺激丰富情境中产生的。库克等人(Cook, Bird, Catmur, Press, & Heyes, 2014)认为,具身模拟论将镜像机制的活动视为刺激贫乏(poverty of the stimulus)的。也就是,如果当一个特定的行为被计划好,那么运动的后果就是可以预测的。这意味着,在计划执行一个给定的行为时可以预测其结果。因此,对于社会情境中表现的或者看到的习惯动作而言,何种动作最常出现在其他动作之后的统计能够限制推理和预测的优先路径(preferential paths),比如,"拿起杯子"这一动作之后最有可能紧接的动作是"喝水"。然而,现有的证据表明镜像神经元的活动是在刺激丰富(wealth of the stimulus)情境中产生的。在这种情境中,按照贝叶斯推理编码(Bayesian predictive coding, BPC),大脑的活动应被视为一个概率推理系统(probabilistic inference system),它以层级化的方式被组织起来,不断产生自上而下的预测,并将其与实际的输入进行比较。该系统的目的是将预测和实际输入之间的差异最小化,也就是预测错误(prediction error)最小化。如果预测错误很小,就不需要修正产生预测的模型,如果预测错误大到无法预测产生输入的原因,那么就要修正该模型。在此意义上,这个系统并不关心对输入的编码本身,只有产生错误信号的不可预测的输入才会导致大脑更新其模型(De Bruin & Strijbos, 2015)。借助这种贝叶斯推理模型可以将逻辑相关的镜像神经元的工作模式描绘成一个预测编码模型(predictive coding model)。该模型是在理解或者推测他人动作意图时被激活的途径。它主要通过在各级皮层中广泛重复的交互处理作用达到减少推测错误的目的。在这个模型中,每一层的神经元都需要通过发生模型来处理来自前一层神经元的信号,并产生对它的意图推测。这个意图推测通过与前一层神经元的逆向联结并回传给前一层,在比较了前一层新的动作呈递和原本的意图推测后,如果新的动作与旧的意图推测不一致,那么会将预测错误上传给产生意图推测的那一层,并让其改变原本的推测。改变好的推测又回传给下一层,与新的动作呈递作比较。这样往返检测直到使推测错误最小化(Kinler,2007)。这意味着虽然观察到他人的抓取动作可以激活自身的镜像神经元系统去理解动作的目标,但这个抓取动作的结果是什么并不是由动作本身决定的,而是完全取决于非运动的情境(例如,抓起杯子喝水、清理或闻香味)。因此,在正常情况下,我们必须先推理处于情境之中的动作目标,然后才能如具身模拟论设想的去激活相应的动作链从而理解动作目标。换言之,推论式推理即便不能完全取代也至少先于具身模拟。

刺激丰富说也得到其他实验证据的支持。例如,如果向被试呈现嵌入到惯用语(idiom)中的动词(如"kick the bucket"),则其相应的运动系统不会被激活(Raposo, Moss, Stamatakis, & Tyler, 2009)。如果向被试呈现那些具有特定动作与颜色联系的词汇(如"拳击手套")并要求其将注意力集中到词汇颜色上时,其运动系统的激活程度就相对较低(Van Dam, Van Dijk, Bekkering, & Rueschemeyer, 2012)。这说明具身模拟的流畅性(flexibility)依赖于其加工的背景,而这种背景信息可以借助基于符号、命题网络构成的概念表征系统加以解释。这说明具身模拟无法脱离心智化推理而发生。

第五,镜像神经元是联想学习(associative learning)而不是自然选择的产物。作为一种自动化的、前理论与前反思的交互主体性实现方式,具身模拟曾被视为自然选择或适应的进化产物,并特异于有生命刺激的社会互动。对此,一些学者指出,如果这种古老而有效的方式确实是一种基因适应,那么这些进化结构应该可以预测镜像神经元的发展对那些妨碍其适应功能的环境扰动具有抵御或"免疫"能力，而不应被短期的学习改变(Cook, Bird, Catmur, Press, & Heyes, 2014)。

然而，当前已有大量研究显示，镜像神经元或镜像机制无法抵御对无生命刺激的编码，关于声音、色彩和形状的任意刺激都能在相对短期的感觉运动训练之后诱导出具有镜像属性的运动诱发电位(MEP)、fMRI和行为效应。例如，普雷斯等人(Press, Gillmeister, & Heyes, 2007)对被试进行了大约50分钟的感觉运动训练：当看到机器钳子打开时，他们就张开自己的手；当看到机器钳子闭合时，他们就握拢自己的手，如此反复。在这项训练开展之前，钳子运动诱发的自动化模仿比人类手部运动要少，但训练后的24小时，钳子运动诱发的自动模仿效应与手部运动诱发的效应一样强烈。甚至，被试只要接受持续、稳定的短期感觉运动训练后，镜像神经元能对任何刺激产生反应。彼得罗尼等人(Petroni, Baguear, & Della-Maggiore, 2010)的EMG实验将颜色线索与食指和小指的运动联结起来，从而赋予被试感觉运动经验。研究发现，单独观察颜色线索就会让之前相应联结在一起的手指肌肉产生更强烈的运动诱发电位变化。普雷斯等人(Press, Gillmeister, & Heyes, 2012)对被试进行感觉运动训练，将他们学习到的不同几何形状与执行特定的动作联结起来。随后，研究者发现，当被试观察到一个特定的几何图形时会抑制执行与之匹配对应的那个动作的BOLD反应，但是不会抑制与另外几何形状相匹配的其他动作。这意味着感觉运动经验会在运动皮层中产生感觉运动反应。

上述一系列证据促使越来越多的研究者认为，镜像神经元的首要匹配特征不是一种特殊遗传倾向的产物，而是领域一般性的联想学习的产物。联想学习是一类与产生巴甫洛夫式条件反射现象和工具性条件反射(instrumental conditioning)现象相同的学习，它广泛存在于脊椎动物和无脊椎动物中。如果镜像神经元或镜像机制是由感觉运动联想学习塑造的，那么它们的这些活动特征就恰恰反映联想学习的灵活性(Cook, Bird, Catmur, Press, & Heyes, 2014)。这也暗示，伴随社会复杂程度增加，具身模拟论预设的自动化模拟并不总是有利于生物体的生存适应。

例如,人类在执行"石头-剪子-布"等策略性游戏时,由镜像神经元系统启动的具身模拟至多产生平局。而注意力、动机与过往经验都可以帮助被试对这种自动化模拟进行调控从而在这类游戏中占得先机(Cook, Bird, Luenser, Huck, & Heyes, 2012)。

四、整合理论论与模拟论

加莱塞(Gallese, 2005)也意识到,具身模拟并不是读心领域内唯一的功能性机制,基于理论的推理在读心过程中同样不可或缺。比如,不同情境下他人相同的动作可以导致观察者截然不同的理解。社会刺激同样可以在对环境外显的特征进行认知加工的基础上被理解。这种理解通过挖掘先前已获得的、关于被分析情境相关方面的知识来实现。因此,在生物体的大脑中,至少存在两套加工机制来完成社会理解(social understanding)(Muthukumaraswamy & Johnson, 2007)或读心(陈巍,2010)。第一套机制是基于大脑镜像神经元系统的具身模拟。这套机制认为,对于他人的表征会被映射到观察者自身相似的身体-大脑系统之中,从而自动化地、前反思地实现对他人的理解。也有学者称之为"无中介的共鸣"(unmediated resonance)(Goldman & Sripada, 2005)。第二套机制是心智化能力(mentalizing),即为了理解他人的行为,必须对特定社会情境进行语义层面的分析和推理,该过程涉及更多的意识加工(陈巍,2010)。当然,具身模拟与更为复杂的心智化能力之间并不是相互排斥的。加莱塞(Gallese, 2005)认为,从进化的角度看,具身模拟可能是最古老的读心机制,它是由基于身体的经验直接启动的。而心智化能力则是对事件外部状态的认知描述,是由从身体分离出来的抽象经验描述并启动的。

我们认为,在日常情境下,具身模拟主要应对相对简单的社会情境中他人的行为与心理状态,而心智化能力主要应对复杂社会情境中他人的行为和心理状态。举例而言,当观察到某人不小心被绊倒而摔伤后,我们的镜像神经元系统会被激活,通过具身模拟产生感同身受的情绪体验。这种前反思的读心能力是由进化保留下来的通向他心的"绿色通道"。它可以帮助我们有效地处理日常经验中的他人经验问题,而不必借助推理等复杂的计算过程,从而节约我们有限的大脑资源。然而,如果当他摔伤后站起来面露微笑时,这种社会情境就与我们的日常经验不符。这时候,具身模拟机制无法正常启动,我们就需要借助基于逻辑和规则的心智化能力,在反思层面上对这个人在这种情境下不合常理的行为和心理状态进行推理。此外,读心的双重机制作为一种混合型解释(hybrid account)也得到发展心理学研究的支持。陈巍、丁峻和 Wong (2009)同时采用真实信念任务[①]和错误信念任务对 4—6 岁儿童进行施测,实验结果发现读心的解释模型存在阶段分类效应(stage-classification effect)。模拟论和理论论分别可以对 4、5 岁儿童在这两项信念任务上的表现作出合理解释,而这两种解释模型的结合则进一步揭示不同年龄儿童在这两项信念任务表现上的分离现象。

[①] 真实信念任务(true belief task)是一类新近出现的检验儿童读心能力的实验设计范式。该范式主要相对于错误信念任务(false belief task),并可以有效检验错误信念任务的构想效度。

第五章 自闭症与读心障碍

如果说第三、第四章考察的都是正常个体的读心,那么在本章我们将目光转向读心障碍(mindreading disorder)群体。通过系统探索读心障碍群体在日常社会互动过程中出现的异常读心现象、表现以及相关假设、机制和解释,可以寻找到一个特殊的"窗口"来一窥读心的奥秘。显然,自闭症患者表现出的临床心理与行为可以作为最为典型的读心障碍。

自闭症(autism)(又称孤独症),由美国儿童精神医学之父坎纳(Leo Kanner)在1943年首先提出。他最初将自闭症描述成一种生物学上的情感交流缺陷。患者通常在3岁之前发病,语言和想象力发展缓慢,兴趣狭窄,并且一生都伴有交流、社交方面的缺陷(American Psychiatric Association, 2000)。目前,该疾病与阿斯伯格综合征(Asperger syndrome)、儿童瓦解综合征(childhood disintegrative disorder)以及未分类广泛性发育障碍(pervasive developmental disorder not otherwise specified)统称为自闭症谱系障碍(autism spectrum disorder)。作为病因未明的神经发育疾病(neurodevelopmental disorders),其主要症状为在各种场合出现持久的社会沟通和交往障碍(涉及社会情感互动缺陷、非语言行为交流缺陷、发展维持和理解人际关系的缺陷),伴随狭隘的兴趣、刻板的重复行为或活动模式(涉及刻板或重复躯体运动、高度受限的固定兴趣、感觉输入的过度反应或反应不足)(DSM-V, 2013)。基于病情的严重程度,自闭症患者在眼神交流、面部表情、社会兴趣、同伴关系以及社交或情感互动等方面呈现不同的状态。这些异常状态与个体的模仿、心智理论

(theory of mind)(揣摩他人心智的能力)、共情等社会认知能力(个体对外界状态的表征能力,包括他人的心理状态或者行为)(Hohwy & Palmer,2014)的缺损有关。世界范围内自闭症的自然发病率为0.1%—0.5%,并且男女发病率差异显著(男女患病率比例为4:1)(Fombonne,1999;Gillerg & Wing,1999)。自闭症的临床鉴定标准不一,所以自闭症是泛指一大类的临床表现。对于某一特定的个体,并不是以上的症状都存在,不同的自闭症患者可能表现出完全不同的症状(Filipek,Accardo,Baranek,Cook,Dawson,Gordon,Gravel,Johnson,Kallen,Levy,Minshew,Ozonoff,Prizant,Rapin,Rogers,Stone,Teplin,Tuchman,&Volkmar,1999;London,2007;Rapin & Tuchman,2008)。正是因为自闭症这种复杂的异质性,其病因到目前还未完全阐明,也没有完全得到治愈的病例出现。

对于自闭症的心理病理发生,国内外学者陆续提出很多理论。其中最有名的就是巴伦-科恩等人提出的心智理论缺陷说(theory of mind deficit)(Baron-Cohen,Leslie,& Frith,1985;Frith,Morton,& Leslie,1991;Happé,1995)、执行功能障碍理论(executive dysfunction theory)(Hill,2004)以及弗里思(Frith,1989)和哈佩等人(Happé & Booth,2008)提出的弱中央统合理论(weak central coherence theory)。虽然前两种理论可以解释大部分自闭症的社交缺陷能力,第三种理论对于自闭症的非社会认知能力缺陷也有很好的阐述,但是单独某个理论始终只能解释部分自闭症的行为,即缺少一种统一的理论可以解释所有自闭症行为。

围绕自闭症患者的读心障碍,我们将介绍并分析三个新近出现的解释理论:(1)碎镜理论(broken-mirror theory)(Williams,Whiten,Suddendorf,& Perrett,2001;Iacoboni & Dapretto,2006;Ramachandran & Oberman,2006),或自闭症镜像神经元功能障碍假说(autistic mirror neuron dysfunction,AMND);(2)共情-系统化理论(empathizing-systemizing theory)(Baron-Cohen,2002,2009,2011);(3)互动理论(interaction theory)(Gallagher,2004,2012)。

第一节　碎镜理论及其与自闭症的关系

> 对我而言,没有任何的哲学问题及得上有关他人心理的知识那样困难。
> ——艾耶尔[①](Ayer,1942),转引自 Badcock(2009)

在 20 世纪 90 年代初,意大利帕尔马大学里佐拉蒂等人在研究猴脑前运动皮层 F5 区时发现一类特殊的神经元。这些神经元不仅在猴子自身执行某个动作时放电,而且还在猴子观察实验人员做相同动作时放电。他们把这些像镜子一样可以在自己的运动皮层中映射其他人动作的神经元定名为镜像神经元,并展开了进一步的研究。随后,在猴脑的顶下叶(IPL)也发现类似的神经元。由于动作在社会交往中起到很重要的作用,镜像神经元的发现似乎提供了一种人与人之间信息交流的桥梁。那么,人脑中是否也存在类似的机制呢?由于研究人脑不可能像研究猴脑那样植入单电极,研究者只能通过非侵入技术(fMRI,PET,EEG,MEG,TMS)来间接探索人脑镜像神经元的存在。很多的研究通过比较被试在自身执行或观察他人某个动作时共同被激活的脑区,发现在顶下叶(IPL)和额下回(IFG)存在类似镜像神经元的区域,再加上运动视觉输入的颞上沟(STS),以上三部分统称为人类镜像神经元系统(MNS)(Rizzolatti & Craighero,2004)。

在功能上,人类镜像神经元参与很多重要的认知过程。首先,由于人类镜像神经元系统是运动系统的一部分,它在个体自我动作控制上起到很重要的作用(Gallese,2009)。镜像神经元对于有目的的、视觉引导的手部动作至关重要,比如拿筷子吃饭和用锤子钉钉子。人类镜神经

---

① 阿尔弗雷德·艾耶尔爵士(Sir Alfred Jules,1910—1989),英国哲学家,因 1936 年出版的《语言、真理与逻辑》一书而闻名于世,同时也是一位自闭症患者。

元的损伤会导致运动失用(apraxia)，即无法完成日常生活中有目的的视觉引导动作，以及工具的使用（Grafton, Mazziotta, Woods, & Phelps, 1992；Halsband, Schmitt, Weyers, Binkofski, Grutzner, & Freund, 2001；Buxbaum, Kyle, & Menon, 2005）。其次，镜像神经元参与许多社会功能，如模仿（Iacoboni, Woods, Brass, Bekkering, Mzaaiotta, & Rizzolatti, 1999；Buccino, Binkofski, & Riggio, 2004；Aziz-Zadeh, Koski, Zaidel, Mazziotta, & Iacoboni, 2006）、动作观察（Buccino, Binkofski, Fink, Fadiga, Fogassi, Gallese, Seitz, Zilles, Rizzolatti, & Freund, 2001）和识别（Buccino, Binkofski, & Riggio, 2004）、动作意图的理解（Buccino, Lui, Canessa, Patteri, Lagravinese, Benuzzi, & Rizzolatti, 2004；Hamilton & Grafton, 2006）和推测（Kilner, Vargas, Duval, Blakemore, & Sirigu, 2004；Wilson & Knoblich, 2005）。最后，除了与动作相关的社会行为外，人类镜像神经元似乎参与另外一些高等的社会认知能力，而这些能力是非人灵长类欠缺的，如语言理解（Le Bel, Pineda, & Sharma, 2009）、心智理论（Agnew, Bhakoo, & Puri, 2007）以及共情（Schulte-Rüther, Markowitsch, Fink, & Piefke, 2007）。

基于对人类镜像神经元系统这些功能的研究，由于自闭症患者的众多社会缺陷能力似乎伴随镜像神经元系统的参与，学者很容易就将镜像神经元系统与自闭症相联系。以下我们具体阐述自闭症的四个主要缺陷与碎镜理论之间的关系。

一、镜像神经元系统与自闭症动作理解和模仿缺陷的关系

很多研究都表明，自闭症患者在模仿方面有缺陷（Williams, Whiten, & Singh, 2004）。由于模仿对儿童幼年情感、社交能力的建立和发展至关重要，所以模仿能力的缺陷直接影响个体社会心理的发展（Williams, Whiten, Waiter, Pechey, & Perrett, 2007）。最早的研究发现，自闭症患者对模仿一些简单的肢体运动以及一些有象征意义的动作有困难。而后大量的模仿能力测试则表明，患者的表现很大程度上取决于

任务的难度、患者的年龄以及患者其他的一些认知能力。比如,语言能力强的自闭症儿童在模仿任务中的表现明显好于语言能力相对差的,年龄大的患者好于年龄小的。而对同一个体来说,模仿一些及物动作的表现要好于那些不及物的、抽象的动作(Hammes & Langdell,1981;Roeyers, van Oost, & Bothuyne,1998;Aldridge, Stone, Sweeney, & Bower,2000; D'Entremont & Yazbek,2007)。另外,相对于无法完成模仿任务来说,一些年龄大的患者经常会出现反转错误(即对原动作进行180度翻转后再模仿)。而这样的反转错误在正常的学龄前儿童也常出现(Ohta, 1987),这表明这些自闭症患者的模仿能力不是完全丧失,而是发展相对迟缓(Whiten & Brown,1999)。

  虽然早在50多年前就被发现自闭症患者在动作和模仿方面存在缺陷(Ritvo & Provence,1953),但其病理机制还未被阐明。很多理论相继被提出,如柯西奥(Curcio,1978)的符号表征学说(symbolic representation hypothesis),琼斯和普赖尔(Jones & Prior,1985)的运用障碍学说(dyspraxia hypothesis),特里瓦特恩和艾特肯(Trevarthen & Aitken, 201)的动机学说(motivation hypothesis)以及罗杰和彭宁顿(Rogers & Pennington,1991)的自我-他人表征学说(self-other representation hypothesis)。在这些理论当中,自我-他人表征学说得到了大量的行为学支持。该理论认为,正常的个体通过联系自我与他人对同一动作的表征从而处理日常对他人动作的识别、理解和模仿,而且这一过程是自动、无意识进行的。而对于自闭症患者来说,他们的感觉和运动能力都是正常的,只是他们无法形成或者无法协调自我与他人在社会行为上的表征联系。

  看到的动作与自我执行相同的动作都由同一神经元处理,镜像神经元的这一特点提供了上述表征联系的神经基础。电生理以及脑成像的研究证实了这样的假设。经颅磁刺激技术(TMS)刺激某一皮层时能在其靶肌肉处产生磁诱发电位(MEP),通过观察磁诱发电位的变化就可检测相应脑区的活动情况。特奥雷特等人(Théoret, Halligan, Kobayashi, Fregni, Tager-Flusberg, & Pascual-Leone,2005)设计一系列手指运动让被试观察,并运用这种技术检测脑部活动。他们发现,通过经颅磁刺激技术刺激人类镜像神经元区域,自闭症患者只有当手指运动方向朝着被试时磁诱发电位才会发生变化,而运动背向被试时则没有,但正常被试的磁诱发电位在双向运动时都有变化。这个结果进一步支持了镜像神经元作为自我-他人表征学说的神经基础。Mu 波抑制一直被认为是镜像神经元活动的电生理指标,奥伯曼等人(Oberman, Hubbard, McCleery, Altschuler, Ramachandran, & Pineda, 2005)在 EEG 实验中发现正常被试在观察他人动作时 Mu 波被显著抑制了,这表明镜像神经元的活动存在,但是自闭症患者并没有出现这样的抑制。西谷等人(Nishitani, Avikainen, & Hari, 2004)用 MEG 记录了被试在观察面部表情(面部动作)照片时的脑部活动。他们发现,自闭症患者和正常被试一样都激活了包括颞下沟(STS)和顶下叶(IPL)在内的处理视觉运动的脑区。但与正常被试不同的是,自闭症患者的前额镜像神经元系统以及初级运动皮层并没有显示相应的活动。这个结果暗示自闭症患者在观察动作时,对动作进行低水平视觉处理的脑区完好保留,而对动作进行高水平认知分析的脑区如前额则有相对的缺陷。比利亚洛沃斯等人(Villalobos, Mizuno, Dahl, Kemmotsu, & Muller, 2005)也发现,自闭症患者相对于正常被试来说,他们的初级视觉皮层与布罗德曼 44 区(即前额镜像神经元系统)缺乏功能联系。达普雷托等人(Dapretto, Davies, Pfeifer, Scott, Sigman, Bookheimer, & Iacoboni, 2005)在被试观察面部表情动作时用 fMRI 记录脑部活动,他们发现,自闭症患者激活的脑区与正常被试基本相似,但额下回(即前额镜像神经元系统)的活动与正常被试相差较远,而且活动随着自闭症严重程度的增加而减少。这些实验都直接或者间接地证明,自闭症患者前额镜像神经元系统有缺陷,而且镜像神经元的缺陷可能是自闭症患者在动作和模仿方面缺陷的重要原因。

二、镜像神经元系统与自闭症心智理论和共情缺陷的关系

大量实验结果表明,自闭症患者除了对最基本的动作理解和模仿有缺陷外,他们对更社会化的认知能力(如对他人愿望、信念、意图和情感

的理解)也有缺陷,即心智理论缺陷(Baron-Cohen,2005)和共情缺陷(Gillberg,1992)。自闭症患者往往不能执行多种心智理论任务(Baron-Cohen,Leslie,& Frith,1985,1986),他们在抑制自我当前信念并推断他人错误信念时有困难。虽然心智理论的机制至今还未被阐明,但是许多方面的研究暗示镜像神经元系统可能参与其中。从理论上,考虑到镜像神经元系是模仿和动作理解的神经基础,人类镜像神经元系统对心智理论模型中的模拟论(simulation theory)提供了生理基础(Oberman & Ramachandran,2007)。从功能上,参与心智理论任务的脑区可能是镜像神经元系统的一部分(Pineda & Hecht,2009)。当被试判断自己个性特点和判断小说中人物的个性特点时,中前额皮层(medial prefrontal cortex)的活动增强,暗示该区域也有镜像特点(Johnson Baxter,Wilder,Pipe,Heiserman,& Prigatano,2002; Kelley,Macrae,Wyland,Caglar,Inati,& Heatherton,2002)。同时,这一脑区也同时参与了被试推断自己或他人对于某一物体的熟悉程度(Uddin,Kaplan,Molnar-Szakacs,Zaidel,& Iacoboni,2005)。奥克斯纳等人(Ochsner,Knierim,Ludlow,Hanelin,Ramachandran,& Mackey,2004)发现,中前额皮层在被试评估自己对于一幅画的情绪反应以及推断别人对于这幅画的情绪反应时都有活动,再次表明中前额皮层在心智理论任务中的重要性。虽然中前额皮层不属于最经典的人类镜像神经元系统,但是该皮层存在的镜像特点似乎暗示其成为该系统新的一部分。

与心智理论类似,共情也是一种对他人情感的理解和模仿的能力。普雷斯顿和德瓦尔(Preston & De Waal,2002)的感觉动作模型是这样解释共情的:当观察者感受到他人情感状态时,大脑会自动激活观察者自身对于该情感的表征,随后激活的表征在一种抑制状态下执行该情感动作,并产生相应的自主体感反应。威廉(William,2008)的研究显示自闭症儿童对情感的变化很敏感,他们可以感知各种情绪(如喜、怒、害怕),考虑到他们情感感知能力完整,自闭症儿童很有可能在上述模型中的自动激活环节有缺陷。近几年的面部表情模仿研究证实了这一点。当正常被试观察面部表情刺激(Van Der Gaag,Minderaa,& Keysers,2007;

Clark, Winkielman, & McIntosh, 2008) 或者潜意识地被修饰这些刺激时 (Dimberg, Thunberg, & Elmehed, 2000), 他们会无意识地模仿这些表情。这样的自动模仿被认为能有助于情绪的识别和感染 (Niedenthal, Brauer, Halberstadt, & Innes-Ker, 2001; Bourgeois & Hess, 2008)。麦金托什等人 (McIntosh, Reichmann-Decker, Winkielman, & Wilbarger, 2006) 比较了自闭症儿童与正常被试在观察各种表情时的肌电图 (EMG), 他们发现自闭症儿童在观察表情图片时缺乏自动的面部表情模仿。当他们要求自闭症儿童主动模仿那些表情图片时, 其肌电图结果又与正常被试类似, 这暗示自闭症患者是自动模仿功能缺陷而不是模仿或者运动功能缺陷。镜像神经元系统也被认为参与了共情过程。观察他人面部表情时激活的脑区与模仿该表情的脑区类似, 都包含人类镜像神经元系统区域, 其中前运动皮层的活动最强 (Carr, Iacoboni, Dubeau, Mazziotta, & Lenzi, 2003)。许多参与共情的脑区有镜像特点, 这些脑区在观察他人情绪 (生气、痛、恶心) 和自己经历这种情绪时都被激活 (Wicker, Keysers, Plailly, Royet, Gallese, & Rizzolatti, 2003; Morrison, Lloyd, Di Pellegrino, & Roberts, 2004; Sacco & Hugenberg, 2009)。解剖学上表明, 镜像神经元脑区损害患者无法通过共情测试 (Adolphs, Damasio, Tranel, Cooper, & Damasio, 2000; Avenanti, Bueti, Galati, & Aglioti, 2005)。以上的研究结果都暗示, 镜像神经元系统在心智理论和共情中的重要作用, 而且其损害可能是自闭症的病理学基础。

三、镜像神经元系统与自闭症语言缺陷的关系

语言除了最基本的描述功能外, 还帮助人们交流各自的想法、意图和观念。虽然自闭症患者保留一些最基本的语言功能, 如正常描述事物的能力, 但他们在日常社会交流方面有很大缺陷。与正常的同龄被试相比, 自闭症儿童在语音、词汇、语义和语法方面都有很大的局限性 (Tager-Flusberg, 2000)。低功能的自闭症儿童往往有言语模仿症 (在交流时立即且不自觉地重复别人刚刚说过的词或短语)(McEvoy, Loveland, & Landry, 1988), 而高功能的自闭症儿童则患有新语症 (自己

创造一些对别人无意的词)(Volden & Lord,1991)、代名词反用(把"他们"说成是"你",把"别人"说成是"我")(Liberman & Mattingly,1985)。

镜像神经元对于语言的产生和发展(甚至进化)非常重要(Arbib,2005)。在语言学上,话语感知运动理论(motor theory of speech perception)能较好地解释自闭症的语言缺陷(Lee,Hobson,& Chiat,1994),镜像神经元又是该理论最有力的证据。该理论认为,人们对语言的理解和产生是通过大脑运动系统来完成的,语言功能缺陷其实是一种大脑运动信息处理的障碍。该理论的第一个假设是话语感知的对象并不是声音信号,而是话语动作。话语动作一般指说话人的口腔,嘴唇和舌头的运动,并在大脑中形成作为运动指令的表征。这个假设被很多行为学实验支持,包括:话语观察干扰话语产生(Fadiga,Craighero,Buccino,& Rizzolatti,2002;Watkins,Strafella,& Paus,2003;Wilson,Saygin,Sereno,& Iacoboni,2004)、肢体运动影响话语产生(Glenberg & Kaschak,2002)、语言理解干扰动作执行(Dick,Goldin-Meadow,Hasson,Skipper,& Small,2009)。话语感知运动理论的第二个假设是,话语感知和话语产生在结构和功能上紧密联系。镜像神经元系统对该假设提供了解剖学上的证据。首先,镜像神经元系统的额下回(IFG)位于语言产生的布罗卡区,而与镜像神经元系统密切相关的颞上沟(STS)与语言理解的韦尼克区同源(Le Bel,Pineda,& Sharma,2009);其次,在观察或听到别人的话语时镜像神经元系统的额下回(IFG)及颞上沟(STS)区域都被激活(Calvert & Campbell,2003),而且呈躯体皮层定位分布(somatotopic)(Hauk & Pulvermüller,2004)。经颅磁刺激技术和神经影像学的结果都表明,正常被试无论在执行某个动作还是仅仅听到(或读到)与该动作相关的话语时,其镜像神经元系统都被激活,这暗示镜像神经元系统参与语言的处理和理解(Buccino,Riggio,Melli,Binkofski,Gallese,& Rizzolatti,2005;Gazzola et al.,2006;Hauk & Pulvermüller,2004;Tettamanti,Buccino,Saccuman,Gallese,Danna,Scifo,Fazio,Rizzolatti,Cappa,& Perani,2005;Aziz-Zadeh,Koski,Zaidel,Mazziotta,& Iacoboni,2006)。然而,自闭症患者的镜像神经元系统对于声音的处理与正常的被试不同。博达特等人（Boddaert，Belin，Chabane，2003）利用类似语音的声音刺激，使用PET研究自闭症患者在加工前信息时听觉皮层功能是否存在异常，重点考察了属于镜像神经元系统的颞上沟和颞上回。听力正常的自闭症患者在类似语音的刺激下，出现特异于对照组的右侧颞上回激活增加。这初步证明，在镜像神经元区域，自闭症对听觉刺激的异常激活模式反映了听觉皮层加工过程的改变，进而导致语言发展早期阶段的异常。以上的证据直接或间接地表明话语感知与话语动作关系的紧密性，并暗示镜像神经系统的异常会破坏这样的紧密关系，最终导致自闭症患者的诸多语言障碍。

四、"碎"还是"不碎"，是个问题吗

上述研究显示，碎镜理论作为自闭症研究领域新兴理论，很好地解释了自闭症患者在动作识别理解、心智理论、共情和语言方面的缺陷。镜像神经元系统作为个体与外界社会交流的神经基础，参与了自闭症患者缺失的许多功能。通过对比自闭症患者和正常被试在执行上述功能时脑部激活的情况，人们发现他们的镜像神经元系统存在明显的功能异常。虽然这些研究都表明镜像神经元系统与自闭症不可分割的关系，但是该理论也存在一些问题需要引起注意。

第一，已有学者在实验基础上对人类大脑中是否存在镜像神经元提出质疑（Lingnau，Gesierich，& Caramazza，2009）。虽然许多学者一直更倾向于对具有镜像属性的皮层回路进行研究，并称其为镜像系统（mirror sytem），但当前关于镜像系统分布和功能的研究也存在争议。莫伦贝里斯等人（Molenberghs，Cunnington，& Mattingley，2009）的元分析研究发现，额下回岛盖部（pars opercularis of the IFG）并不能作为对应模仿发生的脑区。

第二，碎镜理论能很好地解释自闭症在动作识别、理解、模仿方面的缺陷，但是它无法解释一些非社会认知能力异常，比如想象力和创造力。而这些异常正是其他自闭症理论擅长的，如弱中央统合理论、执行功能障碍理论。

第三，虽然当前有大量研究证实自闭症与镜像神经元具有不可分割的关系，但是否真如碎镜理论支持者所说的，自闭症由镜像神经元系统本身缺陷导致？有没有可能二者仅仅是共存关系，或者自闭症的后天因素引发人类镜像神经元系统的损伤与发育不全？这一点从原先心智理论缺陷说与执行功能障碍理论之间的关系就能得到启示。而来自临床研究的论据之一便是自闭症患者在动作模仿方面仍具有一定能力。比如自闭症患者可以对有目的动作进行模仿，但不能通过一些要求模仿非及物的、无目的的动作和手势的任务。即便这样，他们还是经常自主地、过多地模仿一些非及物的、无目的的动作（言语模仿症）（Haswell, Izawa, Dowell, Mostofsky, & Shadmehr, 2009）。

第四，结合众多支持和反对碎镜理论学者的研究结果，汉密尔顿（Hamilton, 2008）提出 EP-M 模型来解释自闭症患者在动作模仿方面的缺陷。她认为自闭症患者的镜像神经元系统并没有缺陷，只是他们的镜像神经元系统相关通路在自上而下的调控（top-down modulation）上出了问题。根据大量的行为学和脑成像数据，她将镜像神经元系统分解为 E-P 主动模仿通路（voluntary emulation）和 M 自动模仿通路（automatic mimicry）。前者通路负责模仿有目的的动作，信息流从 STS（获取视觉信息）→IPL（解析和形成动作目的）→IFG（负责如何执行动作）。这条通路在自闭症患者的脑中是正常的，这就是为什么他们还是保留着主动模仿有目的动作的功能。后者通路负责模仿无目的的动作和手势，信息流直接由 STS→IFG。由于该通路直接连接视觉信息和动作执行，不通过动作目的处理，所以它是自动的、无意识的。自闭症患者的这条通路虽然还保留一些功能（言语模仿症），但是更高的认知系统不能很好地调控这一条通路，所以导致他们会失控而进行过多模仿。抑制模仿任务方面的研究支持了这个模型（Brass, 2005）。当正常被试尝试抑制自动模仿（automatic mimicry）时，中前额皮层、楔前叶以及两侧额顶叶交界处的脑区被激活，而这些脑区都被认作是负责心智理论的神经网络。由于心智理论本身就是抑制自我当前信念并推断他人错误信念的能力，这个结果暗示心智理论网络还有可能参与其他的抑制功能，比如抑制自动模仿。因此，汉密尔顿推断,自闭症患者可能是因为心智理论网络的缺陷使得 M 自动模仿通路不能正常地被调控,最终导致各种模仿方面的缺陷,但是他们的镜像神经元系统还是完好保存的。因此,未来对碎镜理论的检验和自闭症病因的深入探索,可能还需要进一步研究镜像神经元系统及其调控系统。

第五,一些学者开始设想:除动作理解和模仿外,镜像神经元还可能参与其他什么社会认知功能?汉密尔顿(Hamilton,2013)最近提出,镜像神经元可能主要参与社会响应功能(social responding)。受辅助动作(complementary actions)实验的启发(Newman-Norlund, Van Schie, van Zuijlen,& Bekkering,2007),汉密尔顿认为,镜像神经元不仅仅在被动分析所观察到的动作信息,其更重要的功能是从自身运动皮层中激发那些能回应该目标动作的运动表征,从而为接下去可能做出的社会回应行为做准备。为了便于理解该功能,我们可以想象以下情景:当你的朋友在饭桌上把啤酒杯递给你的时候,镜像神经元可能不仅仅帮你理解那是一个"握着啤酒杯的动作",其更重要的是诱发你接下去做出合适的社会反应,即"张开手掌做出接杯子的动作"。在这里,由于啤酒杯的两侧不一样(一侧是柄,另一侧是宽大的杯面),你看到他人的动作(细握杯柄)和你自身回应的动作(张开手掌去握杯面)会稍有不同;但如果这是一个普通的透明玻璃杯(圆柱状无柄),则观察和回应的动作完全相同。这种允许镜像神经元在动作观察和执行时编码一致和非一致的表征很好地解释了为什么只有 1/3 的镜像神经元是严格一致性镜像神经元(strictly-congruent mirror neurons),而 2/3 的镜像神经元是宽泛一致性镜像神经元(broadly-congruent mirror neurons)(Rizzolatti & Craighero, 2004;Kilner & Lemon,2013)。

虽然该理论才刚刚提出,还没有实验证据直接论证,但从逻辑上来说,镜像神经元的一些重要特征都支持社会响应理论,如推测性镜像神经元(predictive mirror neurons)或逻辑相关的镜像神经元(logically-related mirror neurons)(Keysers & Gazzola,2014),以及联想学习性(几乎所有人类社会响应动作是通过后天学习的产物)(Cook,Bird,Catmur, Press,& Heyes,2014)。考虑到自闭症患者的日常行为中严重缺乏社会响应动作,这极有可能是镜像神经元与自闭症联系最紧密的环节。

第二节 偏向原理的钟摆:自闭症的共情-系统化理论

> 有一次我获奖时,市长问我叫什么名字,我一点都没听见,因为当时我正集中精力数着市长身上佩戴的荣誉项链上的环扣数目。
> ——塔梅特(Tammet,2011,p.159),转引自斯瓦伯(2011)

自闭症是一种广泛性发育障碍,起病于 30 个月前,主要表现为社会交往障碍、言语与非言语沟通障碍、兴趣僵化狭隘和行为重复刻板等心理功能缺陷(American Psychiatric Association,2000)。自闭症个体的细节察觉能力超过常人,即存在能力孤岛(inlets of abilities)(Frith,1989)。自闭症的流行率有逐年增高的趋势,但学术界对于其病理成因与机制还缺乏足够了解(Zimmerman,2008)。

自 20 世纪 80 年代以来,心理学家已提出许多理论来描述和解释自闭症的临床特征,其中最具代表性的有心盲(mind-blindness)理论(心智理论发育迟滞)(Baron-Cohen,Leslie,& Frith,1985)、执行功能障碍(executive dysfunction)理论(Rumsey & Hamberger,1988)和弱中央统合(weak central coherence)理论(Frith,1989)。其中,心盲理论擅长解释自闭症的社会特征(社交障碍和沟通障碍),而解释非社会性特征(兴趣狭窄、行为刻板和能力孤岛)则是后两种理论的长项(Happé & Briskman,2001),但这三种理论都无法解释自闭症的所有特征。近年出现的自闭症共情-系统化(empathizing-systemizing)理论脱胎于"心盲"理论,并对执行功能障碍理论和弱中央统合理论进行了反思(Baron-Cohen,2002,2009)。该理论用共情缺陷来解释自闭症的社会特征,用系统化无损甚至超常来解释其非社会性特征,比前三种理论解释力更强。

一、共情-系统化：从单维到双维

共情-系统化理论认为，自闭症之所以表现出社交和沟通障碍是由于他们的共情缺损，而兴趣狭窄、行为刻板和能力孤岛等非社会性特征则是系统化无损甚至超常的表现。巴伦-科恩又用"原理"(truth)这一术语把共情和系统化结合成一个维度，并进一步提出自闭症个体分布于该维度偏向系统化的一端，具有原理导向的思维方式。

巴伦-科恩(Baron-Cohen, 2002)将共情定义为，识别他人情绪和感受(认知成分)，并对其作出适当情绪反应(情感成分)的驱力。共情的认知成分相当于心智理论，所以共情实际上可以看作是在心智理论基础上增添情感反应而形成的。共情是一种动力，个体可以通过共情共享他人的感受、预测他人的行为。共情商(empathy quotient, EQ)测验可以分别反映共情的认知和情感两种成分的水平，自闭症个体在这两个分测验上的得分都低于常人(Lawson, Baron-Cohen, & Wheelwright, 2004)。

巴伦-科恩(Baron-Cohen, 2002)用共情受损来解释自闭症的社会特征。因为无论是沟通交流还是社会交往都需要参照他人的心理状态，不考虑语言或非语言的心理背景的个体无法体会到说话者的言外之意，不理解他人行为意图的个体很难对他人作出恰当反应，所以共情缺陷可能是导致社交障碍和沟通障碍的原因。

巴伦-科恩(Baron-Cohen, 2002, 2006a)把系统化定义为，通过分析系统变量来推导支配系统活动的基本规则的驱力，以及利用规则构造系统的驱力。个体通过找到控制系统运作的规则，来预测和控制系统的活动。为理解系统，个体往往需要主动操作，用改变系统内一个变量、控制其他变量的方式，反复观察系统中的所有细节特征，把每次观察作为一个样本，在所有样本中归纳出一个不变模式，并把这个模式作为该系统的规则(Baron-Cohen, 2009)。许多研究发现，自闭症个体的系统化无损甚至超过常人。高功能自闭症或阿斯伯格综合征个体的系统商测验(systemizing quotient, SQ)或系统商测验修订版(Systemizing Quotient-Revised, SQ-R)分数高于常人(Baron-Cohen, Richler, Bisarya, Gurunathan, & Wheelwright, 2003; Wheelwright, Baron-Cohen, Goldenfeld, Delaney, Fine, Smith, Weil, &

Wakabayashi,2006)。系统商测验不适合典型自闭症个体。在另两项关涉到系统化的测验——对物理因果关系图片排序测验(Baron-Cohen, Leslie, & Frith,1986)和指出拍立得照相机工作原理的测验(Perner, Frith, Leslie, & Leekam,1989)中,典型自闭症儿童的表现比对照组的正常儿童好。这些研究共同提示,自闭症个体拥有高的系统化水平。

巴伦-科恩(Baron-Cohen,2006b)用无损甚至超常的系统化水平来解释自闭症个体刻板行为、注意狭窄和能力孤岛等非社会性特征,具体解释将在下文比较共情-系统化理论和执行功能障碍理论、弱中央统合理论时作详细说明。

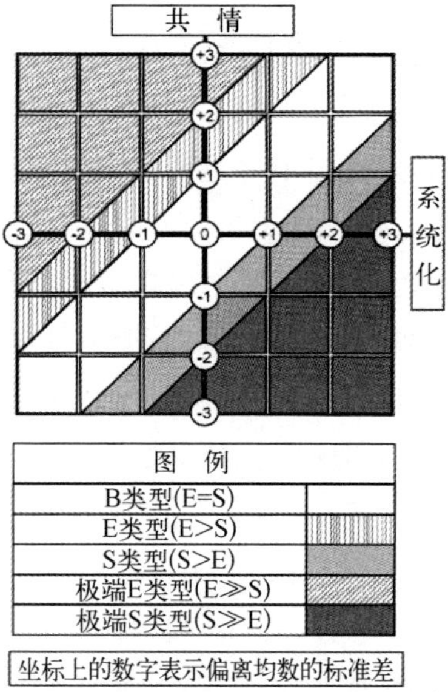

巴伦-科恩用共情和系统化划分出五种脑类型(brain types)(E代表共情,S代表系统化)(Baron-Cohen, 2002):E类型(E>S)、S类型(S>E)、B类型(S=E)、极端E类型(E≫S)和极端S类型(S≫E)(如图5-1所示)。由于自闭症个体的共情缺陷、系统化无损甚至超常,巴伦-科恩把他们归于极端S类型,这类个体共情强于平均水平,但系统化时就会遇到困难。对大样本的调查发现大多数自闭症个体表现为极端S类型(Goldenfeld, Baron-Cohen,& Wheelwright,2005),这个结果验证了巴伦-科恩的猜测。

研究还显示,女性的共情商高于男性,而男性的系统商高于女性,而二者的总分却没有表现出性别差异(Goldenfeld, Baron-Cohen,& Wheelwright, 2005)。巴伦-科恩(Baron-Cohen,2009)据此推测共情和系统化可能不是无关的,而是相互补偿的,也可能是竞争关系。

图5-1 共情-系统化模型

(转引自 Baron-Cohen,2002,p.249)

注:E=S,系统化和共情一样强或一样弱;E>S,代表共情强于系统化;S>E,代表系统化强于共情;E≫S,代表共情高度发展但系统化滞后;S≫E,代表系统化高度发展但共情发展滞后。

随后，巴伦-科恩（Baron-Cohen，2008）又提出"原理"这一术语，他将"原理"定义为精确、可靠、一贯和合理的模式或结构，例如车轮不断向前滚动就是一个一贯、合理的模式。巴伦-科恩试图用"原理"这个术语来整合共情和系统化这两个心理功能。理解系统是识别物理现象中有规律的模式或结构的过程，这个模式或结构就是原理，所以系统化就可以理解为寻求原理的过程。而共情无法依靠规律推导来完成。作为共情指向的对象，人的心理状态具有复杂性。共情时个体往往需要悬搁原理，严格以原理为导向推断他人的心理状态很可能会导致错误（Baron-Cohen，2009）。原理导向的思维方式有利于系统化而不利于共情，共情和系统化这两个心理功能可以通过原理联结起来，放在原理这一维度的两端。由于自闭症个体的共情缺损、系统化超常，可以认为他们倾向以原理为导向处理信息，可以被置于原理维度高度系统化的一端（Baron-Cohen & Belmonte，2005）。

二、共情-系统化理论与两种经典读心障碍理论的比较

执行功能指个体在完成目的行为过程中，以动态、灵活的方式协调多个认知子系统活动的能力，包括计划、抑制-转换、工作记忆等（Hughes，1998）。自闭症执行功能障碍理论认为，执行功能障碍可能会导致自闭症个体的注意无法在活动之间转移和分配，从而形成刻板行为（Rumsey & Hamberger，1988；Hill，2004）。

巴伦-科恩（Baron-Cohen，2009）则指出，执行功能障碍理论没有考虑刻板行为的对象和潜在目的。共情-系统化理论认为，自闭症个体之所以固执于某个活动，是因为他们对这个活动涉及的系统感兴趣。为了找到系统的规则，有着强烈系统化动机的自闭症个体会通过成百上千次的观察形成对系统整体的理解。可见，执行功能障碍理论把自闭症的刻板行为看作无目的、无意义的病态行为，而共情-系统化理论则认为自闭症个体可以通过反复观察或操作找出该特征所属系统的规则，这种反复有积极意义。

巴伦-科恩发现，当自闭症个体确定成千上万次摇动绳子或发出声

音都能产生相同的结果时,他们就会表现出兴奋的情绪。巴伦-科恩(Baron-Cohen,2009)认为,自闭症个体之所以产生兴奋的情绪,是因为他们发现这个系统是可预测的,也就是说他们了解了该系统的规则。而执行功能障碍理论无法解释这一现象。这一现象支持共情-系统化理论。

很多研究发现,自闭症个体在整体加工任务中的表现远比细节加工任务差(O'Riordan, Plaisted, Driver, & Baron-Cohen, 2001; Joseph & Tanaka, 2003)。自闭症个体对细节有超乎常人的感知能力(能力孤岛),比如他们能在几秒内找到书架上放错位置的书(Frith, 1989)。许多研究者对此提出解释,其中最著名的是弗里思等人提出的弱中央统合理论(Frith, 1989; Happé & Booth, 2008)。该理论指出,自闭症个体的整体加工存在障碍,这种中央统合的缺陷使自闭症个体形成一种偏向细节加工的认知风格。

同样在认知风格层面,巴伦-科恩(Baron-Cohen, 2006a)提出高度系统化(hyper-systemising)理论。该理论也承认自闭症个体的局部加工的优势。而在整体加工方面,巴伦-科恩认为,无论系统多么复杂,只要该系统具有高度的规则性,自闭症个体都能够理解。而超过常人的系统化驱力使自闭症个体在加工系统时不会遗漏任何一个细节,进而导致他们对系统的理解慢于常人。总之,弱中央统合理论和高度系统化理论的区别在于,前者认为由于自闭症个体缺乏对整体的理解而被局限于细节,这是一种缺陷;而后者却认为这种超常的细节加工能力是自闭症个体获得对系统超常理解的工具。

巴伦-科恩(Baron-Cohen, 2009)用两个证据来佐证自闭症个体有强烈的系统化驱力,并能更好地从整体的角度理解系统。第一,当家长要替自闭症儿童整理看似很乱的房间时,他们通常会勃然大怒。巴伦-科恩认为,这是因为自闭症个体形成了对房间系统中各物品位置的记忆,父母的闯入破坏了该系统的完整性,所以他们才会生气。第二,在电脑游戏中,自闭症个体可以熟记每个细节,一旦熟悉了游戏,他们的表现将会变得很精确。巴伦-科恩认为,这就是自闭症儿童具有超常系统化水平的证据。之后,高度系统化理论成为共情-系统化理论的一部分。

三、共情与系统化可以解释自闭症读心障碍吗

共情-系统化理论之前的三个经典理论都采用单一心理机制解释自闭症,但这三种机制都不能单独解释自闭症的所有特征,所以这三种机制都没有被公认为自闭症的核心机制。共情-系统化理论建立了一个两维度模型,它用共情缺陷来解释自闭症的社会性特征,用系统化无损甚至超常来解释自闭症的非社会性特征,这样该理论能够很好地解释自闭症的所有基本特征。巴伦-科恩又用原理将共情和系统化两个心理机制联结起来,使原理导向思维有可能成为解释自闭症的核心心理机制。

三个经典理论涉及的功能缺陷都不是自闭症独有的。自恋或边缘性人格障碍(Fonagy,1989)也会表现出心盲的症状。执行功能障碍也会出现在患有多动症和图雷特综合征个体的身上(王昇芳,苏彦捷,2004)。精神分裂症、威廉斯综合征、抑郁症患者以及右半球损伤者也会表现出局部加工偏向(陈墨,韦小满,2008)。可见,这三种心理特征都不能把自闭症和其他心理疾病或障碍彻底区别开。共情-系统化理论指出,自闭症个体的共情存在缺陷而系统化则无损甚至超常。也就是说,同时满足这两个条件的个体才有可能被认定为自闭症。有研究表明,精神分裂症个体的心智理论无损,情感反应有缺陷(Blair,Jones,Clark,& Smith,1997),这意味着将心智理论缺陷扩展到共情缺陷有利于区分自闭症和精神分裂症。而自恋或边缘性人格障碍个体虽然也存在共情缺陷,但他们没有表现出无损甚至超常的系统化驱力(Baron-Cohen,2009),这样我们就可以利用系统化这一维度将自闭症和这两种人格障碍区别开。

三个经典理论都将自闭症个体视为某种心理功能存在障碍的人。而共情-系统化理论用"原理"这一术语将共情和系统化联结成一个维度,不仅关注自闭症的障碍(共情缺陷),还强调自闭症的长处(系统化超常)。人类全体分布在这一维度上,自闭症个体处于高度系统化的一端

(Goldenfeld, Baron-Cohen, & Wheelwright, 2005)。这样，自闭症个体就成为人类认知风格连续体的一部分。

共情和系统化既有联系，又有不同。共情和系统化都是驱力，都能驱使个体加工特定的信息。共情驱动的加工过程的适宜对象是无规律可循的社会性信息，而系统化驱动的加工过程的适宜对象是有规律可循的物理性信息。共情驱动的加工过程输出的产品是对他人心理状态的理解（认知成分）和对他人的情感反应（情感成分），系统化驱动的加工过程输出的产品是对某物理系统的理解（认知成分）。可见，共情驱动的加工过程是认知和情感的综合过程，而系统化驱动的加工过程仅是一个认知过程，这两个过程在性质上不能完全对应。这可能意味着共情和系统化很难被置于同一维度上。不难发现，系统化与共情的认知成分（心智理论）可以较好地对应。那么，自闭症个体的系统化无损甚至超常和共情的认知成分、情感成分缺陷的关系如何呢？

有些研究发现，不是所有的自闭症个体对他人的情绪反应都存在障碍（Berthoz & Hill, 2005; Silani, Bird, Brindley, Singer, Frith, & Frith, 2008）。这说明共情的情感成分缺陷可能不是自闭症个体必然会表现出的特征。最近一项研究选择自闭症个体和正常人两种被试，发现在控制述情障碍（情感反应障碍）的情况下，两组被试的前脑岛活动（与对他人痛苦的情感反应有关）水平没有差异（Bird, Silani, Brindley, White, Frith, & Singer, 2010）。这个结果进一步提示情感反应缺陷与自闭症可能是相对独立的。我们可以进一步推断，情感反应障碍可能仅仅是自闭症的一种常见合并症，但不是自闭症必有的症状。有情感反应障碍的自闭症个体才会表现出共情缺陷。

因此，自闭症的心理特征可能是共情的认知成分缺陷和系统化无损甚至超常。共情的认知成分和系统化都是认知机制，并有互斥关系，有可能是原理这一维度的两端。而共情的情感成分可能相对独立于认知成分，情感成分缺陷可能还与其他机制有关。

该理论的另一个局限是没有考虑男性和女性在共情加工过程中的性别差异。有研究发现，女性在描述他人情绪时表现出较强的共情能力,这种能力与镜像神经元系统的活动增强有关;而男性在描述情绪时则未发现镜像神经元系统活动的增强(Schulte-Rüther, Markowitsch, Shah, Fink, & Piefke, 2008)。人类镜像神经元系统可以激发个体与他人相似的情感反应,这种对他人情感的自动模仿是共情中情感反应的重要环节(Baron-Cohen, 2002;崔芳,南云,罗跃嘉,2008)。舒尔特-吕特尔(Schulte-Rüther, Markowitsch, Shah, Fink, & Piefke, 2008)推断,理解他人情绪时,女性共情时可能有更多感性加工的参与,而男性可能更偏好认知加工。有研究表明,男性的共情商和系统商分数呈负相关,而对女性来说这二者的分数是不相关的。男性在几种社会性任务中的得分与在几种非社会性任务中的得分上都存在负相关。而女性在这两类任务中的得分没有相关(Valla, Ganzel, Yoder, Chen, Lyman, Sidari, Keller, Maendel, Perlman, Wong, & Belmonte, 2010)。该研究结果提示男性的共情和系统化相互排斥,而女性的共情和系统化则相对独立。这两项研究结果共同提示,共情时男性可能会更多地使用认知成分,而认知成分与系统化又有互斥关系,这符合我们认知成分与系统化可以统合于原理的推断。女性可能会更多使用共情的情感成分,这种情感成分可能与共情的认知成分和系统化组成的机制相对独立。

若男性和女性在共情的机制之间存在差异,那么自闭症的成因也应该存在性别差异。对男性而言,只要共情的认知成分受损就会导致自闭症。而对女性而言,在共情的认知成分受损的情况下,情感成分可能还会对共情有所补益,所以必须在共情的认知和情感成分都受损的情况下女性才能表现为自闭症。这可以解释女性比男性患自闭症的可能性小(Fombonne, 1999)。

自闭症共情-系统化理论是心理层面的理论,绝大多数关于自闭症共情-系统化理论的研究只涉及行为和认知层面,而生理层面的证据和机制探索尚显不足。在神经层面,左背侧额下回(left dorsal inferior frontal gyrus)和前运动皮层(premotor cortex)在被试对快乐、悲伤、生气和厌恶四种基本情绪的共情活动中的激活程度与共情量表得分均正相关,研究者认为这两个区域的活动可以作为共情的指标(Chakrabarti,

Bullmore, & Baron-Cohen, 2006)。不过, 这些研究并未分别考察共情的认知成分。而另一项研究显示, 系统商测验得分与外侧前额叶(lateral prefrontal)和顶叶和外纹状皮层视觉皮层(parietal and extra-striate visual cortices)的活动有关(Billington, Baron-Cohen, & Bor, 2008)。这些研究因为没有把共情和系统化放在一起研究, 所以也没有探明共情和系统化是否有共同的脑机制。在生物化学层面, 有研究表明胎儿时期和成年后的睾酮水平与个体的共情商正相关, 与系统商负相关(Auyeung, Baron-Cohen, Chapman, Knickmeyer, Taylor, & Hackett, 2009; Chapman, Baron-Cohen, Auyeung, Knickmeyer, Taylor, & Hackett, 2006)。这种生化机制将共情和系统化联系起来, 有可能成为原理的生化机制。虽然仍有一些问题需要探索, 但这些研究为进一步探索共情和系统化之间关系的生理机制提供了基础。

综上所述, 巴伦-科恩把心盲扩展为共情缺陷, 将自闭症个体的情感反应缺陷纳入新理论解释的范围。他还创造性地提出系统化这一概念, 并用这一概念有效地解释了自闭症的非社会性特征。

共情和系统化这两个概念都是通过对现象的概括得来的, 尚需在行为和生理层面找到这些心理功能是否存在实质性联系的实验证据。比如, 既然把心智理论和情感反应都归入共情概念下, 就要先阐明这二者之间的关系。他们是不是受共同机制调节呢, 或者对情绪认识是不是情绪反应的先决条件呢? 又如, 该理论把共情和系统化放在原理维度的两端, 假设二者存在对立关系。在行为层面研究者发现二者得分有互斥关系, 在生化层面二者得分都与睾酮的水平存在相反的相关性, 但在直接影响行为的神经层面尚未有明确证据显示某一脑区在个体共情和系统化时有相反的活动。另外, 在理论层面共情-系统化理论包容了自闭症的所有特征, 但自闭症患者是具体的人, 不能不考虑他们的个体差异。在性别上, 男性的自闭症发病率显著高于女性的心理和生理原因就是值得该理论继续探讨的问题。

针对以上问题我们提出自己的假设。首先, 系统化可能与共情的认知成分(心智理论)有对立关系。其次, 共情的情感成分(情感反应)独立于心智理论和系统化的对立机制,心智理论存在缺陷可能是情感反应机制对共情有补益作用,但心智理论缺陷很有可能合并情感反应缺陷。再次,系统商测验得分与外侧前额叶(lateral prefrontal)和顶叶外纹状皮层视觉皮层(parietal and extra-striate visual cortices)的活动有关(Billington, Baron-Cohen, & Bor, 2008)。又有研究发现,外侧前额叶与对错误信念的理解有关(Kobayashi, Glover, Temple, 2007),而外纹状体与情绪的识别有关(Snowden, Gibbons, Blackshaw, Doubleday, Thompson, Craufurd, Foster, Happe, & Neary, 2003),这二者都是心智理论的功能。因此,外侧前额叶和外纹状皮层的活动既与心智理论有关又与系统化有关,也就可能成为原理的脑区。

第三节 互动理论的挑战:自闭症儿童是心灵盲吗

> 当我与他人交往时,他人的视角与我的如此迥异,我认识到这种差异并绞尽脑汁地想推断出他们对某种情境的体验,但这种推测几乎总是错的。然而,我发现其他人却可以不费吹灰之力地做到这一点,我缺少的似乎是一种最基本的、对日常交流的体验。
>
> ——博格达希纳(Bogdashina, 2005, p.127)

自闭症(autism)即孤独症,是一类广泛性发育障碍,其典型的临床特征就是社交困难、沟通交流障碍和刻板行为,其中又以社交困难为其核心症状(Frith, 2012)。目前,在自闭症领域内占据主导地位的解释理论是由巴伦-科恩等人提出的心灵盲理论(mind-blindness theory)。该理论假设,患有自闭症的儿童心智理论(theory of mind, ToM)出现发育迟滞或缺损(Baron-Cohen, Leslie, & Frith, 1985)。然而,"如果心智理论不能作为正常个人社会认知的主导理论,那么心智理论的缺损也就不能恰当解释自闭症患者的社会性特征缺陷"(Gallagher, 2008)。近十年来,当代美国认知科学家、哲学家加拉格尔(Shaun Gallagher)等人整合了来自发展心理学、现象学、具身-生成(embodied-enactive)认知科学和动力学关于社会互动的诸多观点,提出一种替代性假说——互动理论(interaction theory)来解释自闭症人际交往问题。

一、心灵盲理论在自闭症人际交往解释上的问题

弗里思(Frith, 2008)认为,在认知科学中,社会互动(social interaction)是指在我们的日常交往中通常是如何理解彼此的。关于如何精确解释这一能力,传统观点集中在读心或心智化(mentalizing)的使用上。按照心智理论的观点,在我们的日常交往中,我们一般想要理解他人只能依赖于基于常识心理学(folk psychology)的信念-愿望推理。相应地,我们通常要顺利地跟他人进行交往也只能靠对他人行为的推理和预测。可见,心智理论关于个体社会交往的解释是基于心智主义假设(mentalistic supposition)和普遍性假设(supposition of universality)。心智主义假设认为,他人的心理是隐藏的、封闭的、掩盖在我们所能看见的外显行为后面的。普遍性假设则主张,我们对于理论的信赖是近乎普遍的,即有关理解和与他人交流的这种常识心理学的方法在我们的日常生活中无处不在。也就是说,心智主义假设和普遍性假设都认为,在我们与他人的绝大部分日常交往中,我们通常是把他们当作隐藏在他们行为表现背后的心理状态的载体,而我们与他人进行互动的首要形式就是我们试图通过读心的过程解释或预测他们的下一步行动。

然而,当前来自发展心理学的实验证据和现象学分析表明,心智理论对于正常个体的交互主体性经验并不是一个很好的解释。第一,他人的心理对我们来说并不是不可获知的。已有研究表明,刚出生的婴儿已经可以依赖于他人跟自己相同的认知与他人进行互动性的模拟,这种模拟是设身处地的,而不需要借助复杂的推理机制(Mitchell, Currie, & Ziegler, 2009)。他们除了在视觉上被面孔吸引、在听觉上被某类声音(如妈妈的声音)吸引以外,他们也会使用面部姿态引起别人的反应

(Senju, Southgate, Snape, Leonard, & Csibra, 2011)。到 13 个月大时，婴儿已经可以根据他人的表情来断定其是否值得信任，18 个月大时已完全能够识别他人的面部表情是否与其行为表现相匹配(Chiarella & Poulin-Dubois, 2013)。这就说明，正常情况下，即使是新生儿，对其他人的心理就有一个不需要理论调节的、更直接的感知(Gallagher & Hutto, 2008)，推理并不是必需的。第二，我们并不仅仅是他人行为的观察员。我们对他人的日常立场并不仅是观众，在大多数情况下，我们会与他人在一些事情或交往实践或预定关系中产生互动。第三，心智化并不是我们与他人交往时普遍采用的形式。按照心智理论的假设，当我们解读他人心理时，我们不仅理解了他人行为的原因，还会想象出一整套心理状态并进一步预测接下来他将要做什么，这种过程就是心智化，而个体在实现这一过程中借助的就是一种基于规则或逻辑的推理能力。在日常人际互动中，心智化是相对较少采用的专业能力，这种能力更多依赖于在某种情境中的特定方式去感知和理解他人，而后者才是更为主要和普遍的社会交往方式(陈巍，2013；Zahavi，2011)。

从这些方面考虑，在我们与他人交往的绝大部分情况下，"我"不是在一旁简单地思考或试图推测出他们正在做什么，而是会用一种具身(embodied)的方式对它们作出回应，并且"我"的看法是交互的："我"对他人的理解由感觉运动的循环构成，而社会理解依赖并通过社会互动实现(Jaegher, Paolo, & Gallagher, 2010)。这样，对于未被知觉到的隐藏信念或心理状态的推理就没必要了(Csibra & Gergely, 2007)。可见，基于心智主义假设和普遍性假设的心智理论在对正常个体社会互动的解释上存在问题。

另外，互动理论还对巴伦-科恩等人的如下观点持否定立场：新生儿时期及 1 岁左右婴儿具有的各种社会互动能力(包括婴儿与他人之间互动匹配的基本感觉运动能力、共享注意机制和共情)是成熟的心智理论的前体(precursors)。加拉格尔(Gallagher, 2008)指出，如果将"前体"理解为当社会认知的"真正的"现象或可能性出现时就消失的东西，那么这些能力并不是前体，而是社会交往和理解的基础和持续。

二、互动理论有何特殊之处

与心智理论不同,互动理论拒绝心智主义假设和普遍性假设。为了给社会认知和交往提供一个完整的解释,互动理论侧重于三种能力:第一种能力体现在从早期婴儿身上显示出来的具身交互主体性的知觉上;第二种能力开始发展的年龄大概出现在 1 岁左右,以共同注意现象为信号,与它一起显现的是背景的重要性;第三种是叙事能力,它在儿童获得语言和理解故事时获得了它的发展开端。前两种能力在发展心理学里面对应于著名发展心理学家特里瓦特恩(Trevarthen,1979)提出的原初交互主体性和次级交互主体性,主要包括意图、信念、视线追踪、共情和共同注意等成分。依据这些成分出现的先后顺序,加拉格尔(Gallagher,2008)将完整的交互主体性互动理论区分为三个层次:原初交互主体性(primary intersubjectivity)、次级交互主体性(secondary intersubjectivity)和叙事能力(narrative competency)。

原初交互主体性包含由巴伦-科恩等人提出的意图探测(intentionality detector,ID)和视线方向检测(eye-direction detector,EDD)以及其他促进婴儿与他人之间复杂互动的基本感觉运动能力。发展心理学的研究不断证实,新生儿的模仿是互动式的:这种互动并不仅仅依赖于对自我与非自我的区分以及对自己身体的本体感觉,而是依赖于他人跟自己相同的认知,即经验共享(Trevarthen & Delafield-Butt,2013)。婴儿早在 5—7 个月大时就能够检测出带有情绪表达特性的视觉信息和听觉信息之间的对应关系(Senju,Johnson, & Csibra,2006)。明-山越等人(Myowa-Yamakoshi,Scola, & Hirata,2012)研究也发现,婴儿从 8 个月开始就会"看人脸色",他们可以追随他人的目光并且开始将头部、嘴巴、手的各种动作以及更多的一般身体运动知觉为有意义的、目标导向的动作(goal-directed action)。

值得注意的是,婴儿的这种理解并没有理论的干预,并且是以一种非心智化的方式把身体运动看作是情绪的表达,而且是由目标导向的意向性行为。18 个月大的婴儿能够自行完成所观察到的主体没能完成的目标导向动作,这表明他们意识到其他人未完成的意图(Herrmann,

Call, Hernandez-Lloreda, Hare, & Tomasello, 2007）。上述所有这些研究都很好地支持了原初交互主体性的设想，而质疑了隐藏信念或心理状态的推理在人际互动上的基础作用。

通过原初交互主体性，与他人互动的先天就有的或早期发展起来的能力在感知经验水平上显现出来，即我们从他人的身体动作、面部表情、眼神方向等看出或更确切地说是感知到他们打算怎么做、他们感觉到什么。在婴儿早期的某些感觉运动身体动作中就已经可以发现人类交往和理解他人的基础。互动理论认为，正是这些身体表现构成了我们理解他人的初步途径，即便在我们已经获得心智理论能力之后，它们仍然在发挥作用。也就是，在我们大部分日常交互主体性情况下，我们对其他人的意图有一个直接的、基于感知的理解，这种初步理解并不需要我们假设隐藏在他人心理后面的某些信念或愿望。简言之，发展心理学的证据主张，在非常年幼的儿童身上就已经存在用于理解他人的、前理论化（pre-theoretical）的感觉运动能力。婴儿已经从他们自己的本体感觉（proprioception）和运动中具备了一种意识，他们能够意识到环境中某些种类的实体的确是跟自己一样的主观自主体（subject-agent）；这些实体在某些方面是相似的，而又以其他方式与自己相区别。更重要的是，在新生儿的行为中这种意识是内隐的，至少是以一种原始的（原生的）方式存在的。这也说明原初交互主体性"是一种天生的或者很早就发展出来的能力"，完全不同于心智理论坚持的理论化推理，婴儿的动作和感知到的他人的动作都是用相同的语言进行编码的。

其中，感觉运动能力在我们解释个体社会认知的某些基本方面扮演着极为重要的角色。苏盖特等人（Soughgate & Hamilton, 2008）的 EEG 研究发现，9 个月大的婴儿对另外一个人动作意图的理解和预测取决于主体自身运动系统的活动。当个体观察别人执行某个行动或想象自己在做那个动作时与自己做那个动作时，其前运动皮层、辅助运动区等镜像神经元系统（mirror neurons system）的激活模式极其相似。斯凯里等人（Skerry, Carey, & Spelke, 2013）的研究进一步发现，3 个月大的婴儿已经具备理解并预测他人目标导向动作（例如绕过障碍物抓取一个球）

的能力,但是,他们只有在自己执行过类似动作的情况下才能正确理解或预测。

既然感觉运动过程的发展对原初交互主体性的发展具有重要意义,那么感觉运动障碍是否会造成自闭症个体的社会认知缺陷呢?加拉格尔和波维内利(Gallagher & Povinelli,2012)在对自闭症儿童的临床研究中发现,各种基本感觉运动问题存在于 3—10 岁甚至更小的自闭症儿童身上。近期,一项关于 2—6 个月罹患自闭症谱系障碍的高风险婴儿和低风险婴儿的长期对照实验跟踪了这些儿童 3 岁以前眼睛移动的发展变化。研究发现,在那些最终被诊断为自闭症的儿童中早在 2 个月大左右,目光接触行为的数量便呈显著下降趋势(Jones & Klin,2013)。麦克唐纳等人(MacDonald,Lord,& Ulrich,2014)的研究显示,自闭症儿童在诸如握勺或抓握玩具等精细动作技能(fine motor skill)上学习要比同龄正常个体晚将近一年,而在诸如跑步和跳跃等粗糙运动技能(gross motor)的学习上要晚于同龄个体大约 6 个月。这些研究进一步佐证,自闭症儿童理解他人行为和意图的能力缺陷与感觉运动障碍之间存在密切联系。

按照特里瓦特恩的看法,次级交互主体性包含共享注意机制和共情成分。在 1 岁左右婴儿超越了原初交互主体性的人对人直接性,并进入到一种共享注意-共享情境的状态中,在这种情境中他们学习某一个物体是什么,它们是干什么的。可见,次级交互主体性的限定性特征就是一个对象或事件可以成为两人之间的一个焦点(Hobson & Meyer,2005)。在这一过程中,儿童不是被动的观察者,而是会跟其他人互动,并且在这样做的过程中他们发展出更强的能力。加拉格尔(Gallagher,2004)借用巴伦-科恩共享注意机制(shared attention mechanism,SAM)的概念,认为婴儿在大概 9—14 个月大时共同注意的典型行为开始发展。儿童在监测他人的视线与他人凝视的对象之间切换以验证他们正继续盯着该事物,同时他们也会学习解决这个问题。巴伦-科恩(Baron-Cohen,2006b)发现,9—18 个月大的婴儿会通过看其他人的眼神来协助解释一个不明确事件的含义。例如,当儿童把目光集中在一个玩具上并想伸手去拿时,如果有人伸手阻止了他的进一步行动,大部分儿童会立刻与阻止者进行目光接触以寻求问题的答案。很明显,这种理解依赖于共同注意和实际背景。正如我们在现实背景环境中理解自己的行为,我们也以相同的方式理解别人的行为(Gallagher & Marcel,1999)。

可见,远早于心智理论机制的发展之前,儿童就从观察别人的身体和表现出的运动中来辨别他人的意图或找出一些事件的含义。到 2 岁左右,儿童就能识别出假装的行为,例如妈妈将香蕉假装成一个电话(Baillargeon,Scott,& He,2009)。作为对心智理论的补充,弗里思(Frith,2012)认为,自闭症涉及信息整合,尤其是整合部分和整体信息时的不平衡。她把这个称为中央统合(central coherence)的问题。知觉和理解通常是由格式塔原理塑造的,但在自闭症儿童身上,这些格式塔原则看起来似乎被打破了。威廉斯和哈佩(Williams & Happé,2010)强调自闭症的认知集中在部分而不是为部分提供意义更广泛的背景上。因此,自闭症患者在一定背景下看到物体存在困难。例如,与正常被试相比,自闭症儿童能够更好地在复杂的背景中找到嵌入的数字——对于他们来说,背景环境并没有干扰他们搜寻的能力,而对非自闭症主体来说背景却起到了干扰作用。马玉等人(2013)通过对自闭症儿童多目标追踪任务的实验也证实,自闭症儿童在视觉动态信息的加工上存在单焦点注意加工的特点,与正常儿童相比,他们存在一定程度的注意转移缺陷。

如果我们把这些关于中央统合的格式塔问题描述为涉及背景理解的问题,那么这可能就会干扰弥补次级交互主体性的能力,即依赖于理解他人并在一定背景下与他人互动的交互主体性的能力。因为即使对于每个正常人来说,如果没有背景,对于任何一个看着"我"或打算与"我"互动的人来讲,"我"的意图都是含糊不清的。

加拉格尔(Gallagher,2009a)认为,叙事能力在 2—4 岁左右得到发展,包括获取交互主体性交往、动机与原因的叙事实践。这种能力可以等同于心灵盲理论预设的心智理论。但是,与心智理论支持者倡导的原初交互主体性和次级交互主体性是成熟心智理论的前体的观点相反,来自成人社会互动的方式证明原初交互主体性和次级交互主体性在我们日常对他人的理解和交往中持续发挥着作用。互动理论认为,在个体发生学层面上,原初交互主体性、次级交互主体性和叙事能力按照出现的时间顺序前后相继;从成熟个体的社会互动层面来看,三者互为补益。因此,著名现象学家舍勒(Max Scheler)就声称,我们对他人的感觉有一个直接感知,同时在这一过程中我们又不是作为被动知觉者存在的(Schilbach, Eickhoff, Mojzisch, & Vogeley, 2008),原初交互主体性和次级交互主体性能力成熟起来并在成年后变得更复杂。库尔迈耶等人(Kuhlmeier, Troje, & Lee, 2010)的实验甚至发现,6个月大的婴儿就能够从根据点光源构成的人类生物运动模式中感知到其情绪。按照互动理论的观点,我们在交往中发现的他人意图并不是任何个人心理的孤立的特性,而是作为具身社会交互的一个产物出现的(Gallagher, 2004)。从这个角度来看,通过对处于一定环境中的主体的知觉获得的理解就已经足够丰富且复杂,通常不需要我们更深入地去理解。也就是,处于某种环境中的主体已经告诉我们这个人的所思所为。如果"我"看到这个情景以及这个主体正在做什么,看到这个主体是怎么做的以及表达的是什么(例如,通过她的手势和运动方式),如果"我"的知觉已经通过我自己与他人的互动、通过我在以前情境中的经验、我惯常的理解方式、社会既定的做法以及相应文化规范的要求而形成了,那么在我们的日常交往中理解工作就已经充分完成了,"我"也没有必要再去更深入地推测。

当然,他人的行为有时是模糊的,或其他人并不总是通过他们的表情、动作、行为等来透露他们的思想或情感。这时,我们就要转向其他手段,如叙事练习,以更深入地解释某人。这也印证了前文所述心智理论主张的读心的观点只有在某些特殊情况下才会出现。当个体依靠基于感觉运动的原初交互主体性和次级交互主体性不能理解并与他人进行互动时就会采用叙事实践的形式进行补充。例如,看到一个人在图书馆门口以非常难看的姿势摔了一跤,却一边揉腿一边微笑。我们可能会结合情境(例如,图书馆门口当时有许多人进出)来叙事性地推理其行为的合理性(为了避免被他人笑话,只能强颜欢笑)。然而,即便是进入这样的过程,我们首先也必须通过知觉和背景认识到一个人的行为或表达是不合常理的,这将能够激励我们作出进一步的猜测或推理。然而,这种场景在日常社会互动中并不是最基本的,我们并不总是遭遇这种社会互动难题(陈巍,2013)。在大部分情况下,由感觉运动形式存在的原初交互主体性与次级交互主体性已经提供了足够理解并与他人互动所需要的东西。在自闭症的形成上,互动理论同时考虑感觉运动与中央统合问题在原初交互主体性和次级交互主体性上可能产生的影响,并试图发展出一个相对更完善的理论。例如,感觉运动问题可能会导致在原初交互主体性水平上的社会症状,中央统合问题可能也会导致在原初交互主体性和次级交互主体性水平上的社会症状。

三、互动理论的进步与局限

首先,弥补了心智理论关于自闭症儿童社会交往解释的不足。按照心智理论的观点,拥有一套心智理论就是为了能够划分自我和他人的独立心理状态以解释和预测行为,这个理论假设我们运用它的能力最初表现出来大概在 4 岁左右,而自闭症就是人类的基本读心能力的一种缺损。然而,近期发展心理学的研究发现,在早期婴儿身上就存在与外界的体验式互动。同时,在对自闭症儿童的临床研究中发现,心理年龄明显高于 4 岁的自闭症儿童通过错误信念测验(false-belief tests)的比例并不低,一般为 15%—60%(Williams & Happé,2010)。进一步的研究发现,无论是高功能还是低功能的自闭症儿童,他们在识别以图片或气泡法(bubble method)呈现的特定类型的他人面部情绪上并不存在缺陷(Song, Kawabe, Hakoda, & Du, 2012; Franco, Itakura, Pomorska, Abramowski, Nikaido, & Dimitriou, 2014)。这些实验结论都暗示心灵盲理论预设的心智主义假设和普遍性假设可能并不成立,虽然自闭症儿童也具备一定的心智理论,但这并没有帮助其实现有效的社会互动。因此,完全使用心灵盲来解释自闭症的社会认知障碍似乎就有失偏颇。

其次,相对心灵盲理论,互动理论将个体社会认知的发展比喻为一条由诸多影响因素组成的长线,并认为与心智理论相关的特定认知功能问题出现在这条长线的末尾,是在影响感觉运动过程的神经系统干扰中形成的。换言之，以前理论（pretheoretical）形态（例如感觉运动能力）存在的社会性理解比以理论（theoretical）形态（例如心智化能力）为基础的社会性理解在个体社会认知中发挥着更基础的作用。婴儿已经从他们自己的本体感觉运动中具备了一种意识，他们能够觉知到环境中某些种类的实体的确是跟他们自己一样的主观自主体。在新生儿的行为中，这种意识是内隐的，至少是以一种原始的方式存在的。沿着这条线进一步发展，原初交互主体性的缺陷干扰了次级交互主体性的形成，这又进一步诱发了以心智理论为代表的叙事能力在社会互动上的过度代偿。换言之，如果自闭症儿童不能从他人的身体运动中知觉到其意图或情绪等心理状态，那么他们可能会完全求助于一种纯粹基于因果规则的心智化过程对上述心理状态作出解释。上述设想也为将感觉运动技能训练加入到自闭症儿童早期干预疗法中，以期为有效改善自闭症儿童的社会性障碍的实践提供理论基础。

再次，关于自闭症儿童社会互动的发生机制问题仍有待进一步阐释。互动理论对读心两个基本原则的缺陷的批判目前更多地停留在认识论层面上，而缺少直接的实验科学证据来论证诸如原初交互主体性与次级交互主体、叙事能力的具体发生机制，尤其是脑与神经机制。例如，自闭症儿童的原初交互主体性障碍的产生机制与影响因素究竟有哪些？导致低功能自闭症儿童的感觉运动障碍的原因是什么？虽然镜像神经元的发现及其功能特征为原初交互主体性提供了部分神经生物学基础，但目前已有一系列研究给出了相反的证据。也就是，自闭症个体的镜像神经元系统本身是完好的，但是其内侧前额皮层（medial prefrontal cortex）的高级调控出现了问题。因此，该系统的功能障碍不能被视为自闭症的病因，更可能是其他病因导致的次级结果（Vivanti & Rogers, 2014）。由于内侧前额皮层本身就是经典心智化脑区的重要组成部分，互动理论不得不重新反思原初交互主体的原初地位。抛开上述问题，次级交互主体性与叙事实践对应的神经机制以及与镜像神经元系统之间关系也仍然并不明晰。例如，究竟在哪些情境下社会互动可以单纯依靠镜像神经元系统活动启动的镜像化加工方式就足以实现？而在另一些情境下必须调用心智化模块或相关脑区？对上述问题的回答都直接牵涉到互动理论的解释效力。

最后，互动理论尚需扩大对自闭症儿童认知与行为特征的解释范围。虽然互动理论一直强调其解释力主要在于精致刻画人类社会互动的普遍方式，并以此在对自闭症儿童的社会互动上给出了与心灵盲理论截然不同的解释。不过，未来所有自闭症解释理论的发展方向是全面、系统地回答该群体在社会性与非社会性的认知或行为异常以及二者之间的关系（Frith, 2008）。这种解释范围的扩大并不是仅仅对某个理论的苛求，因为同时考察自闭症儿童社会性与非社会性的认知或行为特征可以帮助研究者澄清一些单一维度分析所忽视的问题。一个典型的成功例子就是巴伦-科恩等人将单一的心灵盲理论拓展成共情-系统化（empathizing-systemizing）理论，该理论将自闭症个体的非社会性特征（系统化）与社会性特征（共情）整合到同一维度上，并尝试利用系统化的优势来改善其共情缺陷（齐星亮，陈巍，2013）。加拉格尔（Gallagher, 2012a）开始意识到这个问题，并认为感觉运动障碍可能不仅是形成自闭症儿童原初交互主体性障碍的原因，也是造成其部分非社会认知能力缺陷的诱因。例如，言语模仿（echolalia），对刺激的过分敏感以及重复的奇怪动作，等等。不过，互动理论还无法像共情-系统化理论一样对自闭症儿童的兴趣范围狭窄、刻板同一性、能力孤岛等非社会性认知或行为特征作出有效解释。更为关键的是，如果互动理论希望整合甚至超越共情-系统化理论就必须系统厘清感觉运动障碍与系统化之间在功能上的因果关系。例如，论证系统化能力是感觉运动功能紊乱的代偿性衍生产物。这些设想亟待来自跨学科实验证据的多维支持。

第六章 结语：超越读心——具身交互主体性

> 社会认知不是一个心智思考另一个心智，而是一个具身心智知觉另一个具身心智。
>
> ——甘戈帕德亚和宫原（Gangopadhyay & Miyahara, 2015, p.699）

读心的双重机制是否就是理解他心的最佳备择方案呢？如果在英美分析哲学框架中来回答这个问题，则暂时恐怕并没有比这种折中和调和机制更有说服力的方案了。然而，有趣的是，无论读心主题在方法论上如何被武装上最前沿、炫酷的脑成像手段，在认识论上它仍然停留在16世纪笛卡尔理智主义（intellectualism）的古典立场。也就是，不管我们采取何种方式，通向他心只能视为间接的。理论论与模拟论之间的亲缘性远比它们表面的尖锐争论更为深刻和隐匿。① 二者潜在地预设了一个通达问题（access problem）：通达他心的问题的核心要义超越了对他人身体的知觉（Gangopadhyay & Miyahara, 2015）。通达问题具体表现在如下两个关键且存疑的假设之中。

心智主义假设（mentalistic supposition）：对他心问题的回答就是解释我们怎样能通达他心，因为他心是封闭的，而且隐藏在我们所能看见

---

① 这些论证由一系列的工作构成，比较具有代表性的包括：Gallagher, S. (2004). Understanding problems in autism interaction theory as an alternative to theory of mind. *Philosophy, Psychiatry, and Psychology*, 11(3), 199-217. Zahavi, D. (2006). *Subjectivity and selfhood: Investigating the first person perspective*. Cambridge, MA: The MIT Press.

的外显行为背后。

普遍性假设(supposition of universality)：我们对于理论的依赖(或者我们对于模拟或某些理论和模拟结合的依赖)是近乎普遍的。也就是，在理解他心或与他人交流上，上述常识心理学(folk psychology)的方式在我们的日常生活中是无处不在的(Gallagher,2004)。

第一个假设带有强烈的心智主义倾向，即与笛卡尔为我们所预设心智的本质保持一致。心智被看作是一个内在领域，它与外在的、可被观察的行为形成鲜明对照，并且可以借助来自心理状态的意向性来控制行为。该假说在几乎任何一个心智理论或理论论支持者的描述中都可以外显或内隐地被发现。例如，发展心理学家哈佩(Happé,1995a,p.2)指出："拥有一套心智理论就是为了能够将独立心理状态归因给自我和他人，从而解释和预测其行为。"

进一步，理论论和模拟论都将这个问题设置为获取他心的问题，二者关于社会认知的解释也被精确地限制在上述心智化术语的使用范畴之内。按照心智主义假设，他心就像是"内在不可观察的建筑物"，一般是不透明的或者不可见的。我们缺少任何可以直接通达他人心理状态的途径，因此必须依赖并采用理论化的推理或内部的模拟。正如韦茨和米切尔(Waytz & Mitchell,2011)反复强调的，他人的心理状态是不可观察的且内在不可见的，这恰恰是因为人们缺乏关于他人心理状态的直接信息。事实上，人们只有基于对他人行动的任何信息的推理才能通向这些心理状态。在可观察的行为与不可观察的心理状态之间存在一条鸿沟，而要想跨越它所依靠的要么是模拟要么是理论化的推理。

第二个假设带有过度理智化倾向。在几乎所有的理论论支持的论证中都可以看到这种普遍性假设。例如，发展心理病理学家巴伦-科恩(Baron-Cohen,1997,pp.3-4)就认为："对于我们来说，除非通过心智化的框架，不然通过其他任何方式想使行为有意义都是很困难的……'对心理状态的归因之于人类就像回声定位之于蝙蝠一样重要。'这是一种我们理解社会环境的自然方式。"弗里思和哈佩(Frith & Happé,1999,p.12)同样主张："读心似乎是正常社会互动的一个先决条件，在日常生活中,我们通过一种信念-愿望心理学来解释每一个人的行为。"相比之下,模拟论虽极力排斥理论或推理在理解他心上扮演的普遍性角色,但却只是将这种角色替换成模拟。正如哲学家戈德曼(Goldman,2013,p.2)指出的:"模拟需要的是一种在心理上将自己置身于他人位置上并理解他人感受、思维并做出什么的能力,其目的是为了实现读心而重新调动自身的认知机制。"尼科尔斯和斯蒂克(Nichols & Stich,2003,p.17)的表达则更为直白:"我们无时无刻不在采用假想的信念和愿望,这些信念和愿望是我们认为他人拥有的,并使用这些假想的心理状态来解释和预测他人的行为。"

然而,现象学家对上述两个构成通达问题的认识论假设持有更深刻的怀疑。这种怀疑来自现象学与分析哲学在认识论上的分道扬镳。这是因为读心的双重机制看似有效地调和了理论论与模拟论之间的矛盾,但如果在现象学的视角下审视这种折中或调和的立场,我们将会发现:"这种解决交互主体性问题的方式都预设了一种相当值得怀疑的二分,即内部与外部、体验与行为之间的二分,倘若我们从一种极端的区分——在一个被感知的身体与一个被判断的心灵之间的区分——出发,那么我们将永远无法'把它重新拼接在一起'。"(扎哈维,2008,p.263)①因此,化解他心难题的唯一可行的途径是,将客观他人(objectual other)转换为另一个自我(another self),从而将我-他的主客两分矛盾转化为主体间的互动问题。这也正是胡塞尔、海德格尔、舍勒、施泰因、梅洛-庞蒂和萨特等现象学家创立交互主体性学说的最终目的。

将客观他人转换为另一个自我为什么具有可能性?梅洛-庞蒂(2005,p.468)的立场坚定而又鲜明:"如果主体的唯一体验是我与主体一致时得到的体验,如果按照定义,灵魂避开'局外旁观者',只能在里面被认识,那么我的我思原则上就是唯一的,不能被另一个我思'分享',人们是否会说我的我思能转移到其他的我思?但是,这样的转移如何能被引起……如果我不在自己身上学会认识自为与自在的连接,那么作为其

---

① "读心"(mindreading)这个术语本身就已经暴露这个问题,即存在将他人视为客体,而自我视为主体的二分对立倾向。

他身体的这些机械装置就都不能获得生命。"简言之,梅洛-庞蒂的上述断言指明,主体性的自身体验必然包含他人维度,否则,交互主体性的实现就无从谈起。

那么,主体性自身体验中包含的他人维度究竟是什么?或者说,这种他人维度的载体是什么?这直接关系到论证交互主体性的可能性与实现途径。在整个现象学传统中,身体被赋予这种效力。胡塞尔指出:"我自己身体上的自身体验具有在自身性(ipseity)与他异性(alterity)之间交互作用的显著特点。当我的左手碰到右手时,我正在以一种特定的样式体验自身,在其中预备了他人体验我以及体验他人的方式。"(转引自扎哈维,2008,p.200)因此,我们认为,如果自然化的现象学想要完全吸纳现象学的身体观对交互主体性的意义,则必须继续论证读心的两种方式都是具身化的。在日常生活情境中,虽然许多时候我-他经验分享的确是可以在无意识状态下就可以自动完成的(比如对他人面部表情、身体姿势等的理解),但是还存在大量相对复杂的社会情境(比如对他人心理状态的评价、预期、推理或信念的共鸣等)。在这些复杂的社会情境中,我-他经验的分享往往是在有意识状态下基于逻辑和规则推理而实现的。在前一种情境下,交互主体性的实现主要基于具身模拟,这在前文中得到初步论证。接下去,我们将在现象学视角下继续论证在不同社会情境下交互主体性的实现都是具身的。

加拉格尔(Gallagher,2009)指出,若要论证交互主体性的具身特征,则需要先对其进行必要的结构区分。他将交互主体性区分为原初交互主体性(primary intersubjectivity)、次级交互主体性(secondary intersubjectivity)和叙事能力(narrative competency)。前二者和后者分别对应前理论交互主体性(pre-theoretical intersubjectivity)和理论交互主体性(theoretical intersubjectivity)。加拉格尔认为,这两种交互主体性的形式分别具有个体发生学(ontogeny)和普遍性上的双重意义。它们不仅分布在个体发展的不同纵向阶段,同时也分布于正常发展的个体身上。从个体发生学上来看,所谓前理论交互主体性是指婴儿出生至3岁之前与他人的经验互动形式。从最初新生儿在模仿行为中通过一种整合感官-运动系统的内在身体图式而自动完成自我-他人经验的直接对接,到9个月之后形成一种共享注意机制(shared attention mechanism)。儿童与他人的互动,开始与他们此时此刻的社会情境、与那些可被他人分享的物体和事件关联起来。而作为理论交互主体性的叙事能力则主要指3岁以后的儿童发展出一种用来捕获交互主体性互动、动机与理由的叙事实践(Gallagher,2009)。这种实践主要基于一种理论形态的推理机制。从一般意义上来看,加拉格尔(Gallagher,2009)认为,即便是就成人的成熟交互主体性而言,前理论交互主体性在所有面对面的交互主体性体验中均有别于理论交互主体性,而且前者较之后者处于一种更原初的地位上。

　　加拉格尔虽然指出交互主体性的某些具身特征,并在本体论层面上将交互主体性区分为理论与前理论两种形态,但是按照自然化现象学的理解,具身并不仅仅作为一种认知的本体论承诺(ontological commitments),而且还应被视作一种认知过程的基本实现方式,前理论最终促成理论的涌现(emergence)。因此,要想进一步论证上述两种交互主体性形态是否统一于一种具身的立场,有必要考察二者实现方式的具身特征。为此,我们希望引入现象学家萨特的前反思(pre-reflective)与反思(reflective)概念。萨特认为,意识具有前反思的和反思的两种不同形式,但前反思的较之反思的处于更优先、更本源的奠基性地位。因为它能够独立于反思的而存在,而反思的自我觉知则总是以前反思的自我觉知为前提的。这从二者出现的时间顺序上就可以得到初步印证。反思活动永远只是事后去反思,既然这样,这种意识活动就已经失去当场发生的那种含义。比如,事后去反思一种愤怒,它已经是不带有那种强度的愤怒了。对此,萨特举了一个鲜活的例子来对二者的关系给予现象学的还原。例如,当一个人在数盒子里的香烟的时候,他关心的是他数出了多少根,而不关心他正在数香烟这件事。然而,当有人打断他数香烟的行为并询问他在干什么的时候,他会立刻回答自己在数香烟。换言之,正是由于我前反思地觉知到自己的经验,当某人询问我正在干什么或感受到什么的时候,我才能不通过任何反思性的推断或观察而迅速地作出反应。因此,萨特(2007,p.11)指出:"反思一点也不比被反思的意识更优越,并不是反思向自己揭示出被反思的意识。恰恰相反,正是非反思的意识使反思成为可能:有一种反思前的我思(cogito)成为笛卡尔我思的条件。"梅洛-庞蒂(2005)认为,前反思的自我觉知较之反思的自我觉知具有现象学上的"奠基"①(founding,Fundierung)意义,而后者则是"被奠基的"(founded,Fundiert)。

这意味着无论从个体发生学还是从一般意义上讲,如果将前反思/反思这对概念引入交互主体性的探讨中,它就可以相对合理地被视为前理论交互主体性/理论交互主体性的具体实现方式。接下来,我们将结合瓦雷拉界定的具身立场的两层意蕴来论证作为两种交互主体性实现方式的前反思/反思都具有具身的特征:(1)作为一种超越主客两分的现象学身体是如何影响并实现交互主体性的;(2)现象学的身体又是如何嵌入到社会情境的方式影响并实现交互主体性的。最后,论证两种交互主体性的实现方式之间及其类型之间的奠基关系。

首先,我们将前理论交互主体性的实现方式描述为具身前反思的(embodied pre-reflective),并仍然沿着加拉格尔的理解和自然化现象学的两种具身立场来论证这种具身前反思的特征。从个体发生学的角度,早在梅洛-庞蒂(1945/2005)的《知觉现象学》中就曾提醒我们注意到:倘若一个成人将一个15个月大的婴儿的手指放在自己的牙齿间并装作想要咬它,婴儿便会张开自己的嘴。梅洛-庞蒂由此联想到婴儿或许能够跨越他人身体之视觉显现(appearance)与自己身体之本体感受(proprioception)显现间的鸿沟,将自己能感受到的但却看不见的嘴之经验,与他人看得见却感受不到的嘴之经验有效地联结起来。婴儿的身体图式具有一种超通道(transmodel)的敞开性,这使得他不需要推理就能够直接理解并模仿他人。我们认为,这证明自我与他人的关系在生命一开始便已建立,即便此时成熟的反思性的自我意识主体尚未形成。婴儿还是可以通过与他人通过身体的相似性来共享这一空间,最终使得成人

---

① 奠基关系是指被奠基者若没有奠基者便不能存在,但反之则可以(倪梁康,2007)。

身体占据的空间和婴儿身体占据的空间共同嵌入到一个混合的共享空间。镜像神经元系统正是在这种我-他经验分享的过程中形成并发育起来的(陈巍,2013)。在一般意义上,即便是成人,对于他人身体感知的能力同样是嵌入到一个共享的、有意义的人际空间之中的,即加莱塞所谓的"共享的多重交互主体性"。在这种交互主体性中,通过镜像神经元系统活动启动的具身模拟使得某些他人的经验能在瞬时就被我们理解,并最终实现两个具身主体间前反思的共鸣。

阿韦南蒂等人(Avenanti, Bueti, Galati, & Aglioti, 2005)的研究让被试观看用针刺入他人的手/脚以及非肉身客体(noncorporeal objects)(如西红柿)相似部位的视频剪辑,然后使用经颅磁刺激技术记录被试手/脚部肌肉的皮层髓质的运动变化。结果发现,在观看用针刺入他人的手/脚视频时,被试自身运动诱发电位值下降,这种抑制意味着被试对他人疼痛的体验已经超越情绪的层面,直接影响肌肉的运动,即镜像匹配(mirror-matching)效应。而在观察针刺入西红柿的情境下,被试的运动诱发电位值没有变化(如图6-1所示)。此外,被试在评估他人所承受疼痛提高时的肌肉虽然表现出更强的兴奋性,但他们并没有意识到情感的不愉快程度与肌肉兴奋程度之间的关系。

这个研究很好地揭示了,肉身作为联系我-他经验分享的纽带直接影响并实现前理论交互主体性,这种以身体为基础的前理论交互主体性具有前反思的特征,他们称之为自动化的具身化(automatic embodiment)。亚科博尼等人(Iacoboni, Molnar-Szakacs, Gallese, Buccino, Mazziotta, & Rizzolatti, 2005)的实验进一步证明不仅情境信息的存在与否,而且相似的情境信息的细微差异均会对镜像神经元系统活动产生影响。因此,无论是从发生学还是一般意义上来讲,嵌入到社会情境的现象学身体都影响并实现了前理论交互主体性,而且这种交互主体性是前反思的。

加拉格尔将理论交互主体性视为成熟的交互主体性,这种成熟同样涉及个体发生学和一般意义两个层次。然而,我们认为,虽然理论交互主体性的实现方式具有反思特征,但这种反思依旧体现自然

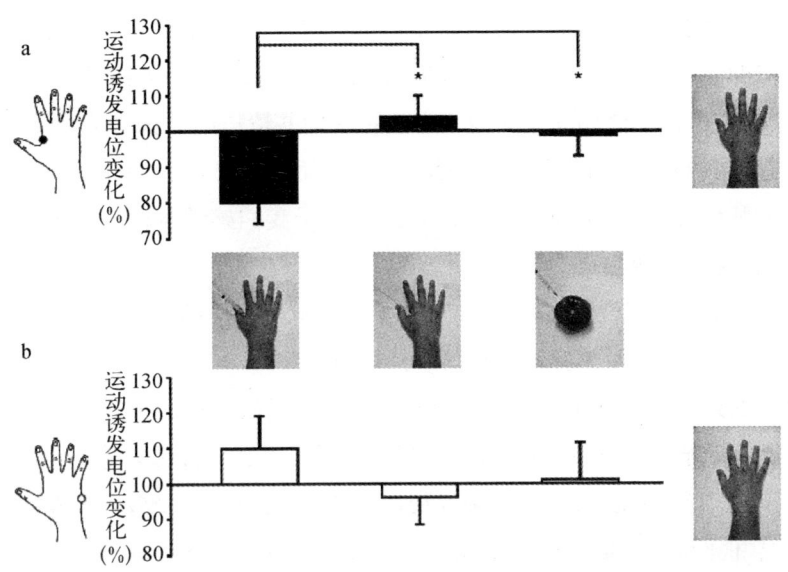

图 6-1 被试在观看用针刺、用棉签擦拭他人的第一背侧骨间肌,以及针刺非肉身客体过程中同步记录的被试手部肌肉运动诱发电位变化

(转引自 Avenanti, Bueti, Galati, & Aglioti, 2005)

注:(a) 记录到的来自第一背侧骨间肌(the first dorsal interosseus, FDI)的运动诱发电位(黑色柱形图);(b) 记录到的来自小指展肌(abductor digiti minimi, ADM)的运动诱发电位(白色柱状图)。

化现象学具身立场的双重意蕴。来自具身社会认知(embodied social cognition)的大量实验有力地佐证了其具身反思的第一层意蕴。以作为反思形式的自我判断为例,杜瓦尔和维克隆德(Duval & Wicklund, 1973)的实验发现,当被试坐在镜子之前时会作出不同的自我判断,因为镜子的作用就是提醒自我别人正在看自己。在这个实验中,镜子将被试自我判断时采用的第一人称视角转换为第三人称视角,使其倾向于以一种典型的观察者方式来评价他们自己的行为。又如,以作为反思形式的对他人的判断为例,詹金斯等人(Jenkins, Macrae, & Mitchell, 2008)向被试呈现与他们长得相似或不相似的人的照片和描述(前反思),并让被试回答一系列问题,最后让他们推测这些假想人的反应(反思),同时使用 fMRI 技术观测被试的大脑活动。结果显示,当判断与自己相似的人的看法时,被试的腹内侧前额皮层(VMPFC)被显著激活了(该区域与自己考虑该问题时激活的区域一致);而当判断与自己不相似的人的看法时,该皮层并没有表现出活动迹象。当感觉他人与自己越相像时,个体倾向于对他人产生更多的共情作用。这一结果显示,当我们判断与我们相似的人的想法时,动用的是考虑我们自己时所用的大脑区域,即判断别人态度的方式依赖于我们感觉自己与他们在身体上的相似程度。

那么,现象学的身体又是如何以嵌入到社会情境的方式影响并实现理论交互主体性的呢?汉密尔顿等人(Hamilton et al.,2004)的实验揭示了以具身反思方式实现理论交互主体性的过程。他们要求被试对表演者所举箱子的重量进行判断(反思),同时要求被试自己去举一个较重或较轻的箱子(前反思)。结果发现,当被试自己举了一个较重的箱子的时候,他倾向于判断表演者的箱子比较轻,而当被试自己举了一个较轻的箱子时,他会认为表演者的箱子比较重。这就说明,被试自身动作的执行影响了观察到的相似他人动作的并行处理,并且相似身体动作的表演阻碍了被试对于感知觉作出正确判断的能力,而不是对于感知觉判断起促进作用。因此,在我-他经验分享的过程中,即便是反思形式实现的理论交互主体性,也依旧是借助嵌入到社会情境之中的身体并直接受其影响的。从上述实验中可以发现,虽然反思是一种实现交互主体性的成熟的方式,但是在发生过程中明显受到作为自身觉知形式存在的前反思的影响和制约。

综上所述,我们论证了无论是前理论交互主体性抑或是理论交互主体性,虽然在实现方式上存在前反思/反思的差异,但是这两种实现方式均呈现了自然化现象学具身立场的双重意蕴,因此可以将其合称为具身交互主体性(embodied intersubjectivity)。那么,在复杂的人际互动与我-他经验分享过程中,二者之间的关系又如何呢?或许对这个问题的回答,同样需要回到对交互主体性两种实现方式关系的辨析中。胡塞尔(2002,pp. 163-164)的思考可以给予我们启示:"因为当我在陌生身体上经验到与我的身体类似的动作、行为、表情,而我又知道我的这些动作、行为、表情恰恰是因我的自我支配着我的身体时,那么通过结对联想(Paarungsassoziation),他人与我的躯体在现象上使我经验到一个他我。"但是,"只有在我原真领域内把在那里的躯体与我的躯体结合起来的类似性,才能够为把前一个身体当作另一个身体的类比化把握提供动机的基础",而"这也许是一种特定的类同化的统觉……这种统觉并不是推论,也不是思维活动……当我们在其中一眼就能立义到并感知地把握到原先被给予的对象"(胡塞尔,2005,p.178)。在这里,胡塞尔明确指出实现交互主体性的两种途径:结对联想与统觉(Apperzeption)。统觉可以被视作前反思的,而结对联想是反思的,前者对后者是奠基的。

最后,对交互主体性而言,实现方式的奠基关系又是如何决定本体论意义上类型间的奠基关系呢?结合第四章对变色龙效应的分析可以给予我们一些启示。以沙特朗和巴奇(Chartrand & Bargh,1999)的研究为例,当被试和实验人员正常交谈时,其中有些实验人员会模仿被试摸脸或抖腿等动作(具身前反思),另一些则不会,而且在整个交流过程中被试都没有察觉到模仿行为的存在。接下来,让被试对实验人员的喜爱及彼此间互动的顺利程度作出评价(具身反思)。结果发现,首先,实验人员适当地增加摸脸或抖腿的次数会显著增加被试相应行为(前理论交互主体性)的次数;其次,当被试被模仿时,其对交流对象及其互动的顺利程度的正面评价(理论交互主体性)显著提高。他们将这上述现象称为"变色龙效应"。这个实验清晰地揭示在交互主体性的实现过程中,前反思的方式影响并决定反思的方式,且二者都受到嵌入社会情境中身体的影响。因此,我们认为,以具身前反思方式实现的前理论交互主体性具有现象学意义上的奠基(foundational)地位,而以具身反思方式实现的理论交互主体性则是被奠基(founded)的,而且后者是通过前者涌现出来的。

综上所述,如果在具身-生成认知与自然化现象学背景下关照日常的社会性人际互动过程,那么心智理论或模拟或许均不是理解他心的基本途径和手段。结合镜像神经元研究的启示与现象学传统的洞见,人际互动本身应该被理解成现象学意义上的具身交互主体性(embodied intersubjectivity)问题。这种立场否认了笛卡尔预设下的他心认识论困境,并重构了读心的认识论立场。对此,现象学家扎哈维(Zahavi,2011)提出一个针对读心的理论论、模拟论及其混合版本的现象学替代方案。该方案的指导性观念是:"否认我们与作为一个有心灵的他人进行交往时唯一的问题是将隐藏的心理状态归因给他。相反,我们需要严肃地对待心理生活的具身和环境嵌入本质,并承认一种更直接的通达他人心灵的途径,该途径先于其他任何想象的投射或理论化的推理,且比后二者更为基本。我们用直接社会知觉(direct social perception)形式来指称它。当然,这样说并不是否认在某些时候他人很难被直接理解,而是决意否认将他人完全识别为一个具有心灵的存在是一项极具挑战的任务,同时否认在可观察的行为与不可观察的心理状态之间存在鸿沟。"(Zahavi,2011,p.555)

　　如果基于上述立场来拷问心智主义假设与普遍性假设及其衍生而来的读心模型,我们将惊诧于无论是理论论、模拟论及其各种混合版本,无不是怀揣着一种"笛卡尔式焦虑"(Cartesian anxiety)[①]踏上读心研究旅程的。也就是,一种在社会互动与人际理解过程中对某个预先给定的、客观的、绝对参照点的狂热与执念。在此种焦虑的驱动下,研究者倾向寻找的是一种绝对的根据,即某物只依靠自身存在(own-being)从而成为其他任何事物的基础。于是,无论是理论论预设的借助理论化的推理还是模拟论预设的模拟来理解他心,都需要一个绝对的、固定的认识论根基。在理论论中,这个根基由第三人称视角下的他人来充当,而在模拟论中则转换成第一人称视角下的自我。

　　然而,从具身交互主体性到直接社会知觉的论证旨在说明,在生活世界中的社会互动,既不是"我"对他人进行建模,也不是他人对"我"进

[①] "笛卡尔式焦虑"这一说法借鉴自瓦雷拉在批判理智主义与经验主义上的表述。瓦雷拉认为,现象学认识论对于前二者的超越意义就体现在消解了这种先将心智与世界(或身体)、外在与内在、主观与客观绝对割裂开来再去寻求对接所产生的焦虑。这种焦虑对于心身问题研究产生的消极影响,详见:陈巍,郭本禹.(2013).中道认识论:救治认知科学中的"笛卡尔式焦虑".人文杂志,3,8—13.我们认为,当前心灵哲学界对于他心问题解决方案诸进路的探讨与理智主义和经验主义在处理身心问题时产生的笛卡尔式焦虑之间有着惊人的相似性。

行建模，而是一种第二人称视角下双向建构的交互主体性耦合。在大部分社会互动情境中，他人以明证性的方式自我呈现，他人和"我"共享同样的时间和空间，他人的表情、动作、意图、信念都直接呈现在"我"的眼前，反之亦然。镜像神经元激活产生的具身模拟为上述通达提供了脑与神经机制的说明，从而在脑与神经层面上构筑起我-你直接知觉的现象学事实。

参考文献

中文部分

博登斯,K. S.,阿伯特,B. A.(2008).研究设计与方法(第六版).袁军,等,译.上海:上海人民出版社.

曹漱芹,曹颜颜.(2015).孤独症:大脑极端男性化的表现形态? 心理科学进展,23(10),1775-1788.

陈立.(1997).平话心理科学向何处去.心理科学,20(5),385-389.

陈墨,韦小满.(2008).自闭症弱中央统合理论综述.中国特殊教育,10,79-85.

陈巍.(2010).具身模拟论的回应:"模仿"需要"理论"吗?——兼与黄家裕博士商榷.哲学动态,8,85-91.

陈巍.(2013).具身交互主体性:神经现象学的审视.哲学动态,4,76-82.

陈巍,丁峻,Wong,Y.(2009).心智理论解释模型的整合实验:一个"阶段-分类"的框架.心理研究,2(2),26-32.

陈巍,丁峻,陈箐灵.(2008).自我与他人同一性的神经现象学进路.河北师范大学学报(哲学社会科学版),4,90-94.

陈巍,丁峻,陈熙.(2010).共享身体表征:心智阅读起源的具身匹配论.科学技术哲学研究,27(5),26-30.

陈巍,丁峻.(2009).镜像神经元:从个体认知到社会行为.华东师范大学学报(教育科学版),27(1),51-55.

陈巍,郭本禹.(2014).具身-生成的认知科学:走出"战国时代".心理学探新,34(2),111-116.

崔芳,南云,罗跃嘉.(2008).共情的认知神经研究回顾.心理科学进展,16(2),250-254.

丁峻,陈巍.(2008).儿童心理理论解释模型的新范式——具身模拟论述评.心理研究,1(4),44-48.

丁峻,陈巍.(2009).具身认知之根:从镜像神经元到具身模拟论.华中师范大学学报(人文社会科学版),48,132-136.

费多益.(2015).他心感知如何可能? 哲学研究,1,119-126.

高新民.(2012).心灵与身体:心灵哲学中的新二元论探微.北京:商务印书馆.

高新民,沈学君.(2010).*现代西方心灵哲学*.武汉:华中师范大学出版社.
葛詹尼加,M. S.,艾利乌,R. B.,曼根,G. R.(2011).*认知神经科学:关于心智的生物学*.周晓林,高定国,等译.北京:中国轻工业出版社.
胡塞尔,E.(2002).*笛卡尔式的沉思*.张廷国,译.北京:中国城市出版社.
胡塞尔,E.(2007).*哲学作为严格的科学*.倪梁康,译.北京:商务印书馆.
胡塞尔,E.,黑尔德,K.(2005).*生活世界现象学*.倪梁康,张廷国,译.上海:上海译文出版社.
加勒斯(加莱塞),V.(2008).具身模仿:从神经元到现象体验.张静,陈巍,译.丁峻,校.*求是学刊*,5,5-10.
江怡.(2006).当代英美哲学实在论与反实在论语境中的他心问题.*求是学刊*,6,39-45.
杰伊,T. B.(2004).*语言心理学(影印版)*.北京:北京大学出版社.
赖尔,G.(2005).*心的概念*.徐大建,译.北京:商务印书馆.
李恒威.(2009).生成认知:基本观念和主题.*自然辩证法通讯*,31(2),27-31.
李世易.(2007).*史坦茵的同理问题与现象学分析*.新竹:台湾清华大学硕士学位论文.
陆丽青.(2008).冯特的宗教心理学思想研究.*世界宗教研究*,3,117-128.
洛马尔,D.(2007).镜像神经元与主体间性现象学.陈巍,译.丁峻,校.*世界哲学*,6,82-87.
马尔科姆,N.(2002).关于他心的类比推理.见高新民,储昭华,等编译.*心灵哲学*(pp. 893-905).北京:商务印书馆.
马玉,张学民,张盈利,魏柳青.(2013).自闭症儿童视觉动态信息的注意加工特点——来自多目标追踪任务的证据.*心理发展与教育*,29(6),571-577.
梅洛-庞蒂,M.(2005).*知觉现象学*.姜志辉,译.北京:商务印书馆.
孟景,陈有国,黄希庭.(2010).疼痛共情的影响因素及其认知机制.*心理科学进展*,18(3),432-440.
倪梁康.(2007).*胡塞尔现象学概念通释*.北京:三联书店.
倪梁康.(2014).胡塞尔的交互主体性现象学.*中山大学学报(社会科学版)*,3,83-91.
齐星亮,陈巍.(2013).自闭症共情-系统化理论述评.*心理科学*,36(5),1261-1266.
萨特,J.-P.(2007).*存在与虚无*.陈宣良,等译.杜小真,校.北京:三联书店.
斯瓦伯(Dick Swaab).(2011).*我即我脑:在子宫中孕育,在阿兹海默氏病中消亡*.王奕瑶,等译.包爱民,校.北京:中国人民大学出版社.
孙月,陈巍,丁峻.(2011).观念运动理论:内涵与证据.*心理科学进展*,19(8),1138-1146.
瓦雷拉,F.,汤普森,E.,罗施,E.(2010).*具身心智:人类经验与认知科学*.李恒威,等译.杭州:浙江大学出版社.
汪寅,臧寅垠,陈巍.(2011).从"变色龙效应"到"镜像神经元"再到"模仿过多症":作为人类交流产物的无意识模仿. 心理科学进展, 19(6), 916-924.
王华平.(2012). 他心的直接感知理论. 哲学研究, 9, 77-84.
王异芳, 苏彦捷.(2004). 从心智理论与执行功能的关系看孤独症. 心理科学进展, 12(5), 737-742.
吴圭世.(2006). 变色龙效应:情绪与行为模仿. 嘉义:中正大学硕士学位论文.
殷筱.(2013). 常识心理学"他心知"认知模式的非对称性. 哲学研究, 5, 95-99.
于爽.(2010). 读心的三种路径及其交融. 杭州:浙江大学博士学位论文.
扎哈维, D.(2007). 胡塞尔现象学. 李忠伟, 译. 上海:上海译文出版社.
扎哈维, D.(2008). 主体性和自身性——对第一人称视角的探究. 蔡文菁, 译. 上海:上海译文出版社.
扎哈维, D.(2010). 自然化的现象学. 符鸽, 译. 求是学刊, 37(5), 5-12.
周昌乐.(2011). 新兴的哲学实验研究之路. 光明日报(理论版), 2-22-11.

英文部分

Ackerman, M. J., Nocera, C. C., & Bargh, A. J. (2010). Incidental haptic sensations influence social judgments and decisions. *Science*, *328*, 1712-1715.

Adolphs, R., Damasio, H., Tranel, D., Cooper, G., & Damasio, A. (2000). A role for somatosensory cortices in the visual recognition of emotion as revealed by three-dimensional lesion mapping. *Journal of Neuroscience*, *20*, 2683-2690.

Aglioti, S. M., Cesari, P., Romani, M., & Urgesi, C. (2008). Action anticipation and motor resonance in elite basketball players. *Nature Neuroscience*, *11*(9), 1109-1116.

Agnew, Z. K., Bhakoo, K. K., & Puri, B. K. (2007). The human mirror system: A motor resonance theory of mind-reading. *Brain Research Reviews*, *54*(2), 286-293.

Aldridge, M. A., Stone, K. R., Sweeney, M. H., & Bower, T. G. R. (2000). Preverbal children with autism understand the intentions of others. *Developmental Science*, *3*, 294-301.

American Psychiatric Association (2000). *Diagnostic and statistical manual of mental disorders DSM-IV-TR fourth edition*. Arlington, VA: American Psychiatric Publishing.

American Psychiatric Association (2013). *Diagnostic and statistical manual of mental disorders* (5th edition ed.). Arlington, VA: American Psychiatric Publishing.

Ammaniti, M., & Gallese, V. (2014). *The birth of intersubjectivity: Psychodynamics, neurobiology, and the self*. New York: W.W. Norton.

Anderson, M. L. (2007). How to study the mind: An introduction to embodied cognition. In F. Santoianni & C. Sabatana (Eds.), *Brain development in learning environments: Embodied and perceptual advancements* (pp. 65 - 82). Cambridge, UK: Cambridge Scholars Press.

Apperly, I. A. (2008). Beyond simulation-theory and theory-theory: Why social cognitive neuroscience should use its own concepts to study "theory of mind". *Cognition*, *107*, 266 - 283.

Apperly, I. A. (2011). *Mindreaders: The cognitive basis of "theory of mind"*. New York, NY: Psychology Press.

Arbib, M. A. (2005). From monkey-like action recognition to human language: An evolutionary framework for neurolinguistics. *The Behavioral and Brain Sciences*, *28*, 105 - 124.

Arbib, M. A. (2006). *Action to language via the mirror neuron system*. New York: Cambridge University Press.

Arnstein, D., Cui, F., Keysers, C., Maurits, N. M., & Gazzola, V. (2011). μ-suppression during action observation and execution correlates with BOLD in dorsal premotor, inferior parietal, and SI cortices. *The Journal of Neuroscience*, *31*(40), 14243 - 14249.

Ashton-James, C., Van Baaren, R. B., Chartrand, T. L., Decety, J., & Karremans, J. (2007). Mimicry and me: The impact of mimicry on self-construal. *Social Cognition*, *25*, 518 - 535.

Auyeung, B., Baron-Cohen, S., Ashwin, E., Knickmeyer, R., Taylor, K., & Hackett, G. (2009). Fetal testosterone and autistic traits. *British Journal of Psychology*, *100* (1), 1 - 22.

Avenanti, A., Bueti, D., Galati, G., & Aglioti, S. M. (2005). Transcranial magnetic stimulation highlights the sensorimotor side of empathy for pain. *Nature Neuroscience*, *8*(7), 955 - 960.

Aziz-Zadeh, L., & Damasio, A. (2008). Embodied semantics for actions: Findings from functional brain imaging. *Journal of Physiology-Paris*, *102*, 35 - 39.

Aziz-Zadeh, L., & Ivry, R. B. (2009). The human mirror neuron system and embodied representations. *Advances in Experimental Medicine and Biology*, *629*, 355 - 376.

Aziz-Zadeh, L., Iacoboni, M., Zaidel, E., Wilson, S., & Mazziotta, I. (2004). Left hemisphere motor facilitation in response to manual action sounds. *European Journal of Neuroscience*, *19*, 2609 - 2612.

Aziz-Zadeh, L., Koski, L., Zaidel, E., Mazziotta, J., & Iacoboni, M. (2006a). Lateralization of the human mirror neuron system. *The Journal of Neuroscience*, *26*, 2964 - 2970.

Aziz-Zadeh, L., Wilson, S., Rizzolatti, G., & Iacoboni, M. (2006b). Congruent embodied representations for visually presented actions and linguistic phrases describing actions. *Current Biology*, *16*(18), 1818–1823.

Badcock, C. (2009). *The imprinted brain: How genes set the balance between autism and psychosis*. Philadelphia, PA: Jessica Kingsle.

Bailenson, J., & Yee, N. (2005). Digital chameleons: Automatic assimilation of nonverbal gestures in immersive virtual environments. *Psychological Science*, *16*, 814–819.

Baillargeon, R., Scott, R. M., & He, Z. J. (2009). False-belief understanding in infants. *Trends in Cognitive Sciences*, *14*(3), 110–118.

Bargh, J. A., Chaiken, S., Raymond, P., & Hymes, C. (1996). The automatic evaluation effect: Unconditionally automatic attitude activation with a pronunciation ask. *Journal of Experimental Social Psychology*, *32*, 104–128.

Bargh, J. A., Chen, M., & Burrows, L. (1996). Automaticity of social behavior: Direct effects of trait construct and stereotype activation on action. *Journal of Personality and Social Psychology*, *71*, 230–244.

Baron-Cohen, S. (1997). *Mindblindness: An essay on autism and theory of mind*. Cambridge, MA: The MIT Press.

Baron-Cohen, S. (2002). The extreme male brain theory of autism. *Trends in Cognitive Sciences*, *6* (6), 248–254.

Baron-Cohen, S. (2005). Autism. In B. Hopkins (Eds.), *Cambridge encyclopaedia of child development* (pp. 1–12). Cambridge, New York: Cambridge University Press.

Baron-Cohen, S. (2006a). The hyper-systemizing, assortative mating theory of autism. *Progress in Neuro-Psychopharmacology and Biological Psychiatry*, *30* (5), 865–872.

Baron-Cohen, S. (2006b). Two new theories of autism: Hyper-systemising and assortative mating. *Archives of Disease in Childhood*, *91*, 2–5.

Baron-Cohen, S. (2008). Autism, hypersystemizing, and truth. *The Quarterly Journal of Experimental Psychology*, *61* (1), 64–75.

Baron-Cohen, S. (2009). Autism: The empathizing-systemizing (E-S) theory. *Annals of the New York Academy of Sciences*, *1156* (1), 68–80.

Baron-Cohen, S. (2010). Empathizing, systemizing, and the extreme male brain theory of autism. *Progress in Brain Research*, *186*, 167–175.

Baron-Cohen, S., & Belmonte, M. K. (2005). Autism: A window onto the development of the social and the analytic brain. *Annual Review of Neuroscience*, *28*, 109–126.

Baron-Cohen, S., Leslie, A. M., & Frith, U. (1985). Does the autistic child have a "theory of mind"? *Cognition*, *21* (1), 37–46.

Baron-Cohen, S., Leslie, A. M., & Frith, U. (1986). Mechanical, behavioural and intentional understanding of picture stories in autistic children. *British Journal of Developmental Psychology*, *4* (2), 113–125.

Baron-Cohen, S., Richler, J., Bisarya, D., Gurunathan, N., & Wheelwright, S. (2003). The systemizing quotient: An investigation of adults with Asperger syndrome or high-functioning autism, and normal sex differences. *Philosophical Transactions of the Royal Society of London. Series B: Biological Sciences*, *358* (1430), 361–374.

Barsalou, L. W. (1999). Perceptual symbol systems. *Behavioral and Brain Sciences*, *22*, 577–660.

Barsalou, L. W. (2008). Grounded cognition. *Annual Review of Psychology*, *59*, 617–645.

Barsalou, L. W. (2010). Grounded cognition: Past, present, and future. *Topics in Cognitive Science*, *2*, 716–724.

Barsalou, L. W. (2008). Grounding symbolic operations in the brain's modal systems. In G. R. Semin & E. R. Smith (Eds.), *Embodied grounding: Social, cognitive, affective, and neuroscientific approaches* (pp. 9–42). New York: Cambridge University Press.

Baumgaertner, A., Buccino, G., Lange, R., McNmara, A., & Binkofski, F. (2007). Polymodal conceptual processing of human biological actions in the left inferior frontal lobe. *European Journal of Neuroscience*, *25* (3), 881–889.

Bavelas, J. B., Black, A., Chovil, N., Lemery, C. R., & Mullett, J. (1988). Form and function in motor mimicry: Topographic evidence that the primary function is communicative. *Human Communication Research*, *14*, 275–299.

Bavelas, J. B., Black, A., Lemery, C. R., & Mullett, J. (1986). "I show how you feel": Motor mimicry as a communicative act. *Journal of Personality and Social Psychology*, *50* (2), 322–329.

Bavelas, J. B., Black, A., Lemery, C. R., & Mullett, J. (1987). Motor mimicry as primitive empathy. In N. Eisenberg & J. Strayer (Eds.), *Empathy and its development* (pp. 317–338). Cambridge: Cambridge University Press.

Beer, R. D. (2000). Dynamical approaches to cognitive science. *Trends in Cognitive Sciences*, *4*, 91–99.

Beer, R.D. (2011). Dynamical systems and embedded cognition. In K. Frankish

& W. Ramsey (Eds.), *The Cambridge Handbook of Artificial Intelligence* (2014). Cambridge and New York: Cambridge University Press.

Berger, S. M., & Hadley, S. W. (1975). Some effects of a model's performance on an observer's electro-myographic activity. *American Journal of Psychology*, *2*, 263–276.

Berthoz, S., & Hill, E.L. (2005). Reliability of the Bermond-Vorst Alexithymia Questionnaire: Data from adults with autism spectrum disorder, their relatives and normal controls. *European Psychiatry*, *20*, 291–298.

Billington, J., Baron-Cohen, S., & Bor, D. (2008). Systemizing influences attentional processes during the Navon task: An fMRI study. *Neuropsychologia*, *46*(2), 511–520.

Binkofski, F., & Buccino, G. (2004). Motor functions of the Broca's region. *Brain and Language*, *89*, 362–389.

Bird, G., Silani, G., Brindley, R., White, S., Frith, U., & Singer, T. (2010). Empathic brain responses in insula are modulated by levels of alexithymia but not autism. *Brain*, *133*(5), 1515–1525.

Blairy, S., Herrera, P., & Hess, U. (1999). Mimicry and the judgment of emotional facial expressions. *Journal of Nonverbal Behavior*, *23*, 35–41.

Boddaert, N., Belin, P.,& Chabane, N. (2003). Perception of complex sounds: Abnormal pattern of cortical activation in autism. *The American Journal of Psychiatry*, *160*, 2057–2060.

Bogdashina, O. (2005). *Theory of mind and the triad of perspectives on autism and Asperger syndrome: A view from the bridge*. London: Jessica Kingsley Publishers.

Borenstein, E., & Ruppin, E. (2005). The evolution of imitation and mirror neurons in adaptive agents. *Cognitive Systems Research*, *6*, 229–242.

Borg, E. (2007). If mirror neurons are the answer, what was the question? *Journal of Consciousness Studies*, *14*(8), 5–19.

Borg, E. (2013). More question for mirror neurons. *Consciousness and Cognition*, *22*(3), 1122–1131.

Boucher, J. (2012). Putting theory of mind in its place: Psychological explanations of the socio-emotional-communicative impairments in autistic spectrum disorder. *Autism*, *16*(3), 226–246.

Bourgeois, P., & Hess, U. (2008). The impact of social context on mimicry. *Biological Psychology*, *77*, 343–352.

Braadbaart, L., Williams, J. H. G., & Waiter, G. D. (2013). Do mirror neuron areas mediate mu rhythm suppression during imitation and action observation? *International Journal of Psychophysiology*, *89*, 99–105.

Brass, M., & Rüschemeyer, S.-A. (2010). Mirrors in science: How mirror neurons changed cognitive neuroscience. *Cortex*, 46(1), 139-143.

Brass, M., Derrfuss, J., & Von Cramon, D. Y. (2005). The inhibition of imitative and overlearned responses: A functional double dissociation. *Neuropsychologia*, 43, 89-98.

Brooks, R. A. (1991). Intelligence without representation. *Artificial Intelligence*, 47, 139-159.

Brown, E. C., & Brüne, M. (2012). The role of prediction in social neuroscience. *Frontiers in Human Neuroscience*, 6, 147.

Bruce, C., Desimone, R., & Gross, C. G. (1981). Visual properties of neurons in a polysensory area in superior temporal sulcus of the macaque. *Journal of Neurophysiology*, 46(2), 369-384.

Buccino, G., Baumgaertner, A., Colle, L., Buechel, C., Rizzolatti, G., & Binkofski, F. (2007). The neural basis for understanding non-intended actions. *Neuroimage*, 36, T119-T127.

Buccino, G., Binkofski, F., & Riggio, L. (2004). The mirror neuron system and action recognition. *Brain and Language*, 89, 370-376.

Buccino, G., Binkofski, F., Fink, G. R., Fadiga, L., Fogassi, L., Gallese, V. Seitz, R. J., Zilles, K., Rizzolatti, G., & Freund, H. J. (2001). Action observation activates premotor and parietal areas in a somatotopic manner: An fMRI study. *European Journal of Neuroscience*, 13, 400-404.

Buccino, G., Lui, F., Canessa, N., Patteri, I., Lagravinese, G., Benuzzi, F., & Rizzolatti, G. (2004). Neural circuits involved in the recognition of actions performed by nonconspecifics: An fMRI study. *Journal of Cognitive Neuroscience*, 16, 114-126.

Buccino, G., Riggio, L., Melli, G., Binkofski, F., Gallese, V., & Rizzolatti, G. (2005). Listening to action-related sentences modulates the activity of the motor system: A combined TMS and behavioral study. *Cognitive Brain Research*, 24(3), 355-363.

Buccino, G., Vogt, S., Ritzl, A., Fink, G. R., Zilles, K., Freund, H. J., & Rizzolatti, G. (2004). Neural circuits underlying imitation learning of hand actions: An event-related fMRI study. *Neuron*, 42, 323-334.

Buxbaum, L. J., Kyle, K. M., & Menon, R. (2005). On beyond mirror neurons: Internal representations subserving imitation and recognition of skilled object-related actions in humans. *Brain Research: Cognitive Brain Research*, 25, 226-239.

Caggiano, V., Pomper, J. K., Fleischer, F., Fogassi, L., Giese, M., & Their, P. (2013). Mirror neurons in monkey area F5 do not adapt to the observation of repeated actions. *Nature Communications*, *4*, 1433.

Calder, A. J., Keane, J., Cole, J., Campbell, R., & Young, A. W. (2000). Facial expression recognition by people with Mobius syndrome. *Cognitive Neuropsychology*, *17*(1), 73–87.

Calvert, G. A., & Campbell, R. (2003). Reading speech from still and moving faces: The neural substrates of visible speech. *Journal of Cognitive Neuroscience*, *15*, 50–70.

Cappella, J. N., & Panalp, S. (1981). Talk and silence sequences in informal conversations: Interspeaker influence. *Human Communication Research*, *7*, 117–132.

Caramazza, A., Anzelotti, S., Strnad, L., & Lingnau, A. (2014). Embodied cognition and mirror neurons: A critical assessment. *Annual Review of Neuroscience*, *37*, 1–15.

Carr, L., Iacoboni, M., Dubeau, M. C., Mazziotta, J. C., & Lenzi, G. L. (2003). Neural mechanisms of empathy in humans: A relay from neural systems for imitation to limbic areas. *Proceedings of the National Academy of Science of the United States of America*, *100*, 5497–5502.

Carruthers, P.(2009). How we know our own minds: The Relationship between mindreading and metacognition. *Behavioral and Brain Sciences*, *32*(2), 121–138.

Casile, A. (2013). Mirror neurons (and beyond) in the macaque brain: An overview of 20 years of research. *Neuroscience Letters*, *540*, 3–14.

Catmur, C. (2013). Sensorimotor learning and the ontogeny of the mirror neuron system. *Neuroscience Letters*, *540*, 21–27.

Catmur, C. (2015). Understanding intentions from actions: Direct perception, inference, and the roles of mirror and mentalizing systems. *Consciousness and Cognition*, *36*, 426–433.

Catmur, C., Gillmeister, H., Bird, G., Liepelt, R., Brass, M., & Heyes, C. (2008). Through the looking glass: Counter-mirror activation following incompatible sensorimotor learning. *European Journal of Neuroscience*, *28*, 1208–1215.

Catmur, C., Mars, R., Rushworth, M., & Heyes, C (2011). Making mirrors: Premotor cortex stimulation enhances mirror and counter-mirror motor facilitation effects. *Journal of Cognitive Neuroscience*, *23*(9), 2352–2362.

Catmur, C., Walsh, V., & Heyes, C. (2007). Sensorimotor learning configures the human mirror system. *Current Biology*, *17*(17), 1527–1531.

Catmur, C., Walsh, V., & Heyes, C. (2009). Associative sequence learning: The role of experience in the development of imitation and the mirror system.

Philosophical Transactions of the Royal Society B: Biological Sciences, 364, 2369–2380.

Cavallo, A., Heyes, C., Becchio, C., Bird, G., & Catmur, C. (2013). Timecourse of mirror and counter-mirror effects measured with transcranial magnetic stimulation. *Social Cognitive and Affective Neuroscience*, 9, 1082–1088.

Celine, J., Nicolas, G., Angelique, M., & Gaelle, B. (2011). Retail salespeople's mimicry of customers: Effects on consumer behavior. *Journal of Retailing and Consumer Services*, 18, 381–388.

Chakrabarti, B., Bullmore, E., & Baron-Cohen, S. (2006). Empathizing with basic emotions: Common and discrete neural substrates. *Social Neuroscience*, 1 (3–4), 364–384.

Chandler, J., & Schwarz, N. (2009). How extending your middle finger affects your perception of others: Learned movements influence concept accessibility. *Journal of Experimental Social Psychology*, 45, 123–128.

Chapman, E., Baron-Cohen, S., Auyeung, B., Knickmeyer, R., Taylor, K., & Hackett, G. (2006). Fetal testosterone and empathy: Evidence from the empathy quotient (EQ) and the "reading the mind in the eyes" test. *Social Neuroscience*, 1 (2), 135–148.

Chartrand, T. L., & Bargh, J. A. (1999). The chameleon effect: How the perception-behavior link facilitates social interaction. *Journal of Personality and Social Psychology*, 76, 893–910.

Chemero, A. (2009). *Radical embodied cognitive science*. Cambridge, MA: The MIT Press.

Chen, W., Shan, C. L., Guo, B. Y., & Yuan, T. F. (2013). Mirror neuron system activation for conscious states assessment: For patients in vegetative and minimally conscious states. *Medical Hypotheses*, 81, 144–145.

Cheng, C. M., & Chartrand, T. L. (2003). Self-monitoring without awareness: Using mimicry as a nonconscious affiliation strategy. *Journal of Personality and Social Psychology*, 85, 1170–1179.

Chiarella, S. S., & Poulin-Dubois, D. (2013). Cry babies and Pollyannas: Infants can detect unjustified emotional reactions. *Infancy*, 18 (S1), E81–E96.

Chong, T. T. J., Cunnington, R., Williams, M. A., Kanwisher, N., & Mattingley, J. B. (2008). fMRI adaptation reveals mirror neurons in human inferior parietal cortex. *Current Biology*, 18(20), 1576–1580.

Claire, E. A., William, W. M., Adam, D. G., & Tanya, L. C. (2009). Who I am depends on how I feel: The role of affect in the expression of culture.

Psychological Science, *20*(3), 340-348.
Clark, A. (1997). *Being there: Putting brain, body, and world together again*. Cambridge, MA: The MIT Press.
Clark, T. F., Winkielman, P., & McIntosh, D. N. (2008). Autism and the extraction of emotion from briefly presented facial expressions: Stumbling at the first step of empathy. *Emotion*, *8*, 803-809.
Cook, R. (2012). The ontogenetic origins of mirror neurons: Evidence from "tool-use" and "audiovisual" mirror neurons. *Biology Letters*, *8*(5), 856-859.
Cook, R., & Bird, G. (2013). Do mirror neurons really "mirror" and do they really code for action goals? *Cortex*, *49*, 2944-2945.
Cook, R., Bird, G., Catmur, C., Press, C., & Heyes, C. (2014). Mirror neurons: From origin to function. *Behavioral and Brain Science*, *37*(2), 177-241.
Cook, R., Bird, G., Luenser, G., Huck, S., & Heyes, C. (2012). Automatic imitation in a strategic context: Players of Rock-Paper-Scissors imitate opponents' gestures. *Proceedings of the Royal Society B: Biological Sciences*, *279*, 780-786.
Cooper, R. P., Cook, R., Dickinson, A., & Heyes, C. M. (2013). Associative (not Hebbian) learning and the mirror neuron system. *Neuroscience Letters*, *540*, 28-36.
Csibra, G., & Gergely, G. (2007). "Obsessed with goals": Functions and mechanisms of teleological interpretation of actions in humans. *Acta Psychologica*, *124*(1), 60-78.
Curcio, F. (1978). Sensorimotor functioning and communication in mute autistic children. *Journal of Autism and Childhood Schizophrenia*, *8*, 281-292.
Dalton, A. N., Chartrand, T. L., & Finkel, E. J. (2010). The schema-driven chameleon: How mimicry affects executive and self-regulatory resources. *Journal of Personality and Social Psychology*, *98*(4), 605-617.
Dapretto, M., Davies, M. S., Pfeifer, J. H., Scott, A. A., Sigman, M., Bookheimer, S. Y., & Iacoboni, M. (2005). Understanding emotions in others: Mirror neuron dysfunction in children with autism spectrum disorders. *Nature Neuroscience*, *9*, 28-30.
Darwin, C. (1965). *The expression of emotions in man and animals*. Chicago: University of Chicago Press. (Original work published 1872.)
Darwin, C. (2004). *The descent of man*. London: Penguin Classics. (Original work published 1871.)
Dawson, M. R. W., Dupuis, B., & Wilson, M. (2010). *From bricks to brains:*

The embodied cognitive science of LEGO robots. Edmonton: AU Press.
De Bruin, L., & Strijbos, D. (2015). Direct social perception, mindreading and Bayesian predictive coding. *Consciousness and Cognition*, *36*, 565–570.
De Zubicaray, G., Postle, N., McMahon, K., Meredith, M., & Ashton, R. (2010). Mirror neurons, the representation of word meaning, and the foot of the third left frontal convolution. *Brain and Language*, *112*(1), 77–84.
Decety, J., Chaminade, T., Grèzes J., & Meltzoff, A. N. (2002). A PET exploration of the neural mechanisms involved in reciprocal imitation. *Neuroimage*, *15*, 265–272.
Depraz, N. (2001). The Husserlian theory of intersubjectivity. *Journal of Consciousness*, *8*, 169–178.
Derryberry, E. P., Seddon, N., Claramunt, S., Tobias, J. A., Baker, A., Aleixo, A., & Brumfield, R. T. (2012). Correlated evolution of beak morphology and song in the neotropical woodcreeper radiation. *Evolution*, *66*(9), 2784–2797.
Di Pellegrino, G., Fadiga, L., Fogassi, L., Gallese, V., & Rizzolatti, G. (1992). Understanding motor events: A neurophysiological study. *Experimental Brain Research*, *91*(1), 176–180.
Dick, A. S., Goldin-Meadow, S., Hasson, U., Skipper, J. I., & Small, S. L. (2009). Co-speech gestures influence neural activity in brain regions associated with processing semantic information. *Human Brain Mapping*, *30*, 3509–3526.
Dijksterhuis, A., & Aarts, H. (2010). Goals, attention, and (un) consciousness. *Annual Review of Psychology*, *61*, 467–490.
Dimberg, U. (1988). Facial electromyography and the experience of emotion. *Journal of Psychophysiology*, *2*, 277–282.
Dimberg, U., Thunberg, M., & Elmehed, K. (2000). Unconscious facial reactions to emotional facial expressions. *Psychological Science*, *11*, 86–89.
Dinstein, I. (2008). Human cortex: Reflections of mirror neurons. *Current Biology*, *18*(20), 956–959.
Dinstein, I., Hasson, U., Rubin, N., & Heeger, D. J. (2007). Brain areas selective for both observed and executed movements. *Journal of Neurophysiology*, *98*, 1415–1427.
Dinstein, I., Thomas, C., Behrmann, M., & Heeger, D. J. (2008). A mirror up to nature. *Current Biology*, *18*, R13–R18.
Dittrich, W. H., Troscianko, T., Lea, S. E. G., & Morgan, D. (1996). Perception of emotion from dynamic point-light displays represented in dance.

Perception, *25*, 727–738.

Duval, S., & Wicklund, R. A. (1973). Effects of objective self-awareness on attribution of causality. *Journal of Experimental Social Psychology*, *9*, 17–31.

D'Entremont, B., & Yazbek, A. (2007). Imitation of intentional and accidental actions by children with autism. *Journal of Autism and Developmental Disorders*, *37*(9), 1665–1678.

Ebisch, S. J., Perrucci, M. G., Ferretti, A., Del Gratta, C., Romani, G. L., & Gallese, V. (2008). The Sense of touch: Embodied simulation in a visuotactile mirroring mechanism for observed animate or inanimate touch. *Journal of Cognitive Neuroscience*, *20*, 1611–1623.

Elisha, B., Frank, B., & Robert, R. (1991). Students as judges of teachers' verbal and nonverbal behavior. *American Educational Research Journal*, *28*(1), 211–234.

Engel, A. K., Fries, P., & Singer, W. (2001). Dynamic predictions: Oscillations and synchrony in top-down processing. *Nature Reviews Neuroscience*, *2*, 704–716.

Eshuis, R, Coventry, K. R., & Vulchanova, M. (2009). Predictive eye movements are driven by goals, not by the mirror neuron system. *Psychological Science*, *20*(4), 438–440.

Evans, J., & Frankish, K. (2009) (Eds.). *In two minds: Dual processes and beyond*. Oxford: Oxford University Press.

Fabbri-Destro, M., & Rizzolatti, G. (2008). Mirror neurons and mirror systems in monkeys and humans. *Physiology*, *23*, 171–179.

Fadiga, L., Craighero, L., Buccino, G., & Rizzolatti, G. (2002). Speech listening specifically modulates the excitability of tongue muscles: A TMS study. *European Journal of Neuroscience*, *15*, 399–402.

Fan, Y. T., Decety, J., Yang, C. Y., Liu, J. L., & Cheng, Y. (2010). Unbroken mirror neurons in autism spectrum disorders. *The Journal of Child Psychology and Psychiatry*, *51*(9), 981–988.

Farrer, C., Franck, N., Georgieff, N., Frith, C. D., Decety, J., & Jeannerod, M. (2003). Modulating the experience of agency: A positron emission tomography study. *Neuroimage*, *18*, 324–333.

Ferrari, P. F., Gallese, V., Rizzolatti, G., & Fogassi, L. (2003). Mirror neurons responding to the observation of ingestive and communicative mouth actions in the monkey ventral premotor cortex. *European Journal of Neuroscience*, *17*(8), 1703–1714.

Ferrari, P. F., Rozzi, S., & Fogassi, L. (2005). Mirror neurons responding to the observation of actions made with tools in monkey ventral premotor cortex. *Journal of Cognitive Neuroscience*, 17(2), 212–226.

Ferrari, P. F., Vanderwert, R., Paukner, A., Bower, S., Suomi, S., & Fox, N. (2012). Distinct EEG amplitude suppression to facial gestures as evidence for a mirror mechanism in newborn monkeys. *Journal of Cognitive Neuroscience*, 24(5), 1165–1172.

Ferrari, P. F., Visalberghi, E., Paukner, A., Fogassi, L., Ruggiero, A., & Suomi, S. J. (2006). Neonatal imitation in rhesus macaques. *PLoS Biology*, 4(9), e302.

Filipek, P. A., Accardo, P. J., Baranek, G. T., Cook, E. H. Jr., Dawson, G., Gordon, B., Gravel, J. S., Johnson, C. P., Kallen, R. J., Levy, S. E., Minshew, N. J., Ozonoff, S., Prizant, B. M., Rapin, I., Rogers, S. J., Stone, W.L., Teplin, S., Tuchman, R. F., & Volkmar, F. R. (1999). The screening and diagnosis of autistic spectrum disorders. *Journal of Autism and Developmental Disorders*, 29(6), 439–484.

Fisher, J. C. (2006). Does simulation theory really involve simulation? *Philosophical Psychology*, 19(4), 417–432.

Fogassi, L., & Ferrari, F. P. (2010). Mirror systems. *Wiley Interdisciplinary Reviews: Cognitive Science*, 2(1), 22–38.

Fogassi, L., & Ferrari, P. F. (2007). Mirror neurons and the evolution of embodied language. *Current Directions in Psychological Science*, 16(3), 136–141.

Fogassi, L., Ferrari, P. F, Gesierich, B., Rozzi, S., Chersi, F., & Rizzolatti, G. (2005). Parietal lobe: From action organization to intention understanding. *Science*, 308, 662–667.

Fombonne, E. (1999). The epidemiology of autism: A review. *Psychological Medicine*, 29, 769–786.

Fonagy, P. (1989). On tolerating mental states: Theory of mind in borderline personality. *Bulletin of the Anna Freud Centre*, 12(2), 91–115.

Franco, F., Itakura, S., Pomorska, K., Abramowski, A., Nikaido, K., & Dimitriou, D. (2014). Can children with Autism read emotions from eyes? The Eye-Test revisited. *Research in Developmental Disabilities*, 35, 1015–1026.

Frith, C. D. (2008). Social cognition. *Philosophical Transactions of the Royal Society B: Biological Sciences*, 363, 2033–2039.

Frith, C. D., & Frith, U. (2012). Mechanisms of social cognition. *Annual Review of Psychology*, 63, 287–313.

Frith, U. (1989). *Autism: Explaining the enigma*. Oxford: Blackwell.

Frith, U. (2012). Why we need cognitive explanations of autism. *The Quarterly Journal of Experimental Psychology*, 65(11), 2073 - 2092.

Frith, U., & Happé, F. (1994). Autism: Beyond "theory of mind". *Cognition*, 50, 115 - 132.

Frith, U., & Happé, F. (1999). Theory of mind and self-consciousness: What is it like to be autistic? *Mind and Language*, 14, 1 - 22.

Frith, U., Morton, J., & Leslie, A. M. (1991). The cognitive basis of a biological disorder: Autism. *Trends in Neuroscience*, 14, 433 - 438.

Gallagher, S. (2000a). Philosophical conceptions of the self: Implications for cognitive science. *Trends in Cognitive Science*, 4(1), 14 - 21.

Gallagher, S. (2000b). Self-reference and schizophrenia: A cognitive model of immunity to error through misidentification. In D. Zahavi (Ed.), *Exploring the self: Philosophical and psychopathological perspectives on self-experience* (pp.203 - 239). Amsterdam and Philadelphia: John Benjamins.

Gallagher, S. (2004). Understanding problems in autism interaction theory as an alternative to theory of mind. *Philosophy, Psychiatry, and Psychology*, 11(3), 199 - 217.

Gallagher, S. (2005). *How the body shapes the mind*. New York: Oxford University Press.

Gallagher, S. (2008). Inference or interaction: Social cognition without precursors. *Philosophical Explorations*, 11(3), 163 - 174.

Gallagher, S. (2009). Two problems of intersubjectivity. *Journal of Consciousness Studies*, 16(6 - 8), 289 - 308.

Gallagher, S. (2012). In defense of phenomenological approaches to social cognition: Interacting with the critics. *Review of Philosophy and Psychology*, 3(2), 187 - 212.

Gallagher, S., & Hutto, D. D. (2008). Understanding others through primary interaction and narrative practice. In J. Zlatev, T. Racine, C. Sinha, & E. Itkonen (Eds.), *The shared mind: Perspectives on intersubjectivity* (pp.17 - 38). Amsterdam: John Benjamins Press.

Gallagher, S., & Marcel, A. J. (1999). The self in contextualized action. *Journal of Consciousness Studies*, 6(4), 4 - 30.

Gallagher, S., & Povinelli, D. J. (2012). Enactive and behavioral abstraction accounts of social understanding in chimpanzees, infants, and adults. *Review of Philosophy and Psychology*, 3(1), 145 - 169.

Gallagher, S., & Sørensen, J. B. (2006). Experimenting with phenomenology. *Consciousness and Cognition*, 15, 119 - 134.

Gallagher, S., & Varga, S. (2014). Social constraints on the direct perception of emotions and intentions. *Topoi*, *33*(1), 185 - 199.

Gallese, V. (2001). The "shared manifold" hypothesis: From mirror neurons to empathy. *Journal of Consciousness Studies*, *8*(5 - 7), 33 - 50.

Gallese, V. (2003). The roots of empathy: The shared manifold hypothesis and the neural basis of intersubjectivity. *Psychopathology*, *36*(4), 171 - 180.

Gallese, V. (2005). Embodied simulation: From neurons to phenomenal experience. *Phenomenology and the Cognitive Sciences*, *4*, 23 - 48.

Gallese, V. (2007a). Before and below "theory of mind": Embodied simulation and the neural correlates of social cognition. *Philosophical Transactions of the Royal Society B: Biological Sciences*, *362*, 659 - 669.

Gallese, V. (2007b). Embodied simulation: From mirror neuron systems to interpersonal relations. *Novartis Foundation Symposium*, *278*, 3 - 12.

Gallese, V. (2008). Mirror neurons and the social nature of language: The neural exploitation hypothesis. *Social Neuroscience*, *3*(3 - 4), 317 - 333.

Gallese, V. (2009a). Mirror neurons, embodied simulation, and the neural basis of social identification. *Psychoanalytic Dialogues*, *19*, 519 - 536.

Gallese, V. (2009b). Mirror neurons and the neural exploitation hypothesis: From embodied simulation to social cognition. In J. A. Pineda (Ed.), *Mirror neuron systems: The role of mirroring processes in social cognition* (pp. 163 - 190). New York, NY: Humana Press.

Gallese, V. (2009c). Motor abstraction: A neuroscientific account of how action goals and intentions are mapped and understood. *Psychological Research*, *26*, 468 - 498.

Gallese, V. (2010). Embodied simulation and its role in intersubjectivity. In T. Fuchs, H. C. Sattel, & P. Henningsen (Eds.), *The embodied self: Dimensions, coherence and disorders* (pp.77 - 92). Stuttgart: Schattauer.

Gallese, V. (2011). Neuroscience and phenomenology. *Phenomenology and Mind*, *1*, 33 - 48.

Gallese, V., & Goldman, A. (1998). Mirror neurons and the simulation theory of mind-reading. *Trends in Cognitive Sciences*, *2*(12), 493 - 501.

Gallese, V., & Sinigaglia, C. (2010). The bodily self as power for action. *Neuropsychologia*, *48*, 746 - 755.

Gallese, V., & Sinigaglia, C. (2011). What is so special about embodied simulation? *Trends in Cognitive Sciences*, *15*(11), 512 - 519.

Gallese, V., Eagle, M. N., & Migone, P. (2007). Intentional attunement: Mirror neurons and the neural underpinnings of interpersonal relations. *Journal of the American Psychoanalytic Association*, *55*, 131 - 176.

Gallese, V., Fadiga, L., Fogassi, L., & Rizzolatti, G. (1996). Action recognition in the premotor cortex. *Brain*, *119*, 593 – 609.

Gallese, V., Fogassi, L., Fadiga, L., & Rizzolatti, G. (2002). Action representation and the inferior parietal lobule. In W. Prinz & B. Hommel (Eds.), *Attention and Performance XIX. Common Mechanisms in Perception and Action* (pp. 247 – 266). Oxford, UK: Oxford University Press.

Gallese, V., Gernsbacher, M., Heyes, C., Hickok, G., & Iacoboni, M. (2011). Mirror neuron forum. *Perspectives on Psychological Science*, *6* (4), 369 – 407.

Gallese, V., Keysers, C., & Rizzolatti, G. (2004). A unifying view of the basis of social cognition. *Trends in Cognitive Sciences*, *8*, 396 – 403.

Gangopadhyay, N., & Miyahara, K. (2015). Perception and the problem of access to other minds. *Philosophical Psychology*, *28*(5), 695 – 714.

Gazzola, V., Aziz-Zadeh, L., & Keysers, C. (2006). Empathy and somatotopic auditory mirror system in humans. *Current Biology*, *16*(18), 1824 – 1829.

Geertjan, O., Sander, M. Bot, Wim, H. J. M., Miranda, S., Ronald, A. K., & Rutger, E. (2011). Where it's at! The role of best friends and peer group members in young adults' alcohol use. *Journal of Research on Adolescence*, *21*(3), 631 – 638.

Gentilucci, M. (2003). Grasp observation influences speech production. *European Journal of Neuroscience*, *17*, 179 – 184

Gentilucci, M., Benuzzi, F., Gangitano, M., & Grimaldi, S. (2001). Grasp with hand and mouth: A kinematic study on healthy subjects. *Journal of Neurophysiology*, *86*, 1685 – 1699.

Gentner, D. (2010). Psychology in cognitive science: 1978 – 2038. *Topics in Cognitive Science*, *2*, 328 – 344.

Gibbs, R. W. (2005). *Embodiment and cognitive science*. New York: Cambridge University Press.

Giles, H., & Powesland, P. F. (1975). *Speech style and social evaluation*. London: Academic Press.

Giles, H., & Smith, P. M. (1979). Accommodation theory: Optimal levels of convergence. In H. Giles & R. Clair (Eds.), *Language and social psychology* (pp. 45 – 65). Oxford: Blackwell.

Gillberg, C., & Wing, L. (1999). Autism: Not an extremely rare disorder. *Acta Psychiatrica Scandinavica*, *99*, 399 – 406.

Gillberg, C. (1992). The Emanuel Miller Memorial Lecture 1991: Autism and autistic-like conditions. Subclasses among disorders of empathy. *Journal of Child Psychology and Psychiatry and Allied Disciplines*, *33*, 813 – 842.

Giudice, M. D., Manera, V., & Keysers, C. (2009). Programmed to learn? The ontogeny of mirror neurons. *Developmental Science*, *12*(2), 350–363.

Glenberg, A. M. (2011). Introduction to the mirror neuron forum. *Perspectives on Psychological Science*, *6*(4), 363–368.

Glenberg, A. M., Witt, J. K., & Metcalfe, J. (2013). From the revolution to embodiment: 25 years of cognitive psychology. *Perspectives on Psychological Science*, *8*, 573–585.

Glenberg, A., & Kaschak, M. (2002). Grounding language in action. *Psychonomic Bulletin and Review*, *9*, 558–565.

Glodman, A. I. (2007). *Simulating minds: The philosophy, psychology and neuroscience of mindreading*. New York: Oxford University Press.

Goldenfeld, N., Baron-Cohen, S., & Wheelwright, S. (2005). Empathizing and systemizing in males, females and autism. *Clinical Neuropsychiatry*, *2*(6), 338–345.

Goldman, A. (2012). A moderate approach to embodied cognitive science. *Review of Philosophy and Psychology*, *3*, 71–88.

Goldman, A. I. (2013). *Joint Ventures: Mindreading, mirroring, and embodied cognition*. Oxford: Oxford University Press.

Goldman, A., & De Vignemont, F. (2009). Is social cognition embodied. *Trends in Cognitive Sciences*, *13*(6), 154–159.

Goldman, A., & Sripada, C. S. (2005). Simulationist models of face-based emotion recognition. *Cognition*, *94*, 193–213.

Gopnik, A. (1993). How we know our own minds: The illusion of first-person knowledge of intentionality. *Behavioral and Brain Sciences*, *16*, 1–14.

Gordon, I. E. (2004). *Theories of visual perception*. New York: Psychology Press.

Grafton, S. T. (2009). Embodied cognition and the simulation of action to understand others. *Annals of the New York Academy of Sciences*, *1156*, 97–117.

Grafton, S. T., Mazziotta, J. C., Woods, R. P., & Phelps, M. E. (1992). Human functional anatomy of visually guided finger movements. *Brain*, *115*(Pt 2), 565–587.

Graham, G., & Stephens, G. L. (1994). Mind and mine. In G. Graham & G. L. Stephens (Eds.), *Philosophical psychopathology* (pp. 91–109). Cambridge, MA: The MIT Press.

Greenwald, A. G., & Banaji, M. R. (1995). Implicit social cognition: Attitudes, self-esteem, and stereotypes. *Psychological Review*, *102*(1), 4–27.

Grill-Spector, K., & Malach, R. (2001). fMR-adaptation: A tool for studying the functional properties of human cortical neurons. *Acta Psychologica*, 107, 293–321.

Grèzes, J., Armony, J. L., Rowe, J., & Passingham, R. E. (2003). Activations related to "mirror" and "canonical" neurons in the human brain: An fMRI study. *Neuroimage*, 18, 928–937.

Guéguen, N. (2007). Courtship compliance: The effect of touch on women's behavior. *Social Influence*, 2, 81–97.

Halsband, U., Schmitt, J., Weyers, M., Binkofski, F., Grutzner, G., & Freund, H. J. (2001). Recognition and imitation of pantomimed motor acts after unilateral parietal and premotor lesions: A perspective on apraxia. *Neuropsychologia*, 39, 200–216.

Hamilton, A. F. De C., & Grafton, S. T. (2006). Goal representation in human anterior intraparietal sulcus. *The Journal of Neuroscience*, 26(4), 1133–1137.

Hamilton, A. F. De C. (2008). Emulation and mimicry for social interaction: A theoretical approach to imitation in autism. *The Quarterly Journal of Experimental Psychology*, 61(1), 101–115.

Hamilton, A. F. De C. (2013). Reflecting on the mirror neuron system in autism: A systematic review of current theories. *Developmental Cognitive Neuroscience*, 3, 91–105.

Hamilton, A. F. De C. (2013). The mirror neuron system contributes to social responding. *Cortex*, 49(10), 2957–2959.

Hamilton, A. F. De C., & Grafton, S. T. (2006). Goal representation in human anterior intraparietal sulcus. *The Journal of Neuroscience*, 26(4), 1133–1137.

Hammes, J., & Langdell, T. (1981). Precursors of symbol formation and childhood autism. *Journal of Autism and Developmental Disorders*, 11, 331–346.

Hamzei, F., Rijntjes, M., Dettmers, C., Glauche, V., Weiller, C., & Buchel, C. (2003). The human action recognition system and its relationship to Broca's area: An fMRI study. *Neuroimage*, 19(3), 637–644.

Happé, F. (1995a). *Autism: An introduction to psychological theory*. Cambridge: Harvard University Press.

Happé, F. (1995b). The role of age and verbal ability in the theory of mind task performance of subjects with autism. *Child Development*, 66, 843–855.

Happé, F. G. E., & Booth, R. D. L. (2008). The power of the positive: Revisiting weak coherence in autism spectrum disorders. *The Quarterly Journal of Experimental Psychology*, 61(1), 50–63.

Happé, F., Briskman, J., & Frith, U. (2001). Exploring the cognitive phenotype of autism: Weak "central coherence" in parents and siblings of children with autism: I. Experimental tests. *Journal of Child Psychology and Psychiatry*, 42 (3), 299-307.

Harakeh, Z., Engels, R., Van Baaren, R. B., & Scholte, R. H. J. (2007). Imitation of cigarette smoking: An experimental study of smoking in a naturalistic setting. *Drug and Alcohol Dependence*, 86, 199-206.

Hassin, R. R., Uleman, J. S., & Bargh, J. A. (2005). *The new unconscious*. New York: Oxford University Press.

Haswell, C. C., Izawa, J. R., Dowell, L. H., Mostofsky, S., & Shadmehr, R. (2009). Representation of internal models of action in the autistic brain. *Nature Neuroscience*, 12(8), 970-972.

Hatfield, E., Cacioppo, J., & Rapson, R. L. (1994). *Emotional contagion*. New York: Cambridge University Press.

Hauk, O., & Pulvermüller, F. (2004). Neurophysiological distinction of action words in the fronto-central cortex. *Human Brain Mapping*, 21 (3), 191-201.

Hauk, O., Johnsrude, I., & Pulvermüller, F. (2004). Somatotopic representation of action words in human motor and premotor cortex. *Neuron*, 41, 301-307.

Held, R., & Hein, A. (1963). Movement-produced stimulation in the development of visually-guided behavior. *Journal of Comparative and Physiological Psychology*, 56,872-876.

Herrmann, A., Rossberg, N., Huber, F., Landwehr, J. R., & Henkel, S. (2011). The impact of mimicry on sales-evidence from field and lab experiments. *Journal of Economic Psychology*, 32, 502-514.

Herrmann, E., Call, J., Hernandez-Lloreda, M. V., Hare, B., & Tomasello, M. (2007). Humans have evolved specialized skills of social cognition: The cultural intelligence hypothesis. *Science*, 317(5843), 1360-1366.

Herschbach, M. (2008). False-belief understanding and the phenomenological critics of folk psychology. *Journal of Consciousness Studies*, 15 (12), 33-56.

Heyes, C. (2001). Causes and consequences of imitation. *Trends in Cognitive Science*, 5(6), 253-261.

Heyes, C. (2010a). Where do mirror neurons come from. *Neuroscience and Biobehavioral Reviews*, 34, 575-583.

Heyes, C. (2010b). Mesmerising mirror neurons. *NeuroImage*, 51, 789-791.

Heyes, C. (2012). Simple minds: A qualified defence of associative learning.

Philosophical Transactions of the Royal Society B: Biological Sciences, *367*(1603), 2695–2703.

Heyes, C. (2014). Tinbergen on mirror neurons. *Philosophical Transactions of the Royal Society B: Biological Sciences*, *369*, doi: 10.1098/rstb.2013.0180.

Heyes, C., Bird, G., Johnson, H., & Haggard, P. (2005). Experience modulates automatic imitation. *Cognitive Brain Research*, *22*, 233–240.

Hickok, G. (2009). Eight problems for the mirror neuron theory of action understanding in monkeys and humans. *Journal of Cognitive Neuroscience*, *21*(7), 1229–1243.

Hickok, G. (2013). Do mirror neurons subserve action understanding? *Neuroscience Letters*, *540*, 56–58.

Hickok, G., & Hauser, M. (2010). (Mis)understanding mirror neurons. *Current Biology*, *20*(14), 593–594.

Hill, A. T., Fitzgibbon, B. M., Arnold, S. L., Rinehart, N. J., Fitzgerald, P. B., & Enticott, P. G. (2013). Modulation of putative mirror neuron activity by both positively and negatively valenced affective stimuli: A TMS study. *Behavioural Brain Research*, *249*, 116–123.

Hill, E. L. (2004). Executive dysfunction in autism. *Trends in Cognitive Sciences*, *8*(1), 26–32.

Hobson, P., & Meyer, J. (2005). Foundations for self and other: A study in autism. *Developmental Science*, *8*(6), 481–491.

Holland, R. W., Hendriks, M., & Aarts, H. (2005). Smells like clean spirit: Nonconscious effects of scent on cognition and behavior. *Psychological Science*, *16*, 689–693.

Horwitz, B., Amunts, K., Bhattacharyya, R., Patkin, D., Jeffries, K., Zilles, K., & Braun, A. R. (2003). Activation of Broca's area during the production of spoken and signed language: A combined cytoarchitectonic mapping and PET analysis. *Neuropsychologia*, *41*, 1868–1876.

Hughes, C. (1998). Finding your marbles: Does preschooler's strategic behavior predict later understanding of mind? *Developmental Psychology*, *6*(6), 1326–1339.

Husserl, E. (1970). *Cartesian meditations*. (D. Cairns, Trans.). The Hague: Martinus Nijhoff.

Hutchison, W., Davis, K., Lozano, A., Tasker, R., & Dostrovxky, J. (1999). Pain related neurons in the human cingulate cortex. *Nature Neuroscience*, *2*, 403–405.

Iacoboni, M. (2008). Mesial frontal cortex and super mirror neurons. *Behavioral and Brain Science*, *31*(1), 30.

Iacoboni, M. (2009a). Imitation, empathy, and mirror neurons. *Annual Review of Psychology*, *60*, 653-670.

Iacoboni, M. (2009b). *Mirroring people: The science of empathy and how we connect with others*. New York: Picador, Farrar, Straus and Giroux.

Iacoboni, M., & Dapretto, M. (2006). The mirror neuron system and the consequences of its dysfunction. *Nature Review Neuroscience*, *7*, 942-951.

Iacoboni, M., Molnar-Szakacs, I., Gallese, V., Buccino, G., Mazziotta, J., & Rizzolatti, G. (2005). Grasping the intentions of others with one's owns mirror neuron system. *PLOS Biology*, *3*(3), 529-535.

Iacoboni, M., Woods, P. R., Brass, M., Bekkering, H., Mzaaiotta, J. C., & Rizzolatti, G. (1999). Cortical mechanisms of human imitation. *Science*, *286*, 2526-2528.

Ishida, H., Nakajima, K., Inase, M., & Murata, A. (2009). Shared mapping of own and others' bodies in visuotactile bimodal area of monkey parietal cortex. *Journal of Cognitive Neuroscience*, *21*(1), 83-96.

Jacobson, A. (2009). Empathy and instinct: Cognitive neuroscience and folk psychology. *Inquiry*, *59*(5), 467-482.

Jaegher, H. D., Paolo, E D., & Gallagher, S. (2010). Can social interaction constitute social cognition? *Trends in Cognitive Sciences*, *14*(10), 441-447.

James, W. (1890). *The principles of psychology*. New York: Holt.

Jellema, T., Baker, C. I., Wicker, B., & Perrett, D. I. (2000). Neural representation for the perception of the intentionality of actions. *Brain and Cognition*, *44*(2), 280-302.

Jenkins, A. C., Macrae, C. N., & Mitchell, J. P. (2008). Repetition suppression of ventromedial prefrontal activity during judgments of self and others. *Proceedings of the National Academy of Science of the United States of America*, *11*, 4507-4512.

Jeremy, N. B., & Nick, Y. (2007). Virtual interpersonal touch and digital chameleons. *Journal of Nonverbal Behavior*, *31*, 225-242.

Jessica, L. L., Valerie, E. J., Clara, M. Ch., & Tanya, L. Ch. (2003). The chamelen effect as soclal glue: Evidence for the evolutionary signifcance of nonconscious mimicry. *Journal of Nonverbal Behavior*, *27*, 145-163.

Johnson, S. C., Baxter, L. C., Wilder, L. S., Pipe, J. G., Heiserman, J. E., & Prigatano, G. P. (2002). Neural correlates of self-reflection. *Brain*, *125*, 1808-1814.

Johnston, L. (2002). Behavioral mimicry and stigmatization. *Social Cognition*,

20, 18 – 35.

Jonas, M., Siebner, H. R., Biermann-Ruben, K., Kessler, K., Bäumer, T., Büchel, T., Schnitzler, A., & Münchau, A. (2007). Do simple intransitive finger movements consistently activate frontoparietal mirror neuron areas in humans. *Neuroimage*, *36*, T44 – T453.

Jones, S. S. (2009). The development of imitation in infancy. *Philosophical Transactions of the Royal Society B: Biological Sciences*, *364* (1528), 2325 – 2335.

Jones, V., & Prior, M. (1985). Motor imitation abilities and neurological signs in autistic children. *Journal of Autism and Developmental Disorders*, *15*, 37 – 45.

Jones, W., & Klin, A. (2013). Attention to eyes is present but in decline in 2 – 6 – month-old infants later diagnosed with autism. *Nature*, *504*, 427 – 431.

Joseph, R. M., & Tanaka, J. (2003). Holistic and part – based face recognition in children with autism. *Journal of Child Psychology and Psychiatry*, *44* (4), 529 – 542.

Judith, H., & Katie, W. (2011). Co-speech gesture mimicry in the process of collaborative referring during face-to-face dialogue. *Journal of Nonverbal Behavior*, *35*, 133 – 153.

Kaufman, D., & Mahoney, J. M. (1999). The effect of waitresses touch on alcohol consumption in dyads. *The Journal of Social Psychology*, *139*, 261 – 267.

Keijzer, F. (2002). Representation in dynamical and embodied cognition. *Cognitive Systems Research*, *3*, 275 – 288.

Keller, G. B., & Hahnloser, R. H. (2009). Neural processing of auditory feedback during vocal practice in a songbird. *Nature*, *457*, 187 – 190.

Kelley, W. M., Macrae, C. N., Wyland, C. L., Caglar, S., Inati, S., & Heatherton, T. F. (2002). Finding the self? An event-related fMRI study. *Journal of Cognitive Neuroscience*, *14*, 785 – 794.

Kelso, J. A. S. (1995). *Dynamic patterns: The self-organization of brain and behavior*. Cambridge, MA: The MIT Press.

Kendon, A. (1970). Movement coordination in social interaction: Some examples described. *Acta Psychologica*, *32*, 101 – 125.

Kerr, C. E. (2008). Dualism redux in recent neuroscience: "Theory of mind" and "embodied simulation" hypotheses in light of historical debates about perception, cognition, and mind. *Review of General Psychology*, *12* (2), 205 – 214.

Keysers, C. (2009). Mirror neurons: Where can I find out more? *Current*

Biology, *19*(21), R971–R973.

Keysers, C. (2011). *The empathic brain: How the discovery of mirror neurons changes our understanding of human nature*. Lexington, KY: Social Brain Press.

Keysers, C., & Gazzola, V. (2006). Towards a unifying neural theory of social cognition. *Progress in Brain Research*, *156*, 379–401.

Keysers, C., & Gazzola, V. (2009a). Unifying social cognition. In J. A. Pineda (Ed.), *Mirror neuron systems: The role of mirroring processing in social cognition* (pp.3–39). New York, USA: Human Press.

Keysers, C., & Gazzola, V. (2009b). Expanding the mirror: Vicarious activity for actions, emotions and sensations. *Current Opinions in Neurobiology*, *19*, 1–6.

Keysers, C., & Gazzola, V. (2010). Social neuroscience: Mirror neurons recorded in humans. *Current Biology*, *20*(8), R353–R354.

Keysers, C., & Perrett, D. I. (2004). Demystifying social cognition: A Hebbian perspective. *Trends in Cognitive Science*, *8*(11), 501–507.

Keysers, C., H. Kaas, J., & Gazzola, V. (2010). Somatosensation in social perception. *Nature Reviews Neuroscience*, *11*, 417–428.

Keysers, C., Kohler, E., Umilta, M. A., Nanetti, L., Fogassi, L., & Gallese, V. (2003). Audiovisual mirror neurons and action recognition. *Experimental Brain Research*, *153*, 628–636.

Kilner, J. M., Friston, K. J., & Frith, C. D. (2007a). The mirror-neuron system: A Bayesian perspective. *Neuroreport*, *16*, 619–623.

Kilner, J. M., Friston, K. J., & Frith, C. D. (2007b). Predictive coding: An account of the mirror neuron system. *Cognitive Processing*, *8*, 159–166.

Kilner, J. M., Neal, A., Weiskopf, N., Friston, K. J., & Frith, C. D. (2009). Evidence of mirror neurons in human inferior frontal gyrus. *The Journal of Neuroscience*, *29*(32), 10153–10159.

Kilner, J. M., Vargas, C., Duval, S., Blakemore, S. J., & Sirigu, A. (2004). Motor activation prior to observation of a predicted movement. *Nature Neuroscience*, *7*, 1299–1301.

Kimbara, I. (2008). Gesture form convergence in joint description. *Journal of Nonverbal Behavior*, *32*(2), 123–131.

Knobe, J., & Nichols, S. (2008). *Experimental philosophy*. Oxford: Oxford University Press.

Kobayashi, C., Glover, G. H., & Temple, E. (2007). Children's and adults' neural bases of verbal and nonverbal" theory of mind". *Neuropsychologia*, *45*(7), 1522–1532.

Koch, C. (2012). *Consciousness: Confessions of a romantic reductionist.* Cambridge, MA: The MIT Press.

Kohler, E., Keysers, C., Umiltà, M. A., Fogassi, L., Gallese, V., & Rizzolatti, G. (2002). Hearing sounds, understanding actions: Action representation in mirror neurons. *Science, 297*, 846–848.

Kosonogov, V. (2012). Why the mirror neurons cannot support action understanding. *Neurophysiology, 44*(6), 499–502.

Kozlowski, L. T., & Cutting, J. E. (1977). Recognizing the sex of a walker from a dynamic point-light display. *Perception and Psychophysics, 21,* 575–580.

Krois, J. M., Rosengren, M., Steidele, A., & Westerkamp, D. (2007). *Embodiment in cognition and culture.* Amsterdam and Philadelphia: John Benjamins Publishing Company.

Krolak-Salmon, P., Henaff, M. A., Isnard, J., Tallon-Baudry, C., Guenot, M., Vighetto, A., Bertrand, O., & Mauguiere, F. (2003). An attention modulated response to disgust in human ventral anterior insula. *Annals of Neurology, 53*(4), 446–453.

Kuhlmeier, V. A., Troje, N. F., & Lee, V. (2010). Young infants detect the direction of biological motion in point-light displays. *Infancy, 15*(1), 83–93.

Kukla, A. (2001). *Methods of theoretical psychology.* Cambridge, MA: The MIT Press.

LaFrance, M. (1982). Posture mirroring and rapport. In M. Davis (Ed.), *Interaction rhythms: Periodicity in communicative behavior* (pp. 279–298). New York: Human Sciences Press.

Lakin, J. L., & Chartrand, T. L. (2003). Using nonconscious behavioral mimicry to create affiliation and rapport. *Psychological Science, 14,* 334–339.

Lakoff, G., & Johnson, M. (1999). *Philosophy in the flesh: The embodied mind and its challenge to Western thought.* New York: Basic Books.

Larkin, M., Eatough, V., & Osborn, M. (2011). Interpretative phenomenological analysis and embodied, active, situated cognition. *Theory and Psychology, 21,* 318–337.

Laughlin, C. D. (1999). Biogenetic structural theory and the neurophenomenology of consciousness. In S. R. Hameroff, A. W. Kasznick, & D. J. Chalmers (Eds.), *Toward a science of consciousness III: The third Tucson discussions and debates* (pp. 459–474). Cambridge: The MIT Press.

Laughlin, C. D., McManus, J., & d'Aquili, E. G. (1990). *Brain, symbol and experience: Toward a neurophenomenology of consciousness*. New York: Columbia University Press.

Lawson, J., Baron-Cohen, S., & Wheelwright, S. (2004). Empathising and systemising in adults with and without Asperger Syndrome. *Journal of Autism and Developmental Disorders*, 34(3), 301-310.

Le Bel, R. M., Pineda, J. A., & Sharma, A. (2009). Motor-auditory-visual integration: The role of the human mirror neuron system in communication and communication disorders. *Journal of Communication Disorders*, 42(4), 299-304.

Lee, A., Hobson, R. P., & Chiat, S. (1994). I, you, me, and autism: An experimental study. *Journal of Autism and Developmental Disorders*, 24, 155-176.

Lepage, J. F., & Théoret, H. (2007). The mirror neuron system: Grasping others actions from birth. *Developmental Science*, 10(5), 513-529.

Liberman, A. M., & Mattingly, I. G. (1985). The motor theory of speech perception revised. *Cognition*, 21, 1-36.

Lind, S. E., & Bowler, D. M. (2009). Language and theory of mind in autism spectrum disorder: The relationship between complement syntax and false belief task performance. *Journal of Autism and Developmental Disorders*, 39, 929-937.

Lindenberg, R., Fangerau, H., & Seitz, R. J. (2007). "Broca's area" as a collective term? *Brain and Language*, 102, 22-29.

Lingnau, A., Gesierich, B., & Caramazza, A. (2009). Asymmetric fMRI adaptation reveals no evidence for mirror neurons in humans. *Proceedings of the National Academy of Science of the United States of America*, 106(24), 9925-9930.

London, E. (2007). The role of the neurobiologist in redefining the diagnosis of autism. *Brain Pathology*, 17(4), 408-411.

Lotze, H. (1852). *Medicinische psychologie oder physiologie der seele*. Leipzig, Germany: Weidmannsche Buchhandlung.

MacDonald, M., Lord, C., & Ulrich, D. A. (2014). Motor skills and calibrated autism severity in young children with autism spectrum disorder. *Adapted Physical Activity Quarterly*, 31(2), 95-105.

Maddux, W. W., Mullen, E., & Galinsky, A. D. (2006). Chameleons bake bigger pies and take bigger pieces: Strategic behavioral mimicry facilitates negotiation outcomes. *Journal of Experimental Social Psychology*, 44, 461-468.

Maeda, F., Kleiner-Fisman, G., & Pascual-Leone, A. (2002). Motor facilitation while observing hand actions: Specificity of the effect and role of observer's orientation. *Journal of Neurophysiology*, *87*, 1329-1335.

Maiese, M. (2011). *Embodiment, emotion, and cognition*. London: Palgrave Macmillan.

Marbach, E. (2005). On bringing consciousness into the house of science-with the help of Husserlian phenomenology. *Journal of Theoretical Humanities*, *10*(1), 145-162.

Marianne, L., & Maida, B. (1979). Group Rapport: Posture Sharing as a Nonverbal Indicator. *Group and Organizations Studies*, *1*(3), 328-333.

Mariëlle, St., & Fieke, H. (2011). Being mimicked makes you a prosocial voter. *Experimental Psychology*, *58*(1), 79-84.

Marshall, P. J., Boquet, C. A., Shipely, T. F., & Young, T. (2009). Effects of brief imitative experience on EEG desynchronization during action observation. *Neuropsychologia*, *47*(10), 2100-2106.

Maturana, H. R., & Varela, F. J. (1992). *The tree of knowledge: The biological roots of human understanding*. Boston: Shambhala.

Maurits, K., Panos, M., Boris, R., & Emile, A. (2011). Two acts of social intelligence: The effects of mimicry and social praise on the evaluation of an artificial agent. *AI and Society*, *26*, 261-273.

McEvoy, R. E., Loveland, K. A., & Landry, S. H. (1988). The functions of immediate echolalia in autistic children: A developmental perspective. *Journal of Autism and Developmental Disorders*, *18*, 657-668.

McEwen, F., Happe, F., Bolton, P., Rijsdijk, F., Ronald, A., Dworzynski, K., & Plomin, R. (2007). Origins of individual differences in imitation: Links with language, pretend play, and socially insightful behavior in two-year-old twins. *Child Development*, *78*(2), 474-492.

McIntosh, D. N., Reichmann-Decker, A., Winkielman, P., & Wilbarger, J. L. (2006). When the social mirror breaks: Deficits in automatic, but not voluntary, mimicry of emotional facial expressions in autism. *Developmental Science*, *9*, 295-302.

Menary, R. (2006). *Radical enactivism-Intentionality, phenomenology and narrative: Focus on the philosophy of Daniel D. Hutto*. Amsterdam: John Benjamins Publishing Company.

Merleau-Ponty, M. (1962). *Phenomenology of perception*. C. Smith, Trans. London: Routledge. (Original work published 1945.)

Mitchell, P., Currie, G., & Ziegler, F. (2009). Two routes to perspective: Simulation and rule-use as approaches to mentalizing. *British Journal of Developmental Psychology*, *27*(3), 513-543.

Molenberghs, P., Brander, C., Mattingley, J. B., & Cunnington, R. (2010). The role of the superior temporal sulcus and the mirror neuron. *Human Brain Mapping*, *31*, 1316–1326.

Molenberghs, P., Cunnington, R., & Mattingley, J. B. (2009). Is the mirror neuron system involved in imitation? A short review and meta-analysis. *Neuroscience and Biobehavioral Reviews*, *33*(7), 975–980.

Molenberghs, P., Cunnington, R., & Mattingley, J. B. (2012). Brain regions with mirror properties: A meta-analysis of 125 human fMRI studies. *Neuroscience and Biobehavioral Reviews*, *36*, 341–349.

Montag, C., Gallinat, J., & Heinz, A. (2008). Theodor Lipps and the concept of empathy: 1851–1914. *American Journal of Psychiatry*, *165*(10), 1261.

Morrison, I., Lloyd, D., Di Pellegrino, G., & Roberts, N. (2004). Vicarious responses to pain in anterior cingulate cortex: Is empathy a multisensory issue? *Cognitive, Affective, and Behavioral Neuroscience*, *4*, 270–278.

Mukamel, R., Ekstrom, A. D., Kaplan, J., Iacoboni, M., & Fried, I. (2007). Mirror properties of single cells in human medial frontal cortex. In *the Annual Meeting of the Society for Neuroscience (37th)* (Abstract, 127, 4). San Diego.

Mukamel, R., Ekstrom, A. D., Kaplan, J., Iacoboni, M., & Fried, I. (2010). Single-neuron responses in humans during execution and observation of actions. *Current Biology*, *20*(8), 750–756.

Muthukumaraswamy, S. D., & Johnson, B. W. (2004). Changes in rolandic mu rhythmduring observation of a precision grip. *Psychophysiology*, *41*, 152–156.

Muthukumaraswamy, S. D., & Johnson, B. W. (2007). A dual mechanism neural framework for social understanding. *Philosophical Psychology*, *20*, 43–63.

Muthukumaraswamy, S. D., Johnson, B. W., & McNair, N. A. (2004). Mu rhythm modulation during observation of an object-directed grasp. *Cognitive Brain Research*, *19*, 195–201.

Myowa-Yamakoshi, M., Scola, C., & Hirata, S. (2012). Humans and chimpanzees attend differently to goal-directed actions. *Nature Communications*, *3*, 693.

Negri, G. A., Rumiati, R. I., Zadini, A., Ukmar, M., Mahon, B. Z., & Caramazza, A. (2007). What is the role of motor simulation in action and object recognition? Evidence from apraxia. *Cognitive Neuropsychology*, *24*(8), 795–816.

Newman-Norlund, R. D., Van Schie, H. T., Van Zuijlen, A. M., & Bekkering,

H. (2007). The mirror neuron system is more active during complementary compared with imitative action. *Nature Neuroscience*, *10*, 817-818.

Nichols, S., & Stich, S. P. (2003). *Mindreading: An integrated account of pretence, self-awareness, and understanding other minds*. New York: Oxford University Press.

Niedenthal, P. M., Brauer, M., Halberstadt, J. B., & Innes-Ker, A. H. (2001). When did her smile drop? Facial mimicry and the influences of emotional state on the detection of change in emotional expression. *Cognition and Emotion*, *15*(6), 853-864.

Niedenthal, P. M., Mermillod, M., Maringer, M., & Hess, U. (2010). The Simulation of smiles (SIMS) model: Embodied simulation and the meaning of facial expression. *Behavioral and Brain Sciences*, *33*(6), 417-480.

Nishitani, N., Avikainen, S., & Hari, R. (2004). Abnormal imitation-related cortical activation sequences in Asperger's syndrome. *Annals of Neurology*, *55*, 558-562.

Noë, A. (2005). *Action in perception*. Cambridge, MA: The MIT Press.

Nyström, P., Ljunghammar, T., Rosander, K., & Von Hofsten, C. (2010). Using mu-rhythm perturbations to measure mirror neuron activity in infants. *Developmental Science*, *14*, 327-335.

Oberman, L. M., Hubbard, E. M., McCleery, J. P., Altschuler, E. L., Ramachandran, V. S., & Pineda, J. A. (2005). EEG evidence for mirror neuron dysfunction in autism spectrum disorders. *Cognitive Brain Research*, *24*, 190-198.

Oberman, L. M., Pineda, J. A., & Ramachandran, V. S. (2007). The human mirror neuron system: A link between action observation and social skills. *Social Cognitive and Affective Neuroscience*, *2*(1), 62-66.

Oberman, L. M., & Ramachandran, V. S. (2007). The simulating social mind: The role of the mirror neuron system and simulation in the social and communicative deficits of autism spectrum disorders. *Psychological Bulletin*, *2*, 310-327.

Ochsner, K. N., Beer, J. S., Robertson, E. R., Cooper, J. C., Gabrieli, J. D., Kihsltrom, J. F., & D'Esposito, M. (2005). The neural correlates of direct and reflected self-knowledge. *Neuroimage*, *28*, 797-814.

Ochsner, K. N., Knierim, K., Ludlow, D., Hanelin, J., Ramachandran, T., & Mackey, S. (2004). Reflecting upon feelings: An fMRI study of neural systems supporting the attribution of emotion to self and other. *Journal of Cognitive Neuroscience*, *16*, 1746-1772.

Ohta, M. (1987). Cognitive disorders of infantile autism: A study employing the

WISC, spatial relationship conceptualization, and gesture imitations. *Journal of Autism and Developmental Disorders*, 17, 45–62.

Oosterhof, N. N., Tipper, S. P., & Downing, P. E. (2013). Crossmodal and action-specific: Neuroimaging the human mirror neuron system. *Trends in Cognitive Sciences*, 17(7), 311–318.

Overgaard, S. (2009). *Wittgenstein and other minds: Rethinking subjectivity and intersubjectivity with Wittgenstein, Levinas, and Husserl*. New York: Routledge.

Oztop, E., Kawatob, M., & Arbib, M. A. (2013). Mirror neurons: Functions, mechanisms and models. *Neuroscience Letters*, 540, 43–55.

O'Riordan, M. A., Plaisted, K. C., Driver, J., & Baron-Cohen, S. (2001). Superior visual search in autism. *Journal of Experimental Psychology: Human Perception and Performance*, 27(3), 719–730.

Pacherie, E., & Dokic, J. (2006). From mirror neurons to joint actions. *Cognitive Systems Research*, 7, 101–112.

Pagnoni, G., Cekic, M., & Guo, Y. (2008). "Thinking about not-thinking": Neural correlates of conceptual processing during Zen meditation. *PLoS ONE*, 3(9), e3083.

Penfield, W., & Faulk, M. E. (1955). The insula: Further observations on its function. *Brain*, 78, 445–470.

Perner, J., Frith, U., Leslie, A. M., & Leekam, S. R. (1989). Exploration of the autistic child's theory of mind: Knowledge, belief, and communication. *Child Development*, 60, 689–700.

Perrett, D. I., Mistlin, A. J., Harries, M. H., & Chitty, A. J. (1990). Understanding the visual appearance and consequence of hand actions. In M. A. Goodale (Ed.), *Vision and action: The control of grasping* (pp. 163–180). Norwood, NJ: Ablex.

Perrett, D. I., Rolls, E. T., & Caan, W. (1982). Visual neurons responsive to faces in the monkey temporal cortex. *Experimental Brain Research*, 47, 329–342.

Petitot, J., Varela, F. J., Pachoud, B., & Roy, J.-M. (Eds.). *Naturalizing phenomenology: Issues in contemporary phenomenology and cognitive science*. Stanford, CA: Stanford University Press.

Petroni, A., Baguear, F., & Della-Maggiore, V. (2010). Motor resonance may originate from sensorimotor experience. *Journal of Neurophysiology*, 104(4), 1867–1871.

Pineda, J. A., & Hecht, E. (2009). Mirroring and mu rhythm involvement in social cognition: Are there dissociable subcomponents of theory of mind?

Biological Psychology, *80*, 306–314.
Prather, J. S., Peters, S., Nowicki, S., & Mooney, R. (2008). Precise auditory-vocal mirroring in neurons for learned vocal communication. *Nature*, *451*, 305–310.
Premack, D. G., & Woodruff, G. (1978). Does the chimpanzee have a theory of mind? *Behavioral and Brain Sciences*, *1*, 515–526.
Press, C., Gillmeister, H., & Heyes, C. (2007). Sensorimotor experience enhances automatic imitation of robotic action. *Proceedings of the Royal Society B: Biological Sciences*, *274*(1625), 2509–2514.
Preston, S. D., & De Waal, F. B. M. (2002). Empathy: Its ultimate and proximate bases. *Behavioral and Brain Sciences*, *25*, 1–72.
Prinz, W. (1997). Perception and action planning. *European Journal of Cognitive Psychology*, *9*, 129–154
Prinz, W. (2003). Experimental approaches to action. In J. Roessler & N. Eilan (Eds.), *Agency and self-awareness* (pp. 175–187). Oxford University Press.
Provine, R. R. (1986). Yawning as a sterotyped action pattern and releasing stimulus. *Ethology*, *72*, 109–122.
Provine, R. R. (1992). Contagious laughter: Laughter is a sufficient stimulus for laughs and smiles. *Bulletin of the Psychonomic Society*, *30*(1), 1–4.
Pulvermüller, F. (2002). *The neuroscience of language*. Cambridge, UK: Cambridge University Press.
Pulvermüller, F. (2005). Brain mechanisms linking language and action. *Nature Reviews Neuroscience*, *6*(7), 576–582.
Pulvermüller, F., & Fadiga, L. (2010). Active perception: Sensorimotor circuits as a cortical basis for language. *Nature Reviews Neuroscience*, *11*(5), 351–360.
Pulvermüller, F., Shtyrov, Y., & Ilmoniemi, R. J. (2003). Spatiotemporal patterns of neural language processing: An MEG study using minimum-norm current estimates. *Neuroimage*, *20*, 1020–1025
Quigley, B. M., & Collins, R. L. (1999). Modeling of alcohol consumption: A meta-analytic review. *Journal of Studies on Alcohol*, *60*, 90–98.
Railo, H., Koivisto, M., & Revonsuo, A. (2011). Tracking the processes behind conscious perception: A review of event-related potential correlates of visual consciousness. *Consciousness and Cognition*, *20*, 972–983.
Ramachandran, V. S. (2011). *The tell-tale brain: A neuroscientist's quest for what makes us human*. New York: W. W. Norton.
Ramachandran, V. S., & Oberman, L. M. (2006). Broken mirrors: A theory of

autism. *Scientific American*, 295(5), 62–69.
Ramsey, R., & Hamilton, A. F. De C. (2010). Triangles have goals too: Understanding action representation in left aIPS. *Neuropsychologia*, 48, 2773–2776.
Rapin, I., & Tuchman, R. F. (2008). Autism: Definition, neurobiology, screening, diagnosis. *Pediatric Clinics of North America*, 55(5), 1129–1146.
Raposo, A., Moss, H. E., Stamatakis, E. A., & Tyler, L. K. (2009). Modulation of motor and premotor cortices by actions, action words and action sentences. *Neuropsychologia*, 47(2), 388–396.
Ratcliffe, M., & Hutto, D. (2007). Introduction. In D. Hutto & M. Ratcliffe (Eds.), *Folk psychology re-assessed* (pp.1–24). New York: Springer.
Ray, E., & Heyes, C. (2011). Imitation in infancy: The wealth of the stimulus. *Developmental Science*, 14(1), 92–105.
Reeb-Sutherland, B. C., Levitt, P., & Fox, N. A. (2012). The predictive nature of individual differences in early associative learning and emerging social behavior. *PLoS One*, 7(1), e30511.
Ritvo, E. R., & Provence, S. (1953). Form perception and imitation in some autistic children: Diagnostic findings and their contextual interpretation. *Psychoanalytic Child Study*, 8, 155–161.
Rizzolatti, G., & Arbib, M. A. (1998). Language within our grasp. *Trends in Neurosciences*, 21, 188–194.
Rizzolatti, G., & Craighero, L. (2004). The mirror-neuron system. *Annual Review of Neuroscience*, 27, 169–192.
Rizzolatti, G., & Fogassi, L. (2014). The mirror mechanism: Recent findings and perspectives. *Philosophical Transactions of the Royal Society B: Biological Sciences*, 369, doi: 10.1098/rstb.2013.0420.
Rizzolatti, G., & Luppino, G. (2001). The cortical motor system. *Neuron*, 31, 889–901.
Rizzolatti, G., & Sinigaglia, C. (2007). Mirror neurons and motor intentionality. *Functional Neurology*, 22(4), 205–210.
Rizzolatti, G., & Sinigaglia, C. (2010). The functional role of the parieto-frontal mirror circuit: Interpretations and misinterpretations. *Nature Reviews Neuroscience*, 11, 264–274.
Rizzolatti, G., Fadiga, L., Gallese, V., & Fogassi, L. (1996). Premotor cortex and the recognition of motor actions. *Brain Research. Cognitive Brain Research*, 3(2), 131–141.
Rizzolatti, G., Fadiga, L., Matelli, M., Bettinardi, V., Paulesu, E., Perani,

D., & Fazio, F. (1996). Localization of grasp representations in humans by PET: 1. Observation versus execution. *Experimental Brain Research*, *111*, 246–252.

Rizzolatti, G., Fogassi, L., & Gallese, V. (2001). Neurophysiological mechanisms underlying the understanding and imitation of action. *Nature Reviews Neuroscience*, *2*(9), 661–670.

Roberts, T. F., Gobes, S. M. H., Murugan, M., Olveczky, B. P., & Mooney, R. (2012). Motor circuits are required to encode a sensory model for imitative learning. *Nature Neuroscience*, *15*, 1454–1459.

Rochat, M. J., Caruana, F., Jezzini, A., Escola, L., Intskirveli, I., Grammont, F., Gallese, V., Rizzolatti, G., & Umiltà, M. A. (2010). Responses of mirror neurons in area F5 to hand and tool grasping observation. *Experimental Brain Research*, *204*, 605–616.

Roeyers, H., Van Oost, P., & Bothuyne, S. (1998). Immediate imitation and joint attention in young children with autism. *Developmental Psychopathology*, *10*, 441–450.

Rogers, S. J., & Pennington, B. F. (1991). A theoretical approach to the deficits in infantile autism. *Development and Psychopathology*, *3*, 137–162.

Rowlands, M. (2010). Consciousness, broadly construed. In R. Menary (Ed.). *The extended mind*, *new edition* (pp. 271–294). Cambridge, MA: The MIT Press.

Roy, J.-M., Petitot, J., Pachoud, B., & Varela, F. (1999). Beyond the gap: An introduction to naturalizing phenomenology. In J. Petitot, F. J. Varela, B. Pachoud, & J.-M. Roy (Eds.), *Naturalizing phenomenology: Issues in contemporary phenomenology and cognitive science* (pp. 1–80). Stanford, CA: Stanford University Press.

Rumsey, J. M., & Hamburger, S. D. (1988). Neuropsychological findings in high-functioning men with infantile autism, residual state. *Journal of Clinical and Experimental Neuropsychology*, *10*(2), 201–221.

Sacco, D. F., & Hugenberg, K. (2009). The look of fear and anger: Facial maturity modulates recognition of fearful and angry expressions. *Emotion*, *9*, 39–49.

Saxe, R. (2005). Against simulation: The argument from error. *Trends in Cognitive Sciences*, *9*(4), 174–179.

Schilbach, L., Eickhoff, S. B., Mojzisch, A., & Vogeley, K. (2008). What's in a smile? Neural correlates of facial embodiment during social interaction. *Social Neuroscience*, *3*(1), 37–50.

Schmicking, D., & Gallagher, S. (Eds.) (2008). *Handbook of phenomenology*

and cognitive science. Dordrecht: Springer.
Schnelle, H. (2010). *Language in the brain*. Cambridge: Cambridge University Press.
Schulte-Rüther, M., Markowitsch, H. J., Fink, G. R., & Piefke, M. (2007). Mirror neuron and theory of mind mechanisms involved in face-to-face interactions: A functional magnetic resonance imaging approach to empathy. *Journal of Cognitive Neuroscience*, 19(8), 1354–1372.
Schulte-Rüther, M., Markowitsch, H. J., Shah, N. J., Fink, G. R., & Piefke, M. (2008). Gender differences in brain networks supporting empathy. *Neuroimage*, 42(1), 393–403.
Searle, J. (2005). *Mind: A brief introduction*. New York, NY: Oxford University Press.
Senju, A., Johnson, M. H., & Csibra, G. (2006). The development and neural basis of referential gaze perception. *Social Neuroscience*, 1(3–4), 220–234.
Senju, A., Southgate, V., Snape, C., Leonard, M., & Csibra, G. (2011). Do 18-month-olds really attribute mental states to others? A critical test. *Psychological Science*, 22(7), 878–880.
Shmuelof, L., & Zohary, E. (2005). Dissociation between ventral and dorsal fMRI activation during object and action recognition. *Neuron*, 47, 457–470.
Silani, G., Bird, G., Brindley, R., Singer, T., Frith, C., & Frith, U. (2008). Levels of emotional awareness and autism: An fMRI study. *Social Neuroscience*, 3(2), 97–112.
Singer, T., Seymour, B., O'Doherty, J., Kaube, H., Dolan, R. J., & Frith, C. F. (2004). Empathy for pain involves the affective but not the sensory components of pain. *Science*, 303, 1157–1162.
Sinigaglia, C. (2010). Mirroring and making sense of others. *Nature Reviews Neuroscience*, 11, 449.
Skerry, A. E., Carey, S. E., & Spelke, E. S. (2013). First-person action experience reveals sensitivity to action efficiency in prereaching infants. *Proceedings of the National Academy of Science of the United States of America*, 110, 18728–18733.
Slater, A., Quinn, P. C., Kelly, D. J., Lee, K., Longmore, C. A., MsDonald, P. R., & Pascalis, O. (2010). The Shaping of the face space in early infancy: Becoming a native face processor. *Child Development Perspectives*, 4(3), 205–211.
Snowden, J. S., Gibbons, Z. C., Blackshaw, A., Doubleday, E., Thompson, J., Craufurd, D., Foster, J., Happe, F., & Neary, D. (2003). Social

cognition in frontotemporal dementia and Huntington's disease. *Neuropsychologia*, 41(6), 688-701.

Sober, E. (2008). *Evidence and evolution: The logic behind the science*. New York, USA: Cambridge University Press.

Song, Y., Kawabe, T., Hakoda, Y., & Du, X. (2012). Do the eyes have it? Extraction of identity and positive expression from another's eyes in autism, probed using "Bubbles". *Brain and Development*, 34(7), 584-590.

Southgate, V., & Hamilton, A. F. (2008). Unbroken mirrors: Challenging a theory of Autism. *Trends in Cognitive Science*, 12(6), 225-229.

Stel, M. V., Baaren, R. B., & Vonk, R. (2008). Effects of mimicking: Acting prosocially by being emotionally moved. *Journal of European Social Psychology*, 38, 965-976.

Strafella, A. P., & Paus, T. (2000). Modulation of cortical excitability during action observation: A transcranial magnetic stimulation study. *Neuroreport*, 11, 2289-2291.

Suedfeldt, P., Bochner, S., & Matas, C. (1971). Petitioners attire and petition signing by peace demonstrators. *Journal of Applied Social Psychology*, 1 (3), 278-283.

Tager-Flusberg, H. (2000). Understanding the language and communicative impairments in autism. In L. M. Glidden (Ed.), *International review of research on mental retardation* (Vol. 20, pp. 185-205). San Diego, CA: Academic Press.

Tettamanti, M., Buccino, G., Saccuman, M. C., Gallese, V., Danna, M., Scifo, P., Fazio F, Rizzolatti, G., Cappa, S. F., & Perani, D. (2005). Listening to action-related sentences activates fronto-parietal motor circuits. *Journal of Cognitive Studies*, 17(2), 273-281.

Thelen, E. (2000). Grounded in the world: Developmental origins of the embodied mind. *Infancy*, 1, 3-28.

Thelen, E., & Smith, L. (1994). *A dynamic systems approach to the development of cognition and action*. Cambridge, MA: The MIT Press.

Thompson, E. (2001). Empathy and consciousness. *Journal of Consciousness Studies*, 8, 1-32.

Thompson, E. (2004). Life and mind: From autopoiesis to neurophenomenology: A tribute to Francisco Varela. *Phenomenology and the Cognitive Sciences*, 3(4), 381-398.

Thompson, E. (2005). Sensorimotor subjectivity and the enactive approach to experience. *Phenomenology and the Cognitive Sciences*, 4(4), 407-427.

Thompson, E. (2007). *Mind in life: Biology, phenomenology, and the sciences *of mind*. Cambridge, MA: The MIT Press.

Théoret, H., Halligan, E., Kobayashi, M., Fregni, F., Tager-Flusberg, H., & Pascual-Leone, A. (2005). Impaired motor facilitation during action observation in individuals with autism spectrum disorder. *Current Biology*, *15*, R84 - 85.

Titchener, E. B. (1909). *Lectures on the experimental psychology of thought processes*. New York: Macmillan.

Toni, I., De Lange, F. P., Noordzij, M. L., & Hagoort, P. (2008). Language beyond action. *Journal of Physiology-Paris*, *102*, 71 - 79.

Tononi, G. (2012). *Phi: A voyage from the brain to the soul*. New York: Pantheon.

Trevarthen, C. (1979). Communication and cooperation in early infancy. A description of primary intersubjectivity. In M. Bullowa (Ed.), *Before speech: The beginning of human communication* (pp. 321 - 347). London: Cambridge University Press.

Trevarthen, C., & Aitken, K. J. (2001). Infant intersubjectivity: Research, theory, and clinical applications. *Journal of Child Psychology and Psychiatry*, *42*, 3 - 48.

Trevarthen, C., & Delafield-Butt, J. (2013). Biology of shared experience and language development: Regulations for the intersubjective life of narratives. In M. Legerstee, D. Haley, & M. Bornstein (Eds.), *The infant mind: Origins of the social brain* (pp. 167 - 199). New York: The Guilford Press.

Turella, L., Pierno, C. A., Tubaldi, F., & Castiello, U. (2009). Mirror neurons in humans: Consisting or confounding evidence. *Brain and Language*, *108*, 10 - 21.

Uddin, L. Q., Kaplan, J. T., Molnar-Szakacs, I., Zaidel, E., & Iacoboni, M. (2005). Self-face recognition activates a frontoparietal "mirror" network in the right hemisphere: An event-related fMRI study. *Neuroimage*, *25*(3), 926 - 935.

Uithol, S., Van Rooij, I., Bekkering, H., & Haselager, W. F. G. (2011). What do mirror neurons mirror? *Philosophical Psychology*, *24*(5), 607 - 623.

Umiltà, M. A., Escola, L., Intskirveli, I., Grammont, F., Rochat, M., Caruana, F., Jezzini, A., Gallese, V., & Rizzolatti, G. (2008). When pliers become fingers in the monkey motor system. *Proceedings of the National Academy of Sciences of the United States of America*, *105*, 2209 - 2213.

Umiltà, M. A., Kohler, E., Gallese, V., Fogassi, L., Fadiga, L., Keysers, C.,

& Rizzolatti, G. (2001). I know what you are doing: A neurophysiological study. *Neuron*, *31*, 155–165.

Valla, J. M., Ganzel, B. L., Yoder, K. J., Chen, G. M., Lyman, L. T., Sidari, A. P., Keller, A. E., Maendel, J. W., Perlman, J. E., Wong, S. K., & Belmonte, M. K. (2010). More than maths and mindreading: Sex differences in empathizing/systemizing covariance. *Autism Research*, *3* (4), 174–184.

Van Baaren, R. B., Fockenberg, D. A., Holland, R. W., Janssen, L. & Van Knippenberg, A. (2006). The moody chameleon: The effect of mood on non-conscious mimicry. *Social Cognition*, *24*, 426–437.

Van Baaren, R. B., Holland, R. W., Kawakami, K., & Van Knippenberg, A. (2004). Mimicry and prosocial behavior. *Psychological Science*, *15* (1), 71–74.

Van Baaren, R. B., Holland, R. W., Steenaert, B., & Van Knippenberg, A. (2003). Mimicry for money: Behavioral consequences of imitation. *Journal of Experimental Social Psychology*, *39*, 393–398.

Van Baaren, R. B., Horgan, T. G., Chartrand, T. L., & Dijkmans, M. (2004). The forest, the trees, and the chameleon: Context dependence and mimicry. *Journal of Personality and Social Psychology*, *86*, 453–459.

Van Baaren, R. B., Maddux, W. W., Chartrand, T. L., De Bouter, C., & Van Knippenberg, A. (2003). It takes two to mimic: Behavioral consequences of self-construals. *Journal of Personality and Social Psychology*, *84*, 1093–1102.

Van Dam, W. O., Van Dijk, M., Bekkering, H., & Rueschemeyer, S.-A. (2012). Flexibility in embodied lexical-semantic representations. *Human Brain Mapping*, *33*, 2322–2333.

Van Den Bos, E., & Jeannerod, M. (2002). Sense of body and sense of action both contribute to self-recognition. *Cognition*, *85*, 177–187.

Van Der Gaag, C., Minderaa, R., B., & Keysers, C.(2007). Facial expressions: What the mirror neuron system can and cannot tell us. *Social Neuroscience*, *2*, 179–222.

Van Gelder, T. (1998a). The dynamical hypothesis in cognitive science. *Behavioral and Brain Sciences*, *21*, 615–628.

Van Gelder, T. (1998b). The roles of philosophy in cognitive science. *Philosophical Psychology*, *11*(2), 117–135.

Vanderwert, R. E., Fox, N. A., & Ferrari, P. F. (2013). The mirror mechanism and mu rhythm in social development. *Neuroscience Letters*, *540*, 15–20.

Varela, F. J. (1995). The emergent self. In J. Brockman (Ed.), *The third culture: Beyond the scientific revolution* (pp. 210 - 222). New York: Touchstone.

Varela, F. J. (1999). The specious present: The neurophenomenology of time consciousness. In J. Petitot, F. J. Varela, B. Pachoud, & J. M. Roy (Eds.), *Naturalizing phenomenology: Issues in contemporary phenomenology and cognitive science* (pp. 266 - 314). California, Stanford: Stanford University Press.

Varela, F. J., Lachaux, J. P., Rodriguez, E., & Martinerie, J. (2001). The brainweb: Phase synchronization and large-scale integration. *Nature Reviews Neuroscience*, 2, 229 - 239.

Varela, F. J., Thompson, E., & Rosch, E. (1991). *The embodied mind: Cognitive science and human experience*. Cambridge, MA: The MIT Press.

Vaughan, K. B., & Lanzetta, J. T. (1981). The effect of modification of expressive displays on vicarious emotional arousal. *Journal of Experimental Social Psychology*, 17, 16 - 30.

Villalobos, M. E., Mizuno, A., Dahl, B. C., Kemmotsu, N., & Muller, R. A. (2005). Reduced functional connectivity between V1 and inferior frontal cortex associated with visuomotor performance in autism. *Neuroimage*, 25, 916 - 925.

Vivanti, G., & Rogers, S. J. (2014). Autism and the mirror neuron system: Insights from learning and teaching. *Philosophical Transactions of the Royal Society B: Biological Sciences*, 369, doi: 10.1098/rstb.2013.0184.

Volden, J., & Lord, C. (1991). Neologisms and idiosyncratic language in autistic speakers. *Journal of Autism and Developmental Disorders*, 21, 109 - 130.

Wang, Y., & Hamilton, A. F. De C. (2012). Social top-down response modulation (STORM): A model of the control of mimicry in social interaction. *Frontiers in Human Neuroscience*, 6, 153.

Wang, Y., Ramsey, R., & Hamilton, A. F. De C. (2011). The control of mimicry by eye contact is mediated by medial prefrontal cortex. *The Journal of Neuroscience*, 31, 12001 - 12010.

Watkins, K. E., Strafella, A. P., & Paus, T. (2003). Seeing and hearing speech excites the motor system involved in speech production. *Neuropsychologia*, 41, 989 - 994.

Waytz, A., & Mitchell, J. P. (2011). Two Mechanisms for Simulating Other Minds: Dissociations between Mirroring and Self-Projection. *Current Directions in Psychological Science*, 20(3), 197 - 200.

Welberg, L. (2010). Mirrors, mirrors, everywhere. *Nature Reviews Neuroscience*, 11, 374 - 374.

Wheelwright, S., Baron-Cohen, S., Goldenfeld, N., Delaney, J., Fine, D., Smith, R., Weil, L., & Wakabayashi, A. (2006). Predicting autism spectrum quotient (AQ) from the systemizing quotie revised (SQ-R) and the empathy quotient (EQ). *Brain Research*, *1079*, 47–56.

Whiten, A., & Brown, J. (1999). Imitation and the reading of other minds: Perspectives from the study of autism, normal children and non-human primates. In S. Braten (Ed.), *Intersubjective communication and emotion in early ontogeny* (pp.260–280). Cambridge, England: Cambridge University Press.

Wicker, B., Keysers, C., Plailly, J., Royet, J. P., Gallese, V., & Rizzolatti, G. (2003). Both of us disgusted in my insula: The common neural basis of seeing and feeling disgust. *Neuron*, *40*, 655–664.

William, J. H. (2008). Self-other relations in social development and autism: Multiple roles for mirror neurons and other brain bases. *Autism Research*, *1*, 73–90.

Williams, D., & Happé, F. (2010). Representing intentions in self and other: Studies of autism and typical development. *Developmental Science*, *13*(2), 307–319.

Williams, J. H. G., Whiten, A., & Singh, T. (2004). A systematic review of action imitation in autistic spectrum disorder. *Journal of Autism and Developmental Disorders*, *34*, 285–299.

Williams, J. H., Whiten, A., Suddendorf, T., & Perrett, D. I. (2001). Imitation, mirror neurons and autism. *Neuroscience and Biobehavioral Reviews*, *25*, 287–295.

Williams, J. H., Whiten, A., Waiter, G. D., Pechey, S., & Perrett, D. I. (2007). Cortical and subcortical mechanisms at the core of imitation. *Social Neuroscience*, *2*(1), 66–78.

Wilson, M. (2002). Six views of embodied cognition. *Psychonomic Bulletin and Review*, *9*, 625–636.

Wilson, M., & Knoblich, G. (2005). The case for motor involvement in perceiving conspecifics. *Psychological Bulletin*, *131*, 460–473.

Wilson, R. A. (2004). *Boundaries of the mind: The individual in the fragile sciences*. Cambridge: Cambridge University Press.

Wilson, S. M., Saygin, A. P., Sereno, M. I., & Iacoboni, M. (2004). Listening to speech activates motor areas involved in speech production. *Nature Neuroscience*, *7*, 701–702.

Wohlschläger, A., Haggard, P., Gesierich, B., & Prinz, W. (2003). The perceived onset time of self-and other-generated actions. *Psychological*

Science, *14*(6), 586–591.

Yanelia, Y., Lucy, J., Lynden, M., & Victoria, P. (2006). Implicit behavioral mimicry: Investigating the impact of group membership. *Journal of Nonverbal Behave*, *30*, 97–113.

Zahavi, D. (1999). *Self-awareness and alterity*. Evanston, IL: Northwestern University Press.

Zahavi, D. (2003). *Husserl's phenomenology*. Stanford, CA: Stanford University Press.

Zahavi, D. (2004). Intentionality and phenomenality: A phenomenological take on the hard problem. In E. Thompson (Ed.), *The Problem of consciousness: New essays in phenomenological philosophy of mind. Canadian Journal of Philosophy Supplementary Volume* (pp.63–92). Calgary, AL: University of Alberta Press.

Zahavi, D. (2007). Subjectivity and the first-person perspective. *The Southern Journal of Philosophy*, *45*, 66–84.

Zahavi, D. (2011). Empathy and direct social perception: A phenomenological proposal. *Review of Philosophy and Psychology*, *2*(3), 541–558.

Zahavi, D., & Parnas, J. (1998). Phenomenal consciousness and self-awareness: A phenomenological critique of representational theory. *Journal of Consciousness Studies*, *5*, 687–705.

Zhong, C. B., & Leonardelli, G. J. (2008). Cold and lonely: Does social exclusion literally feel cold? *Psychological Science*, *19*, 838–842.

Zimmerman, A. W. (2008). *Autism: Current theories and evidence*. Totowa, NJ: Humana Press.

后　记

"这城市满地的纸屑,风一刮像你的妩媚……"2017年7月,伴和着"动力火车"充满磁性的嗓音,我拖着行李箱孑身行走在香港赤鱲角的国际机场。我知道自己将要面对的是无数种未知的可能性。当然,这些可能性中还包括,随身的笔记本电脑中一部尚未完全成型的书稿。

从香港教育大学大埔校区的B3教学楼办公室,到马鞍山海澄轩海景酒店的1007室,在180余天的访学时光中,我曾无数次打开电脑修改眼前的这部书稿。我明白她在我心中的地位,我把她当作"情书"来写,以此献给我的"女神"。说也奇怪,我已经是两个孩子的父亲,我和爱人亲密无间,但她也不明白像我这样一个刻板、暴躁、无趣的人为什么会拥有如此腻歪的情愫呢？这或许要从遥远的2003年杭州师范学院图书馆的一次美妙邂逅说起。

彼时的杭州师范学院基本没有学术氛围可言,再加上我和班级中大多数同学都没有太多的共同语言,生活如同桑代克(Edward Thorndike)迷笼中的猫一样单调乏味。我只好整日混迹于图书馆,好在从最初心猿意马地只为撩妹,到后来真正醉心于知识,这样的转变大概一个学期就顺利交接了。说来也巧,我要感谢中国图书馆分类和当年杭州师范学院图书馆的"袖珍"规模,前者将"心理学"纳入到"哲学"之中,后者使得从"B5"的"欧洲哲学"到"B84"的"心理学"好像只隔了两个书架。于是,我时常在这几个书架前驻足,直到有一天无意中翻到一本高新民老师编译的《心灵哲学》(其实这是一本以问题为导向并进行简单分类的论文集)。我诧异于里面的每一行字都与心理学关系密切,但却完全迥异于我在课堂中接触到的那种"心理学"。也正是在那一天,我邂逅到一个名叫"他心问题"(problem of other minds)的新名词,而我明明记得这个问题不就是儿童发展心理学课堂中老师讲的心智理论(theory of mind)吗?原来这个问题历史如此悠久。那是2003年的初夏时分,"初恋"的感觉是如此刻骨铭心,而且"初恋"的对象是如此唯一。我相信不会再有比读心问题更令我迷乱的了。

2008年,我在丁峻研究员门下选择了以儿童心智理论发展(读心问题在发展心理学中的载体)为题,完成了心理学硕士阶段的学习。之后,辗转来到南京师范大学,师从郭本禹教授攻读心理学博士学位,那里是国内理论心理学与心理学史研究当之无愧的第一重镇。在这里,我接受了极为严格的心理学史研究训练,与导师一起完成对德国哲学家、心理学家布伦塔诺(Franz Brentano)开辟的意动心理学(act psychology)学术谱系的系统梳理(这项工作后来获得江苏省哲学社会科学优秀成果一等奖)。然而,正如研习哲学史无法代替哲学研究一样,我仍然渴望通过聚焦具体问题来推进自己的工作——"读心"再次浮现于我的脑海。这就像是一个远在天边,虽许久未曾联系却仍不时出现在梦境之中的初恋情人,任由岁月变迁,只消电话那头的莞尔一笑,依旧"愿意为其插自己两刀"!2013年5月,我进入心驰神往已久的浙江大学语言与认知研究中心,追随亦师亦友的李恒威教授开展博士后阶段的工作,并将研究的重心完全倾向于读心研究。在李恒威老师的鼓励下,我初步完成了本书稿的基本框架。

在港访学的半年里,我的心绪起伏不定,既有力夺浙江省哲学社会科学优秀成果一等奖的惊喜,又有团队人事变动和个人事业发展的无奈,还有时代巨变面前的苦楚。唯有这部书稿如同沙田海上空清冷爽利的风一直陪伴在我左右,抚平我的焦虑,让我变得专注。我感谢一直以来关心支持我的师友,感谢李恒威教授、郭本禹教授、丁峻教授,三位业师授我于慧、真、仁;感谢香港教育大学心理学系林丹博士、王贞琳博士提供机会邀请我来港访学,并给予我莫大的精神支持;感谢远在旧金山访学的江怡教授不辞旅途劳顿,慷慨赐序;感谢刘晓力教授、苏彦捷教授、周昌乐教授欣然受邀题语推荐拙著。感谢我的父母、岳父母与爱人郑家青,在过去的半年中他们承担了照料全家生活的重任。感谢我的学生平贤洁协助完成了大量插图的修改工作。感谢师兄谢冬华编辑积极筹划,才令拙著有机会得以面世。

"有人走得匆忙,有人爱得甜美,谁会在意擦肩而过的心碎"……即便"初恋"如此美好,我们终究还是会回到现实的生活世界之中。希望未来,我们每个人不必只记录忙碌来表达对往昔的追思。如果改变不从自己做起,那么我们都将以某种无比苍凉的方式大踏步隐退于历史之中,除了留下一地鸡毛与斯文扫地的落寞,还顺手将时代推向万劫不复的深渊。

陈巍

2018 年 1 月 19 日午后于香港新界

马鞍山海澄轩海景酒店(一稿)

2018 年 4 月 5 日晚于绍兴

凤凰名都凌楷燃犀斋(二稿)

图书在版编目(CIP)数据

读心：从扶手椅到实验室的循环 / 陈巍著. —上海：上海教育出版社，2019.3
(心理学新视野丛书 / 郭本禹主编)
ISBN 978-7-5444-8969-0

Ⅰ.①读… Ⅱ.①陈… Ⅲ.①心理学-研究 Ⅳ.①B84

中国版本图书馆 CIP 数据核字(2019)第 050759 号

责任编辑　谢冬华
封面设计　郑　艺

心理学新视野丛书
郭本禹　主编
读心：从扶手椅到实验室的循环
陈　巍　著
————————————————————————
出版发行　上海教育出版社有限公司
官　　网　www.seph.com.cn
地　　址　上海市永福路 123 号
邮　　编　200031
印　　刷　上海展强印刷有限公司
开　　本　965×635　1/16　印张 13.75
字　　数　190 千字
版　　次　2019 年 3 月第 1 版
印　　次　2019 年 3 月第 1 次印刷
书　　号　ISBN 978-7-5444-8969-0/B.0156
定　　价　36.00 元
————————————————————————
如发现质量问题，读者可向本社调换　　电话：021-64377165